WIE FOTOS WIRKEN

Bibliografische Information der Deutschen Nationalbibliothek
Die Deutsche Nationalbibliothek verzeichnet diese Publikation in der Deutschen Nationalbibliografie; detaillierte bibliografische Daten sind im Internet über <http://dnb.d-nb.de> abrufbar.

Bei der Herstellung des Werkes haben wir uns zukunftsbewusst für umweltverträgliche und wiederverwertbare Materialien entschieden.
Der Inhalt ist auf elementar chlorfreiem Papier gedruckt.

ISBN 978-3-95845-992-2
1. Auflage 2019
Korrigierter Nachdruck 2020

www.mitp.de
E-Mail: mitp-verlag@sigloch.de
Telefon: +49 7953 / 7189 - 079
Telefax: +49 7953 / 7189 - 082

Übersetzung der englischen Originalausgabe:
Brian Dilg: Why you like this photo

First published in Great Britain in 2018 by ILEX, a division of Octopus Publishing Group Ltd
Carmelite House, 50 Victoria Embankment, London EC4Y 0DZ

Übersetzung: Claudia Koch
Lektorat: Katja Völpel
Sprachkorrektorat: Petra Heubach-Erdmann
Covergestaltung: Christian Kalkert, Sandrina Dralle
Satz: III-Satz, Husby

WIE FOTOS WIRKEN

WIE WIR SEHEN, WAHRNEHMEN UND DENKEN

BRIAN DILG

INHALT

3. WIE WIR DENKEN

FOTOS ENTZIFFERN

4. FAZIT

EINFÜHRUNG

Während meines Studiums bekamen wir einen Auftrag für den Kurs in Kunstgeschichte: Schreibe eine Abhandlung über ein beliebiges Bild. Ich fand dieses Porträt (gegenüber), betrachtete es genau und schrieb darüber.

Zur selben Zeit besuchte ich ein Zeichnen-Seminar. Dort lernte ich die Prinzipien der Beobachtung kennen, aber ich war ungeduldig. Ich zeichnete mehr, als dass ich hinschaute, so überraschte es kaum, dass meine Zeichnungen sehr ungenau waren. Meine eigene Unfähigkeit in diesem Bereich machte mich besonders neugierig darauf, wie der Maler zu solch einem realen Ergebnis gekommen war.

In jenem Jahr geschahen zwei für mich unvergessliche Dinge: Nachdem ich das Gemälde ca. 90 Minuten studiert hatte, ging ich – ich hatte alles gesehen. Der Tag war wunderschön und ich kannte den Weg gut. Trotzdem passierte an diesem Nachmittag etwas Merkwürdiges: Überall erkannte ich neue Farben, Formen und Bewegungen. Als wäre in meinem Kopf ein Schalter umgelegt worden. Alles sah toll aus – brillant, lebendig, scharf, hyper-real. Erstaunlich.

Ungefähr zur selben Zeit quälte ich mich wie gewohnt beim Zeichnen. Unser Lehrer hatte ein Stillleben aufgebaut und ich bekam die Proportionen nicht hin.

Mein Lehrer kam zum mir. Er band meinen Stift an ein Stöckchen, ca. 30 cm lang. »Zeichne«, befahl er. Ich versuchte es – und beschwerte mich sofort, dass ich den Stift unmöglich so kontrollieren könne. »Genau«, entgegnete er und ging fort. Diese exakten Striche hatten meine gesamte Aufmerksamkeit gefordert.

NIEMAND ERKENNT EINE BLUME WIRKLICH – SIE IST SO KLEIN, DAS BRAUCHT ZEIT, UND WIR HABEN KEINE ZEIT. ERKENNEN BRAUCHT ZEIT, SO WIE FREUNDE ZU HABEN, ZEIT BRAUCHT.

WERNER HEISENBERG

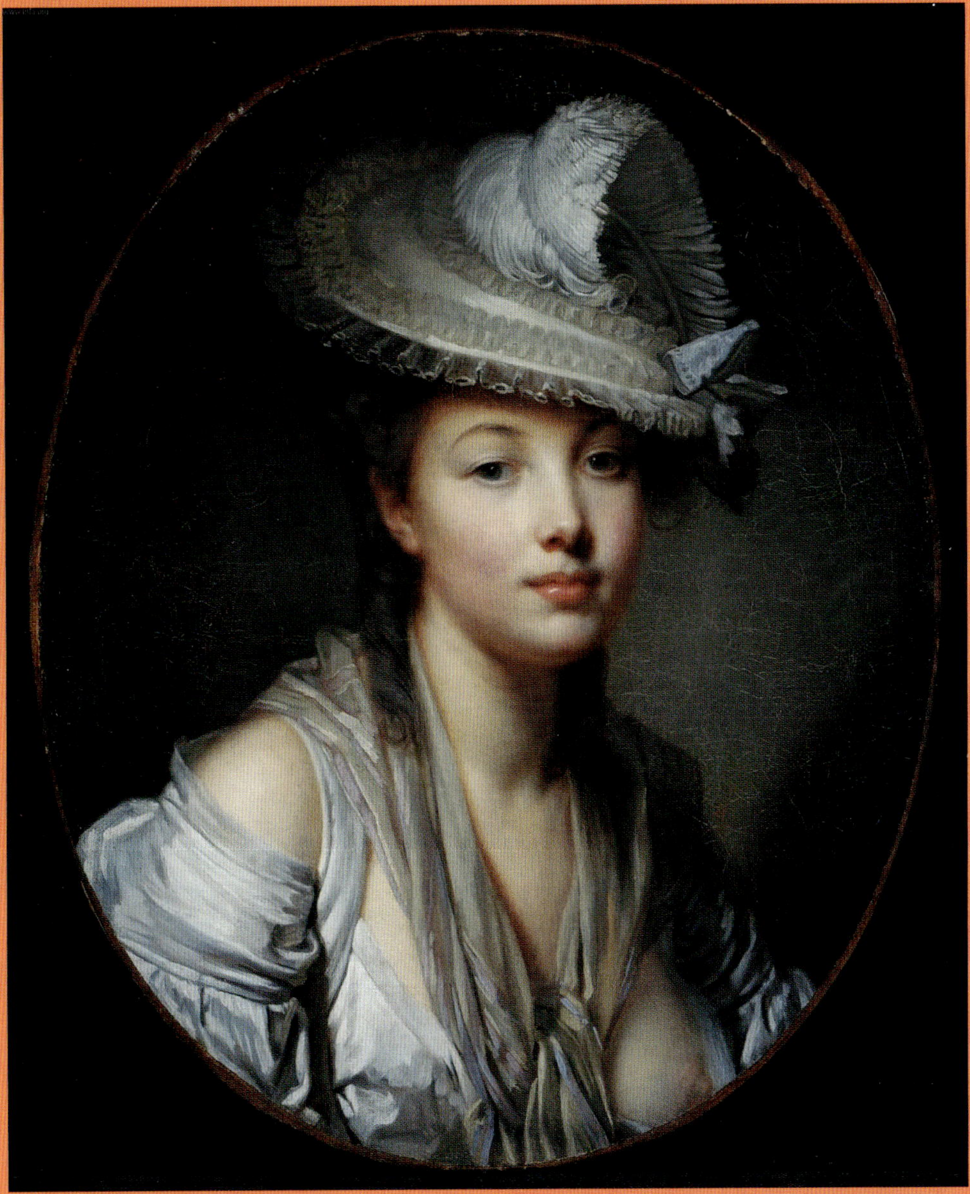

Junge Frau im weißen Hut, Jean-Baptiste Greuze, ca. 1780

SEHEN IST AUCH ÜBERSEHEN – VOR ALLEM ANGESICHTS DESSEN, WAS WIR BEREITS WISSEN. ES GIBT ZU VIEL ZU SEHEN, ALS DASS MAN ALLES ERKENNEN KÖNNTE.

Am Ende dieser Sitzung schauten wir uns gegenseitig unsere Werke an. Alle versammelten sich vor einer Staffelei – vor meiner. Ich machte mich schon darauf gefasst, wieder als schlechtes Beispiel herhalten zu müssen. Nach einer langen Stille sagte jemand: »Wie hast du das hinbekommen?«

Es war äußerst genau.

Ich war verblüfft. Ich war viel zu beschäftigt, um zu merken, was mir gelungen war. Warum sorgte die Tatsache, dass ich schwerer zeichnen konnte, für meine erste wirklich gute Zeichnung?

Diese Geschichten unterstützen die These dieses Buches: Zwischen dem, was wir sehen, und dem, was wir glauben zu sehen, ist ein großer Unterschied. Die Evolution hat uns auf Überleben getrimmt. Überleben heißt aber auch Effizienz. Und Effizienz bedeutet zu verarbeiten, was unglaublich schnell passiert.

Jede Erfahrung trägt zu einem riesigen Katalog von Verhalten und Konsequenzen bei: Tiger haben Streifen, lauern im Schatten und können uns gegen den Wind riechen. Fahrer halten sich nicht unbedingt an die Verkehrsregeln, verlass dich also nicht darauf, dass sie anhalten, wenn du den Zebrastreifen betrittst.

Unser Geist aktualisiert ständig dieses einzigartige mentale Weltmodell. Wir können nur auf wenige Erfahrungen gleichzeitig zurückgreifen. Und wir kompensieren diese Überlastung, indem wir Erfahrungen mit Erwartungen vergleichen. Sehen ist also auch übersehen – vor allem angesichts dessen, was wir bereits wissen. Es gibt zu viel zu sehen, als dass man alles erkennen könnte.

In Wahrheit hilft uns unser Überlebensdrang, indem wir von unerwarteten Bildern schockiert sind. Vielleicht glauben wir, die Dinge genauer zu sehen als andere.

Dieses Buch wird Sie eines Besseren belehren. Ich hoffe, ich verändere Ihre Welt, ob Sie ein Fotograf sind oder einfach nur Fotos lieben.

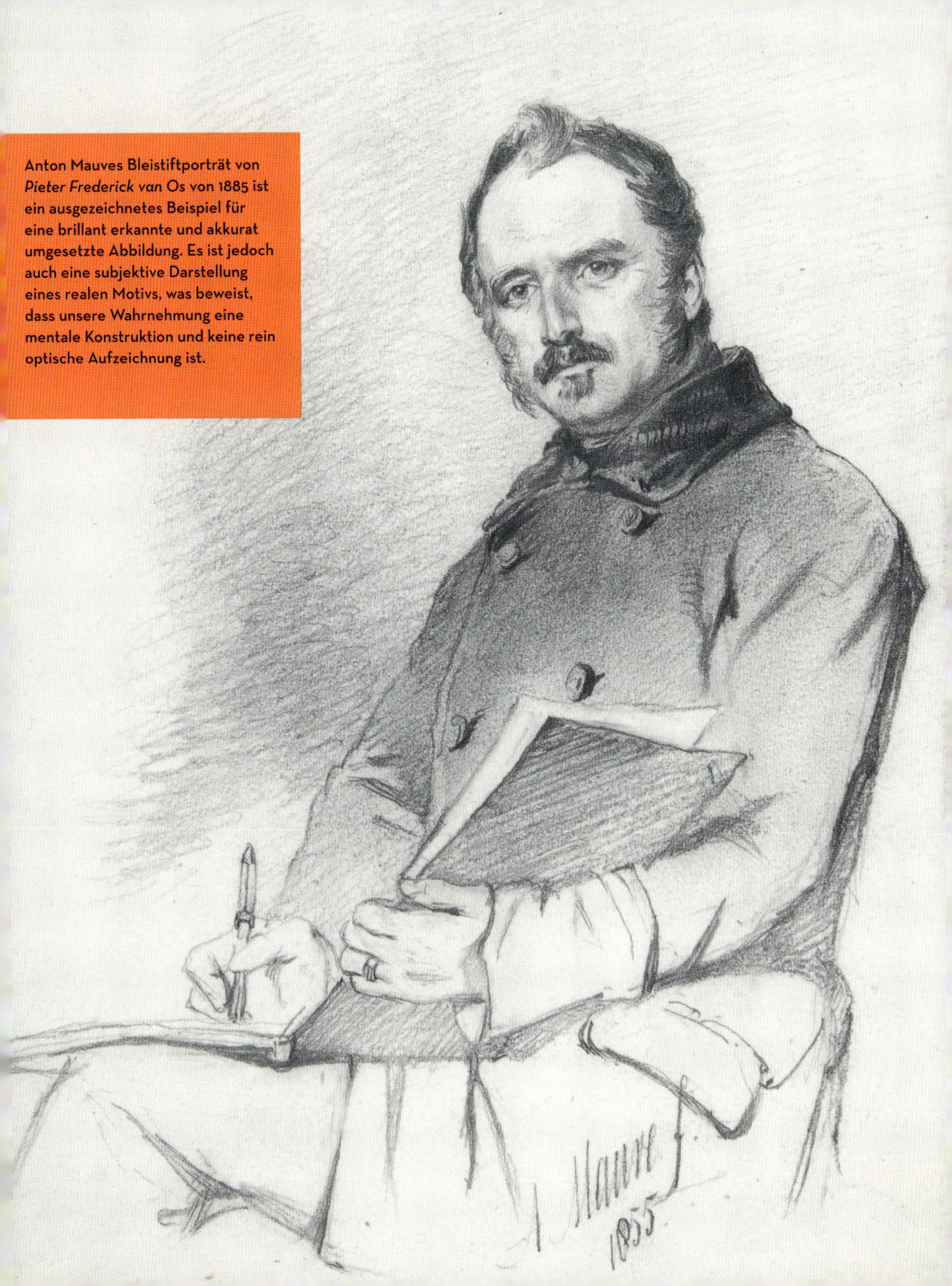

Anton Mauves Bleistiftporträt von *Pieter Frederick van* Os von 1885 ist ein ausgezeichnetes Beispiel für eine brillant erkannte und akkurat umgesetzte Abbildung. Es ist jedoch auch eine subjektive Darstellung eines realen Motivs, was beweist, dass unsere Wahrnehmung eine mentale Konstruktion und keine rein optische Aufzeichnung ist.

1

WIE WIR SEHEN
MENSCH vs. KAMERA

HINSCHAUEN VS. SEHEN

DAS PROBLEM MIT DER ERFAHRUNG

Erinnern Sie sich an die Geschichte von meinem Durchbruch beim Zeichnen? Wie konnte die beschränkte Kontrolle über den Stift zu meiner ersten wirklich akkuraten Zeichnung führen? Die plötzliche Veränderung legt nahe, dass es nichts mit Talent oder göttlicher Eingebung zu tun hatte, sondern dass ich bereits vorher exakt sehen und zeichnen konnte. Das Problem war die Erfahrung an sich. (Und meine Ungeduld half auch nicht wirklich.)

Vor mir lagen Blechdosen, Fäden und Kästen. Ich war zwar noch nicht wirklich alt, aber ich kannte diese Objekte: Blechdosen sind zylindrisch und glänzen. Wenn er langgezogen wird, ist ein Faden gerade. Kästen sind rechteckig. Was gibt es da also zu sehen?!

Der hier geschilderte Denkprozess beschreibt den Teil Ihres Gehirns, der Ihren Wachzustand dominiert. Er hat keine Geduld für feine Farben oder farbliche und räumliche Verhältnisse.

Zum Glück ist dieser Bereich dominant. Wenn etwas vom Himmel fällt, wollen Sie, dass Ihr Gehirn dessen Weg, die Geschwindigkeit und mögliche Fluchtwege in Betracht zieht und sich nicht daran freut, wie schön dieser Gegenstand in der Sonne glänzt.

Als mein weiser Lehrer es für mich so schwierig machte, den Stift zu kontrollieren, konnte der Teil von mir nicht mehr weitermachen, der einfache Symbole basierend auf Erfahrungen zeichnete. Ich konnte diese Zeichen physisch nicht mehr zu Papier bringen. Ich konnte nur hinschauen, sehr langsam zeichnen und meine Zeichnung mit dem vergleichen, was ich sah.

Das Problem mit bestehenden Erfahrungen war, dass wir im Alltag einfach keine Zeit oder Notwendigkeit haben, Formen, Licht und Farben im Detail zu untersuchen. Darum wusste ich eigentlich auch nichts über die Szene, die ich da direkt vor mir hatte. Das konnte ich aber nur lernen, indem ich mir die Zeit zum Sehen nahm.

WAS WIR BEOBACHTEN, IST NICHT DIE NATUR AN SICH, SONDERN DIE NATUR, WIE WIR SIE HINTERFRAGEN.

WERNER HEISENBERG

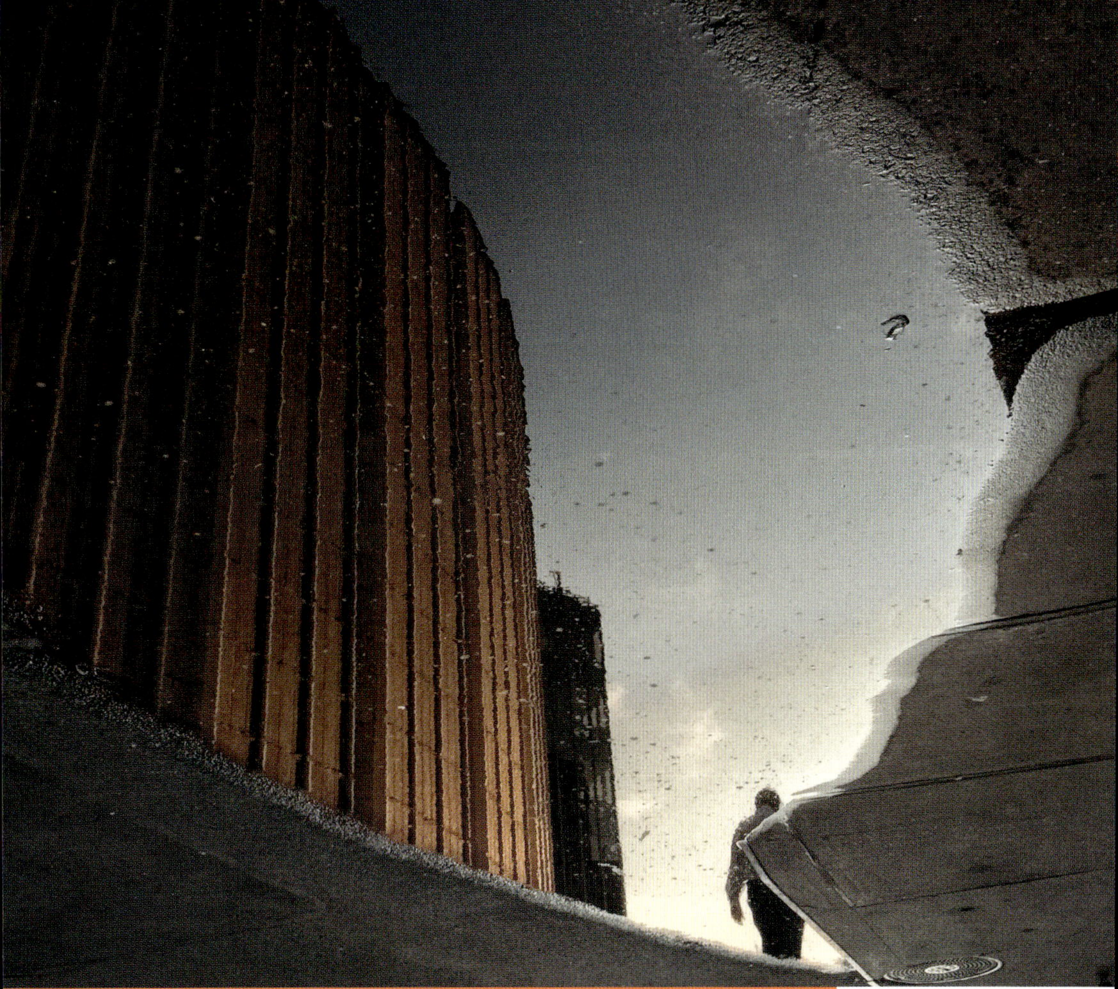

Fotografen nutzen die Erwartungen des Betrachters aus, um ihn mit Bildern zu überraschen, die nicht den Erwartungen entsprechen. Dazu müssen sie in der Lage sein, mehr als das Offensichtliche einer Szene zu sehen. Das ist besonders mit zunehmender Erfahrung schwierig. Denn je bekannter die Welt aussieht, desto unaufmerksamer sind wir.

DAS MENTALE MODELL

Die Erfahrung errichtet ein mentales Modell von der Welt. Neue Informationen werden damit verglichen, um Dinge zu erkennen und die Zukunft vorherzusagen. Wenn etwas den Erwartungen widerspricht, bemerkt dies das Gehirn und gerät durcheinander. Dieses Beispiel gibt Ihnen die Möglichkeit, herauszufinden, wie sehr Ihr mentales Modell darauf beharrt, dass die Welt erwartungskonform sein muss, und wie es eine unerwartete Wendung fehlinterpretiert.

So halten uns raffinierte, feste mentale Modelle von der Welt am Leben und erlauben uns, all die tollen Dinge zu tun, die der Mensch zu tun in der Lage ist: Höchstleistungen im Sport zu erringen, zum Beispiel. In der Kunst (und beim Entwickeln neuer Ideen) kann uns die Erfahrung jedoch auch behindern. Wenn wir nur das wahrnehmen, was unseren Erwartungen entspricht, sehen wir nicht wirklich. Wir filtern nur.

Es wird Ihnen schwerfallen, dieses merkwürdige Gesicht länger und in Ruhe zu betrachten. Das Auge springt umher und kann sich nicht damit abfinden, dieses Gebilde als Gesicht zu erkennen. Gesichtszüge sind in unserem Gedächtnis katalogisiert, dieses hier bricht jedoch die Regeln. So kann das Auge weder auf einem Augenpaar noch auf dem Mund ruhen, denn beides scheint eine Kopie zu sein. Unser Hirn möchte unbedingt, dass ein Gesicht den vorgeformten Erwartungen entspricht.

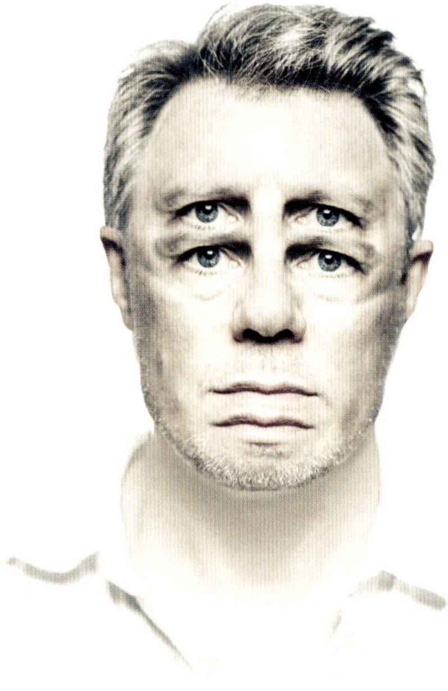

Skeptisch? Suchen Sie im Internet nach Videos zum Thema »Selektive Aufmerksamkeit« und beobachten Sie, wie Ihr Gehirn abschweift.

Wir sehen uns ständig so vielen Reizen gegenüber, dass wir davon nur einen Bruchteil verarbeiten können. Wenn ich Sie überzeugen kann, nur viel weniger zu sehen, als tatsächlich da ist, verändert das Ihre gesamte Erfahrung. Eine reiche, übersehene Welt erscheint.

Fotografieren ist, als stimmten Sie Ihre Aufmerksamkeit auf Frequenzen ein, von denen Sie vorher nichts wussten, und als fänden Sie heraus, dass es im Radio unendlich viele Sender gibt. Wenn Sie üben, Gesten zu sehen und einzuordnen, ebenso Farbverhältnisse, Formen, Motive, Licht und Schatten, erweitern Sie nicht nur Ihre Wahrnehmung, sondern auch Ihre Fähigkeit, eine Geschichte für ein Publikum zu konstruieren. Dasselbe gilt für Sie als Betrachter.

Fotografen trainieren ihr Wahrnehmungsvermögen, bis sie selbst ein komplexes Bild innerhalb von Sekundenbruchteilen wahrnehmen können. Als ich die Straße überquerte, blieb mir genau eine Sekunde, um die Szene wahrzunehmen und ein Foto zu machen. Viele Elemente ergaben die Idee für das Foto (versuchen Sie mal zu zählen, wie viele Streifen-Sets Sie sehen). Nach jahrzehntelanger Übung geschieht das alles so schnell, dass ich später zuweilen selbst vom Bild überrascht bin – auch wenn ich noch viel Ausschuss fotografiere!

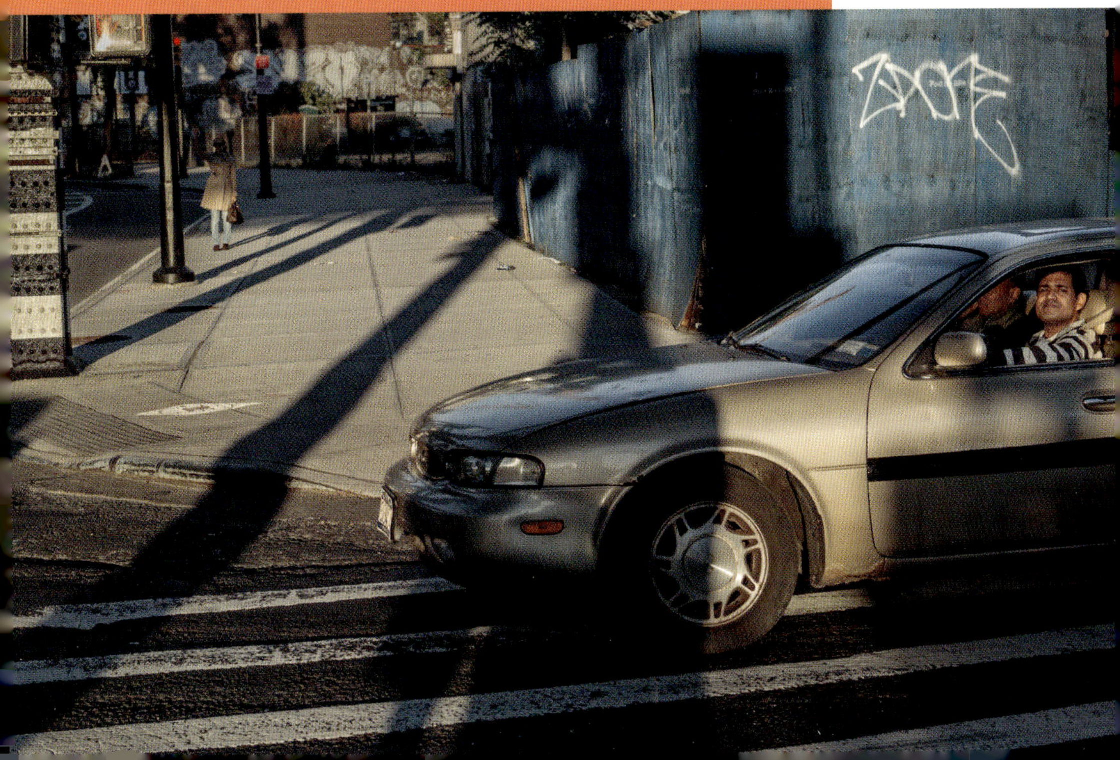

BLICKWINKEL

DER BLICKWINKEL DES MENSCHEN

Unsere Augen liefern uns ein Kompositbild – zwei Bilder, die ein Gesichtsfeld von ca. 180° ergeben. Dabei ist es nicht so groß wie bei Fischen, aber es reicht aus, um den Tiger zu sehen, der sich im Dschungel versteckt. Wenn Sie die Arme seitlich ausstrecken und geradeaus schauen, erkennen Sie Ihre Hände noch immer, wenn auch undeutlich. Das menschliche periphere Sehen ist darauf ausgerichtet, Bewegungen wahrzunehmen – es ist wichtiger zu erkennen, ob etwas unsere Aufmerksamkeit verdient, als genau zu wissen, wie es aussieht. Schauen Sie auf das X in der Mitte der Buchstaben unten auf der Seite. Wie viele Buchstaben erkennen Sie noch, ohne die Augen zu bewegen? Die meisten Menschen sehen zwei oder drei Buchstaben neben dem X scharf. Tatsächlich erkennen wir ca. 1 bis 2 % unseres Gesichtsfeldes scharf. Zwar ist der Augenhintergrund mit Fotorezeptoren ausgestattet, die meisten sind jedoch auf einen kleinen Bereich konzentriert, die Fovea. Nur wenn wir etwas direkt anschauen, sehen wir Details scharf.

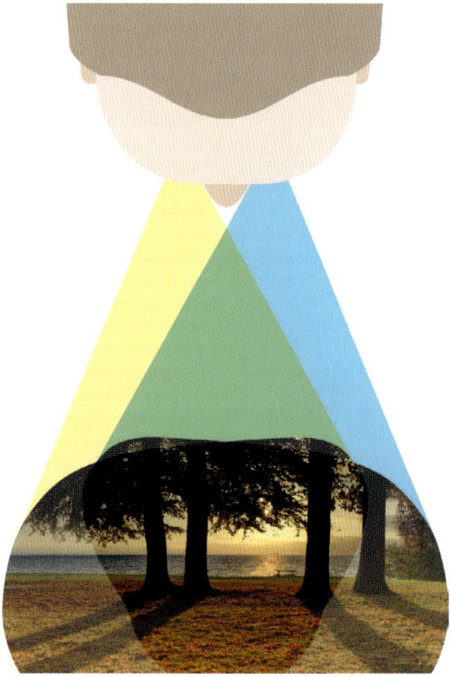

Wir sehen ein zusammengesetztes Bild aus zwei Bildern aus zwei leicht unterschiedlichen Positionen. Diese Bilder überlagern einander und werden im Gehirn kombiniert, damit entsteht ein stereoskopisches Bild mit kombiniertem Blickwinkel – einem Gesichtsfeld von ca. 180°.

A W R E B N P X Q Z T O S L M

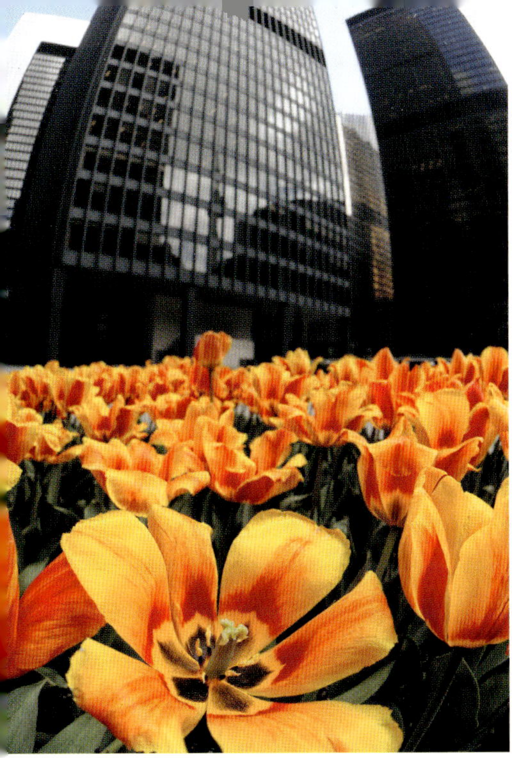

KAMERA-BLICKWINKEL

Mit wenigen Ausnahmen verfügen Kameras über ein Objektiv. Sie »sehen« relativ gleichmäßig scharf über das gesamte Gesichtsfeld, das jedoch viel enger ist als das des Menschen, bezieht man das periphere Sehen mit ein.

Nur das Fischaugen-Objektiv entspricht unserem 180°-Gesichtsfeld, die damit aufgenommenen Bilder kommen jedoch dem menschlichen Sehen keineswegs nahe.

Außerdem können wir nicht zoomen! Während wir dazu umherlaufen müssen, verfügen die meisten Kameras über einen Bereich an Brennweiten. Weitwinkel-Objektive sehen meist 75–84°, ein 300-mm-Tele hat jedoch nur 8° Gesichtsfeld. Mit zunehmender Brennweite wird der Blickwinkel enger und das Motiv größer.

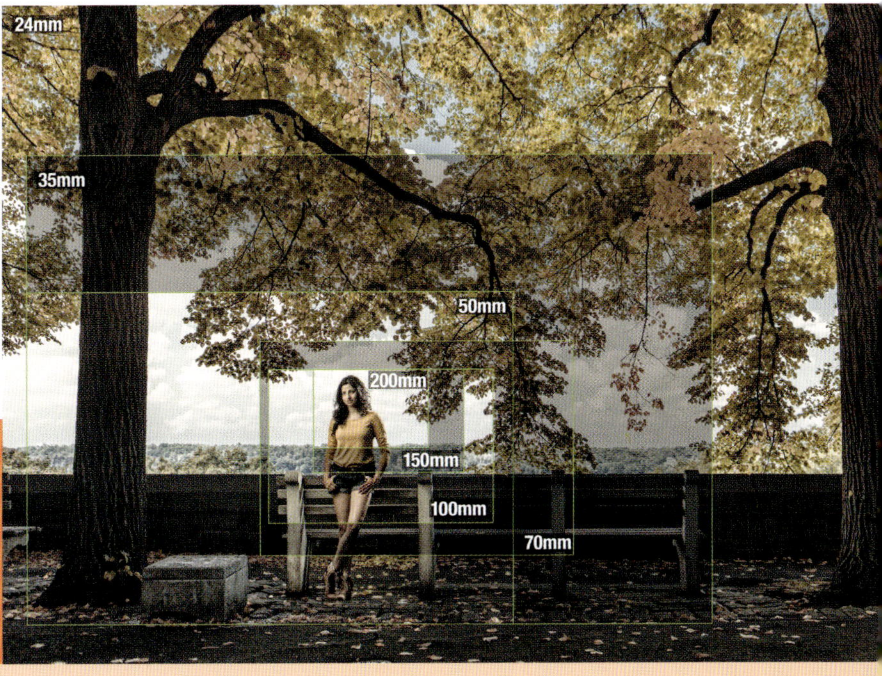

Hier habe ich Grafiken übereinandergelegt, um das ungefähre Gesichtsfeld der erbreiteten Brennweiten zu demonstrieren.

DYNAMISCHER BLICK VS. STATISCHES BILD

SAKKADEN

Angesichts der Tatsache, dass wir nur 1 bis 2 % unseres Gesichtsfelds scharf sehen, wie bekommen wir ein klares Bild von unserer Umgebung? Im Unterschied zu einer Kamera schauen wir nicht nur einmal hin; wir sehen uns um. Unsere Augen springen in schnellen Bewegungen, den sogenannten Sakkaden.

Sakkaden ereignen sich mehrmals pro Sekunde. Unsere Augen springen auf einen neuen Punkt, der unsere Aufmerksamkeit erregt. Aber selbst dann driftet unser Blick weiterhin und vollführt kleinere Bewegungen, die sogenannten Mikro-Sakkaden.

Wir haben einen dynamischen Blick, nicht die fixierte Perspektive einer Kamera. Dieser Ansatz ist nicht auf die Augenbewegung beschränkt, er wird von der Bewegung des Kopfes und unserer Mobilität begleitet. Außerdem schauen wir immerzu. Unsere Sehfähigkeit ist so stark von der Bewegung abhängig, dass das Bild verblasst, je stärker wir unsere Bewegung einschränken.

Wir sehen nie eine gesamte Szene auf einmal. Unser Blick und unsere bewusste Wahrnehmung ändern sich ständig, und wir aktualisieren unsere Sicht konstant. Kameras hingegen »schauen« einmal hin und zeichnen die gesamte Szene in einem einzigen statischen Bild auf.

AUFMERKSAMKEIT & WAHRNEHMUNG

Bei einer Party können wir nicht alle Gespräche gleichzeitig hören. Wir filtern. Beim Sehen ist das ähnlich. Zwar glauben wir, eine gesamte Szene aufzunehmen, ähnlich wie die Kamera, aber unser Eindruck ist tatsächlich eine Collage aus schnellen Einzelbildern. Das ist ein Produkt aus beweglichem Blick und selektiver Aufmerksamkeit. Dennoch haben wir das Gefühl, eine Szene in ihrer Gesamtheit zu sehen.

Neurologen haben bewiesen, dass wir, um etwas zu sehen, alles andere unterdrücken müssen. Wir haben den Tunnelblick, sind uns aber gar nicht darüber im Klaren, wie viel wir verpassen.

Häufig habe ich die Beschwerde gehört: »Warum sieht meine Kamera nicht wie ich?« Aber eine Kamera kann unmöglich ein Bild genauso aufnehmen, wie wir es sehen, denn der Blick, den wir zu haben glauben, existiert gar nicht!

Der Spot unserer bewussten Aufmerksamkeit ist unglaublich klein. Es stimmt, dass wir weit weniger wahrnehmen, als wir glauben, darum können uns Fotos zeigen, was wir verpasst haben, trotz ihrer Einschränkungen.

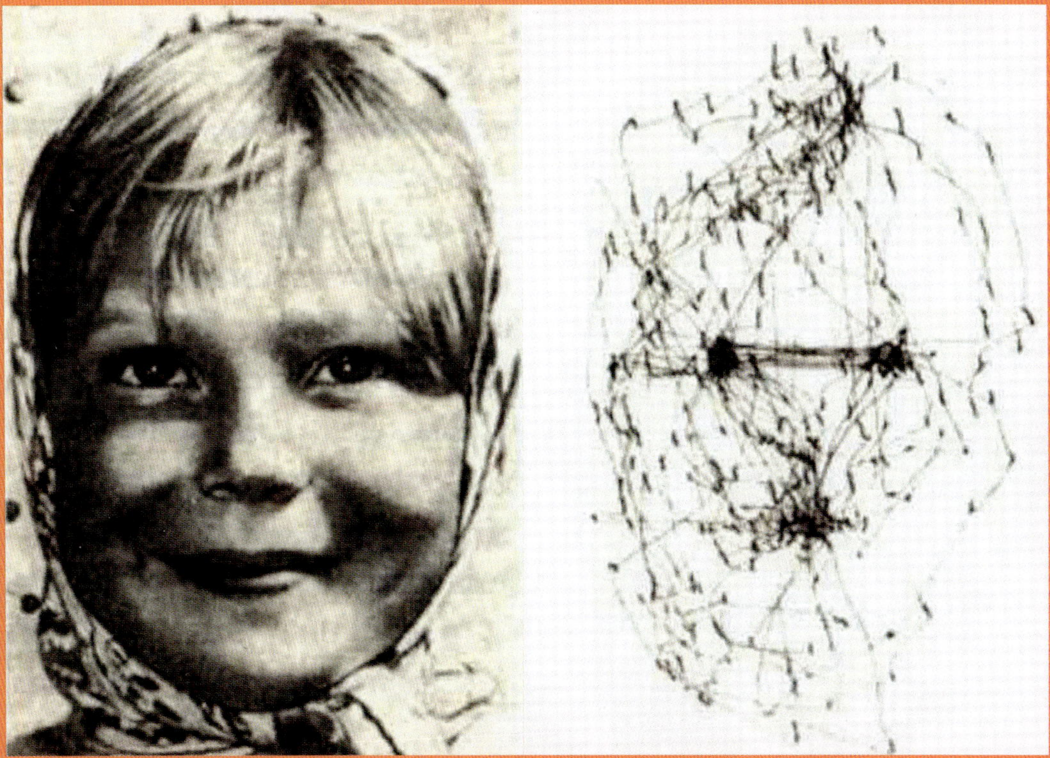

Augenbewegungen und Sehen, 1967, Abb. 114.

Oben sehen Sie eine klassische Studie von Alfred Yarbus über die Augenbewegungen in einem Gesicht, die Sakkaden. Das Bild ist eine Aufzeichnung der Augenbewegungen eines Betrachters, der ein Gesicht anschaut. Man erkennt gut, wo der Blick verweilt: bei Augen, Nase und Mund.

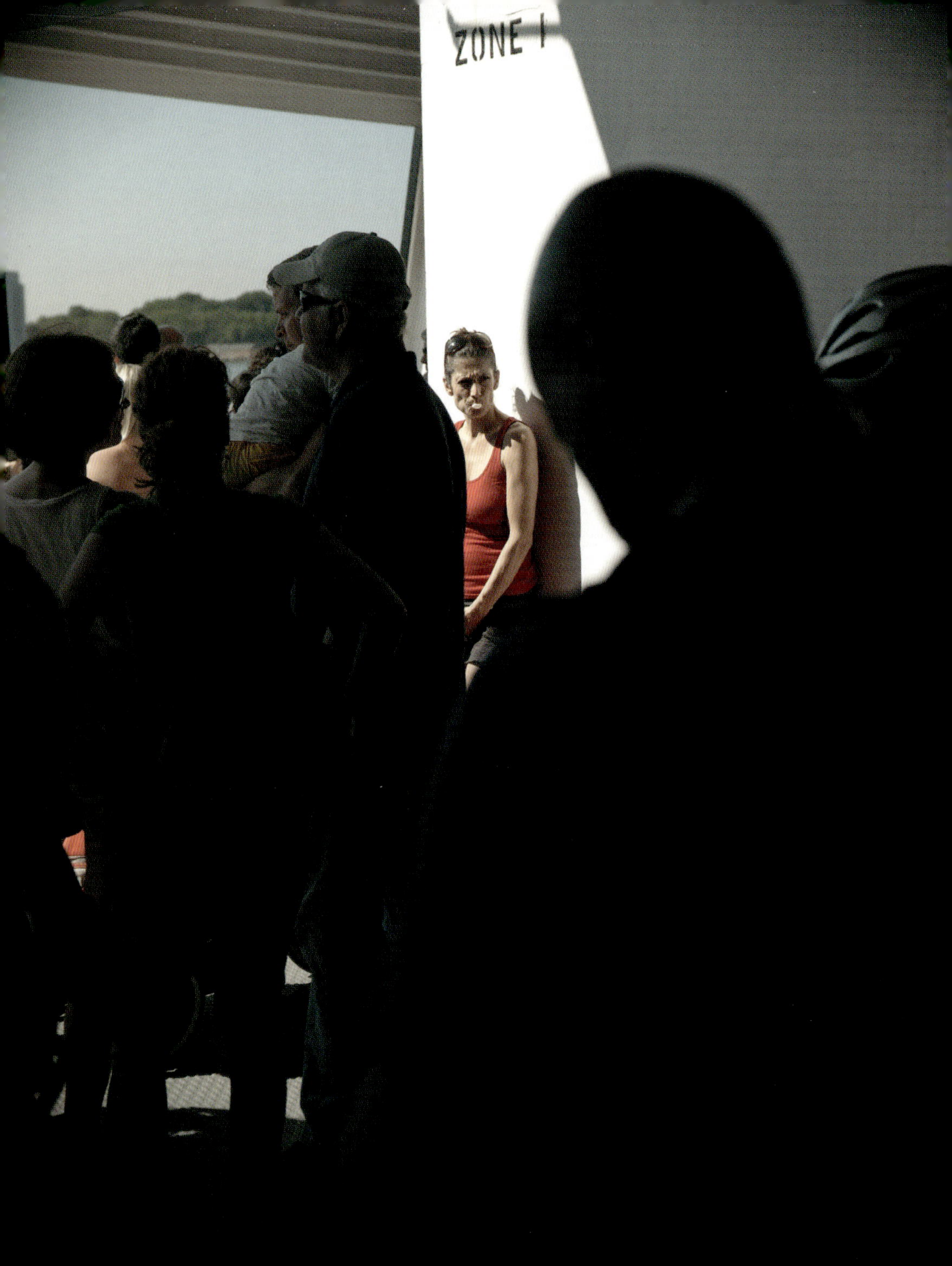
ZONE I

RAHMEN: DER BILDAUSSCHNITT

Zwischen dem, was wir sehen, und dem, was uns die Kamera zeigt, besteht ein großer Unterschied: Wir können kontrollieren, wohin wir schauen. Das Foto zeigt nur, was uns der Fotograf zeigen will. Uns wird die Möglichkeit genommen, uns umzusehen, denn beim Fotografieren wird ein fester Rahmen um einen Teil der Welt gelegt. Die Ränder dieser Zeitspanne und des physischen Rahmens schränken ein, was wir sehen dürfen. Natürlich kann sich unser Auge innerhalb des Bildes frei bewegen, aber über den Rand hinaus können wir nicht schauen.

Der feste Rahmen stellt den Fotografen vor einige Herausforderungen. Dieser muss entscheiden, was er ins Bild aufnimmt bzw. auslässt. Hinzu kommt die Grundherausforderung der Fotografie: dreidimensionale Formen organisiert und wirkungsvoll in der Ebene anzuordnen. Da unser Sehen keinen klaren Rahmen kennt, ist das für mich nicht natürlich. Diese Fähigkeit erlangt man erst nach langer Lern- und Übungsphase.

Fotos mögen wir unter anderem wegen der Dinge, die sie uns nicht zeigen. Sie vereinfachen die Welt, mit ihnen können wir ein gut verdauliches Stück Welt erleben. Der Rahmen lässt sich mit dem Spot der bewussten Aufmerksamkeit vergleichen, wobei ein Thema oder Motiv aus dem unendlichen, überwältigenden Strom visueller Einflüsse herausgelöst wird.

Der Rahmen funktioniert im Zusammenwirken mit anderen Aspekten, um unsere Aufmerksamkeit zu lenken. In diesem Foto verwendete ich die Schattenbilder als Rahmen für das eigentliche Motiv, das unsere Aufmerksamkeit mit seiner Helligkeit, der roten Farbe und dem Text auf der Wand erregt, hinzu kommt die mittige Position im Bild und die feine Spannung durch den Kaugummi.

BEIM FOTOGRAFIEREN WIRD EIN FESTER RAHMEN UM EINEN TEIL DER WELT GELEGT.

BEZIEHUNGEN ZWISCHEN VORDERGRUND UND HINTERGRUND

Ein Foto ist eine zweidimensionale Darstellung der dreidimensionalen Welt. Es flacht die Perspektive ab und lenkt die Aufmerksamkeit auf die Raumverhältnisse zwischen den Objekten. Während der Spot-Effekt unserer bewussten Aufmerksamkeit alles ausblendet, worauf wir uns nicht konzentrieren, frieren Fotos die chaotische Welt ein und lassen uns die Beziehungen zwischen den Elementen im Bildausschnitt vergleichen.

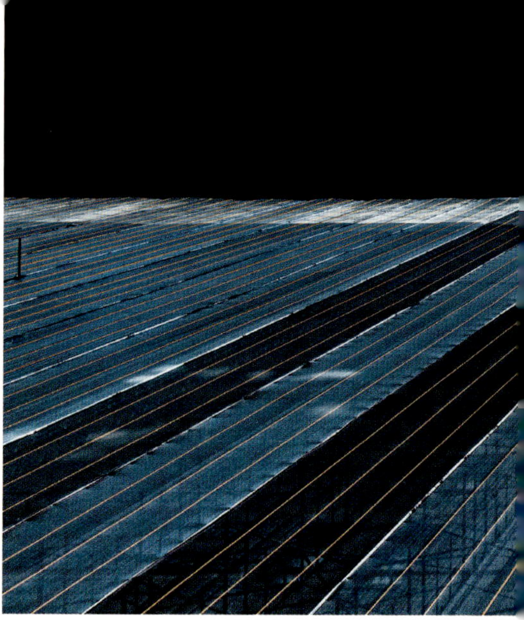

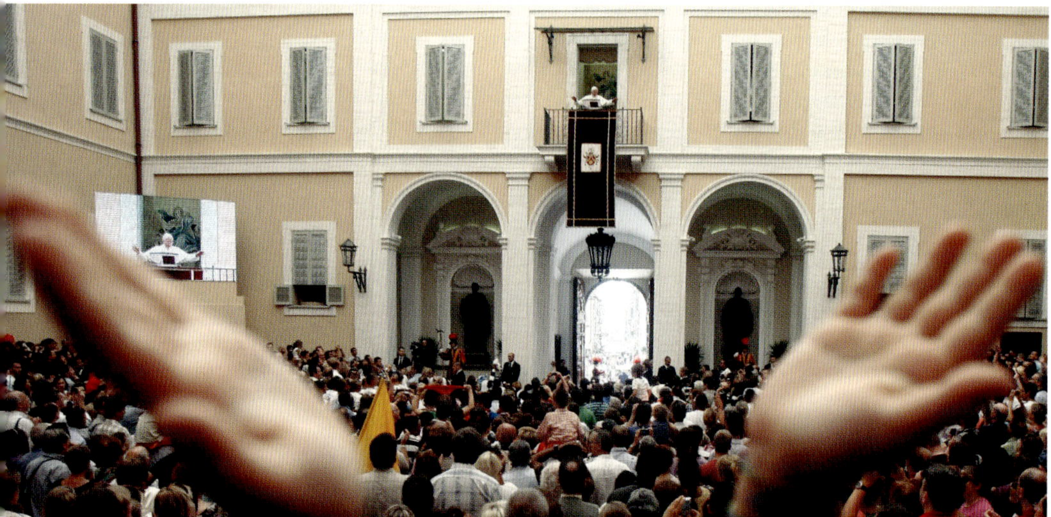

Papst Benedikt XVI. in Castel Gandolfo, 2011

Der Fotograf Pier Paolo Cito demonstriert hier die Vordergrund-Hintergrund-Beziehung sehr gut, indem er den Papst durch die gehobenen Hände eines Betenden ablichtet und somit mehr Tiefe im Bild erzeugt.

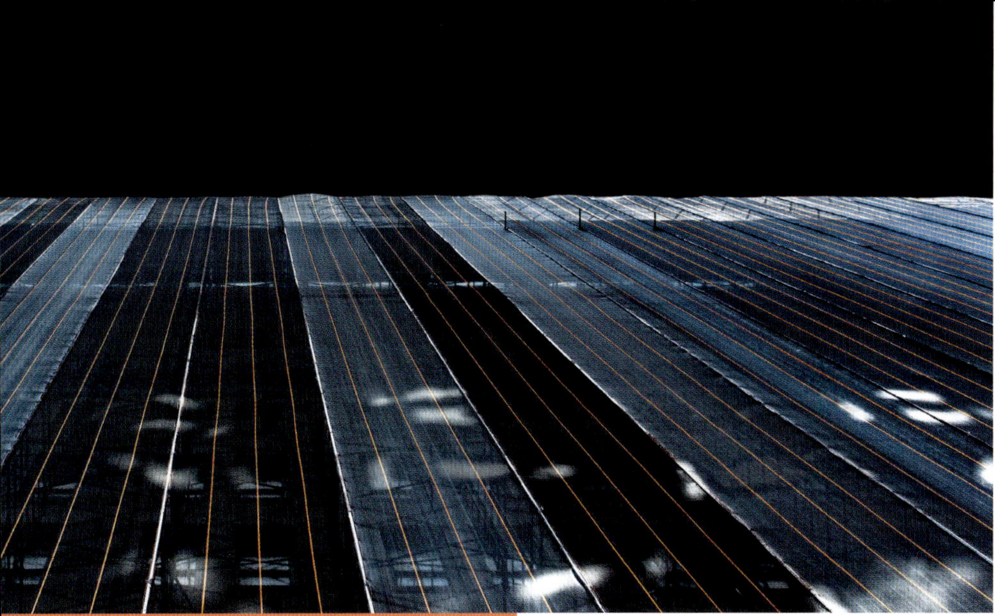

In diesem Bild scheinen wir auf eine Fläche hinabzuschauen, vielleicht einen Swimmingpool, aber bei genauem Hinschauen erkennt man etwas anderes. Ich fotografierte ein Gebäude, dessen eine Seite mit Stoff abgehängt war, und zwar vom Boden steil nach oben. Den Himmel ließ ich schwarz zulaufen, damit der Blickwinkel weniger offensichtlich wird.

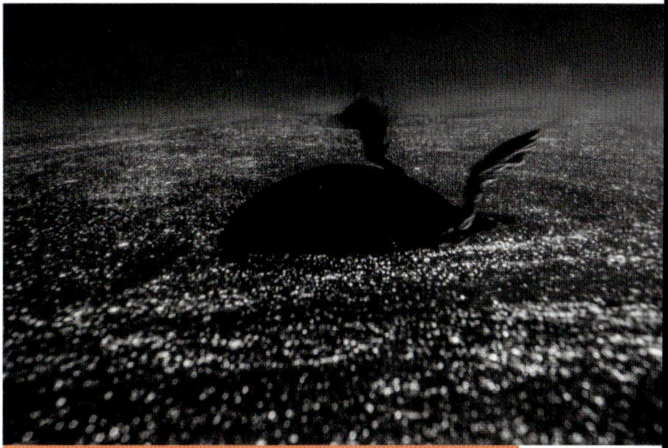

Dieses Foto zeigt eine normal schwimmende Ente – sie taucht nicht. Allerdings wurde es unter Wasser aufgenommen und dann auf den Kopf gestellt.

AUSSICHTSPUNKT, BLICKWINKEL, ERWARTUNG & ÜBERRASCHUNG

Diese beiden Bilder sollen Sie absichtlich in die Irre führen; sie widersprechen Ihrem mentalen Modell vom Erscheinungsbild der Welt. Ihr Kopf soll auf den ersten Blick etwas anderes wahrnehmen, beim genaueren Hinschauen werden Sie jedoch eine Überraschung erleben.

Beide Bilder sind ziemlich überraschend, wenn der wahre Blickwinkel bewusst wird. Und selbst wenn wir das Geheimnis des Bildes kennen, ist jedes Anschauen des Bildes eine erneute Überraschung.

BRENNWEITE & VERGRÖSSERUNG

Während der Blickwinkel einer normalen Brennweite von den 180° beider Augen abweicht, ist dessen Vergrößerung (wie groß Objekte in gewisser Entfernung erscheinen) vergleichbar. Aktuelle Kameras bieten von Weitwinkel-Objektiven bis zu extremen Teleobjektiven alles an.

Ein offensichtlicher Unterschied zwischen einem Weitwinkel und einem Tele ist die Vergrößerung. Je weiter das Objektiv, desto weiter entfernt erscheinen die Motive. Ein Teleobjektiv lässt Objekte näher an der Kamera erscheinen. Andere Unterschiede wie Kompression und Fokalebene lassen sich auch zwischen Weitwinkel und Tele vergleichen, hier wollen wir uns jedoch auf die Vergrößerung konzentrieren.

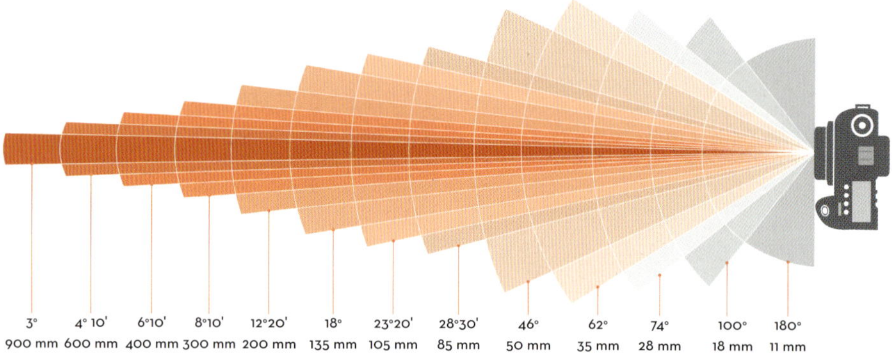

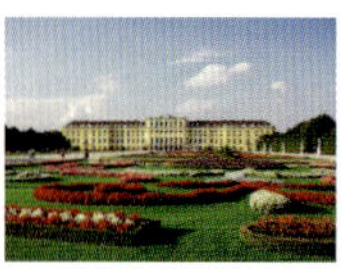
14mm

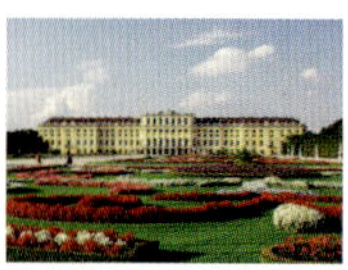
20mm

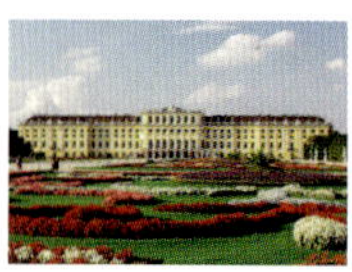
24mm

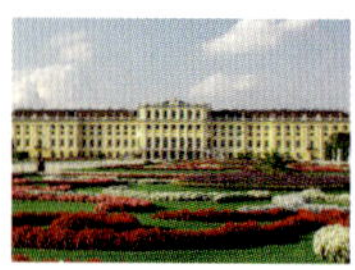
35mm

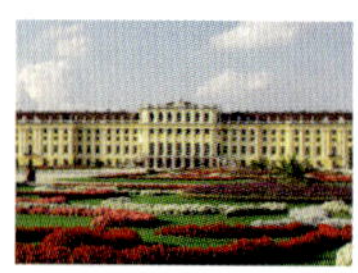
50mm

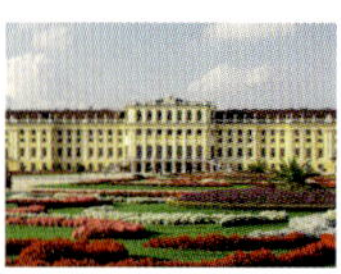
70mm

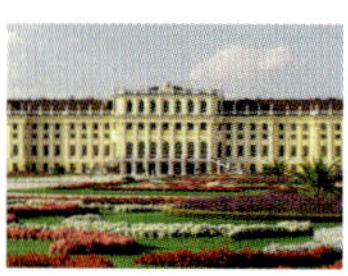
135mm

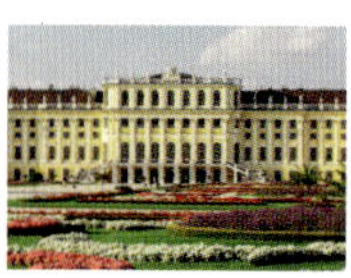
200mm

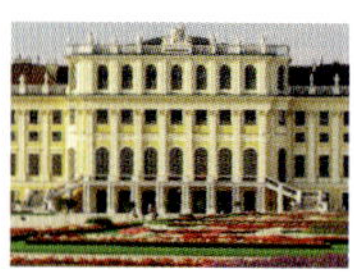
400mm

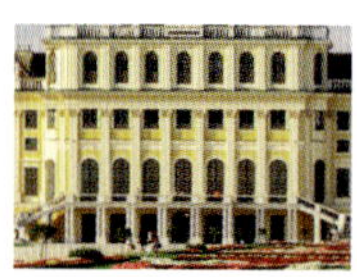
600mm

ZOOMOBJEKTIVE

Ein Zoomobjektiv verfügt über eine variable Brennweite, der allerdings etwas Schärfe und Lichtstärke zum Opfer fällt. Viele zoomen, als wäre es dasselbe, wie die eigene Position zu verändern, aber das Ergebnis ist durchaus anders.

Ein Motiv lässt sich mit einer längeren Brennweite vergrößern – »einzoomen« – oder indem ich mit der Kamera näher ans Motiv herangehe. Größere Brennweiten komprimieren jedoch Motive entlang der Z-Achse (Kamera-Motiv-Abstand), sodass diese näher beieinander wirken. Näher herangehen heißt, den Fokuspunkt näher an den Sensor zu verschieben. In jedem Fall reduziert das die Schärfentiefe, aber die Perspektive (Vergrößerung und Blickwinkel) bleibt nicht dieselbe. Diese visuellen Anhaltspunkte vermitteln ein Gefühl von Distanz zwischen Kamera und Motiv.

SPEZIELLE OBJEKTIVE

Alle Objektive haben eine Naheinstellgrenze – der kürzeste Abstand zum Motiv, um es im Fokus zu halten. Manche Objektive haben Makro-Eigenschaften, können also auch noch sehr nahe Motive fokussieren und liefern so eine außergewöhnliche Vergrößerung. Längere Objektive können meist nicht so nah fokussieren wie kürzere.

Die Naheinstellgrenze eines Objektivs lässt sich jedoch mit einem Nahfilter reduzieren, oder indem man einen Zwischenring zwischen Objektiv und Kamera einsetzt und so den Makroeffekt verstärkt.

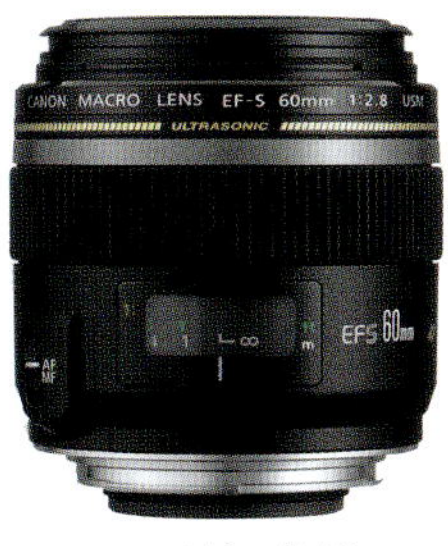

60-mm-Makroobjektiv

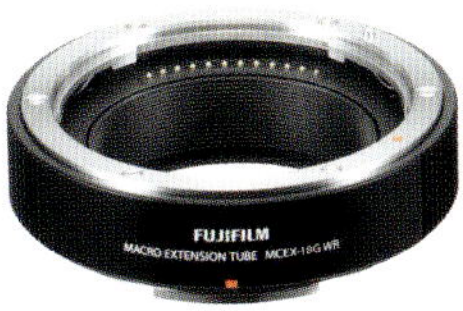

Zwischenring

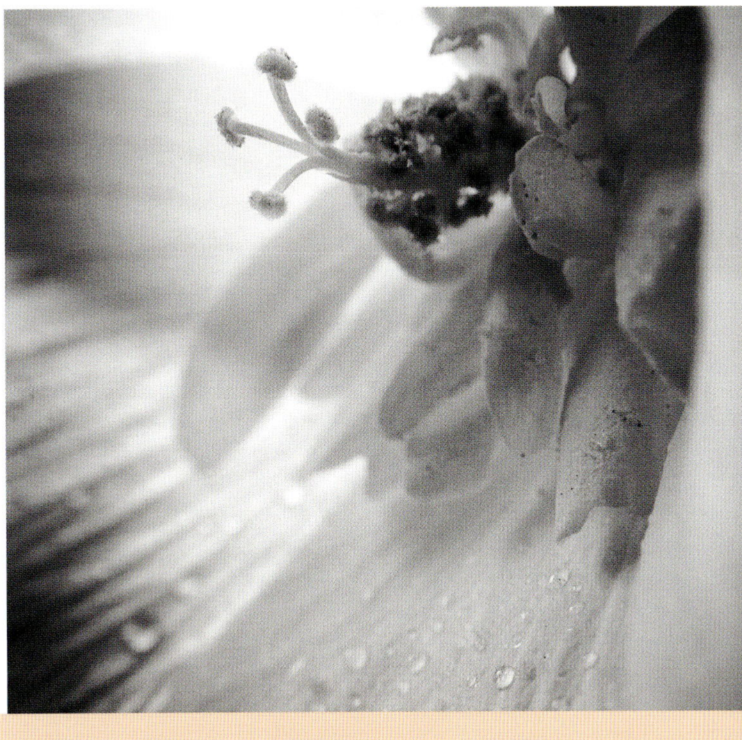

FOKUS & SCHÄRFE

DER MENSCHLICHE FOKUS

Versuchen Sie mal, etwas anzuschauen, ohne es zu fokussieren. Viel Glück! Unsere Augen haben nun einmal die Angewohnheit, alles scharfzustellen, was wir direkt anschauen. Außerhalb der 1–2°-Fovea-Sicht liefert unser peripheres Sehen ein weniger klares Bild. Alles, was weiter weg oder näher bei uns ist, wird zunehmend unschärfer – aus zwei Gründen.

SCHÄRFENTIEFE

Schließen Sie ein Auge. Halten Sie einen Finger wenige Zentimeter vor Ihre Nase. Fokussieren Sie in die Ferne. Sie nehmen ein unscharfes Bild Ihres Fingers wahr, solange Sie ihn nicht direkt anschauen. (Das ist bei jedem Kameraobjektiv ebenso.) Bilder sind im Fokus am schärfsten – genau dort also, wo sich Lichtstrahlen auf Ihrer Netzhaut treffen – und davor und dahinter entsprechend unscharf.

STEREOSKOPISCHES SEHEN

Vor und hinter dem Fokus sehen Dinge deshalb so unscharf aus, weil unsere beiden Augen verschiedene Bilder sehen; und diese werden nur im Fokuspunkt nahtlos verschmolzen.

Bewegen Sie den Finger so weit von der Nase weg, dass Sie ihn fokussieren können. Öffnen Sie jetzt beide Augen. Fokussieren Sie nun den Hintergrund, und Sie sehen zwei Finger! Das sind die Einzelbilder, die Ihre Augen erzeugen, an leicht verschiedenen Positionen im dreidimensionalen Raum.

Schließen Sie nun jeweils ein Auge. Ihr Finger »springt« hin und her, wenn Sie das eine Auge schließen und das andere öffnen. Verschieben Sie jetzt den Fokus auf den Hintergrund, und der Finger »springt« noch weiter, ebenso sind die Bilder weniger nah beieinander.

Normalerweise merken wir davon nichts. Unser dreidimensionales Sehen ist tadellos, und wir sehen nie eine ganze Szene auf einmal. Wir passen unseren Blick ständig an und setzen zahlreiche scharfe Bilder zu einer Szene zusammen.

UNSERE AUGEN HABEN NUN EINMAL DIE ANGEWOHNHEIT, ALLES SCHARFZUSTELLEN, WAS WIR DIREKT ANSCHAUEN.

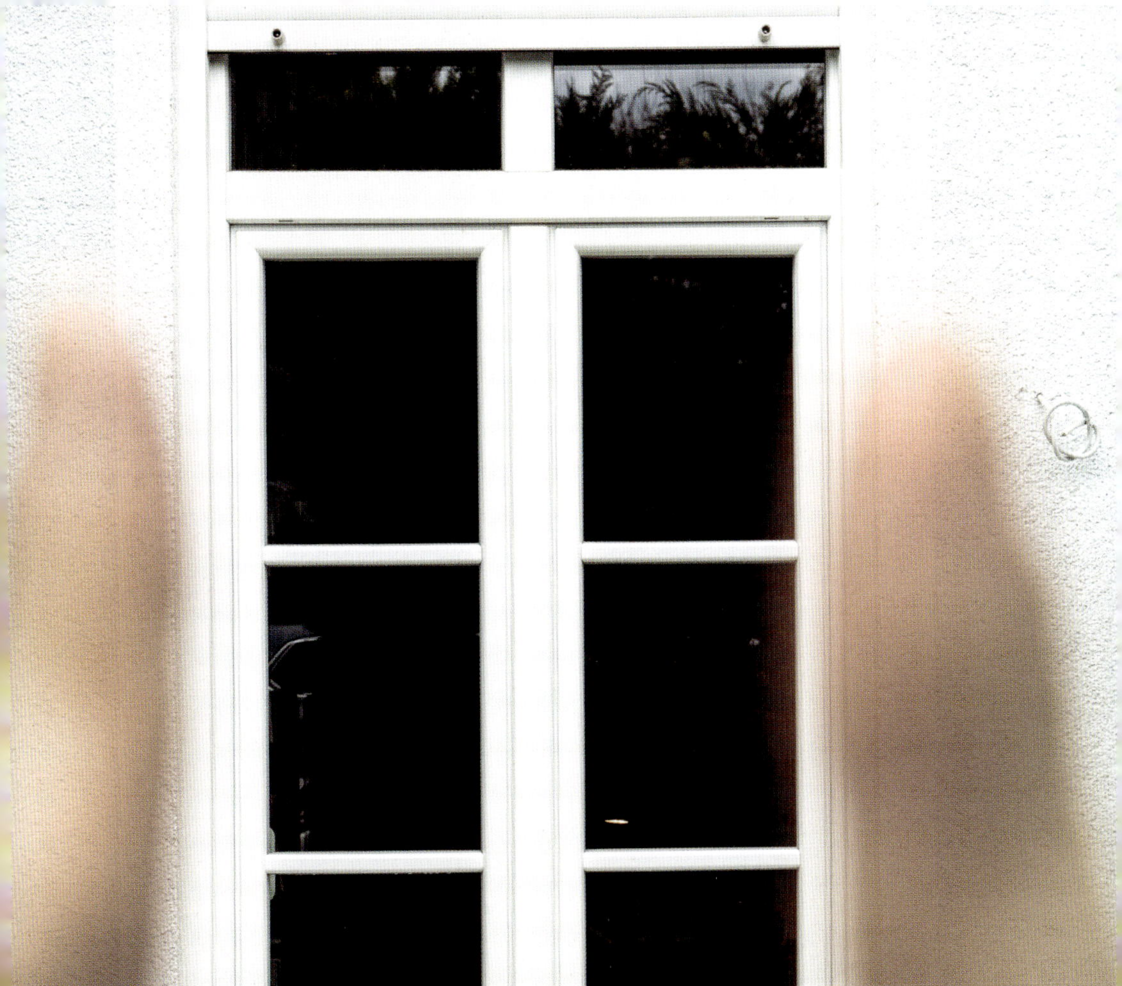

Schließen Sie abwechselnd ein Auge und beobachten Sie, wie der Finger hin und her »springt« – Sie sehen das Bild eines jeden Auges unabhängig vom anderen. Fokussieren Sie jetzt den fernen Hintergrund, dann wird der Sprung größer, denn die Bilder sind weniger nah beieinander.

FOKUS & KAMERAS

Kameras projizieren ein Bild mit einem einzigen Objektiv auf einen Sensor oder einen Film. (3D-Systeme nehmen zwei verschiedene Bilder durch zwei Objektive auf.) Die Kamera muss eine gesamte Szene in einem einzigen Bild aus einer Perspektive festhalten – statisch, nicht dynamisch wie das menschliche Sehen.

Außerdem wählt der Fotograf den Fokus. Für uns als Betrachter ist das fremd, denn wir haben die Kontrolle darüber verloren, was im Fokus ist.

Normalerweise liegt die Fokalebene parallel zum Bildsensor oder Film. Bei manchen Kameras ist sie jedoch auch geneigt oder schräg im Raum angeordnet, steht also nicht unbedingt parallel zum Aufnahmemedium.

Als Großformat-Sucherkameras die einzigen auf dem Markt waren, war das der Standard. Die gewöhnliche digitale SLR erlaubt das mit einer speziellen Perspektiveinstellung oder mit Tilt/Shift-Objektiv.

Wenn Sie ein hohes Gebäude von der Straße aus fotografieren wollen, ist die Kamera von der Spitze des Gebäudes weiter entfernt als vom Boden. Das Bauwerk sieht aus, als würden die Seiten nach oben zusammenlaufen.

Das lässt sich korrigieren, indem die Objektivebene nach oben geneigt wird, um einen höheren Teil des Gebäudes zu »sehen«, während der Sensor bzw. Film parallel zum Gebäude stehen bleibt.

Dieses Bild (gleich rechts) wurde vom Boden aus ohne Tilt/Shift-Objektiv aufgenommen. Um die Verzerrung durch den unterschiedlichen Abstand der Kamera zum unteren bzw. oberen Teil des Gebäudes loszuwerden, streckte ich das Foto, um die Gebäude zu zeigen, wie sie wirklich sind. Natürlich entsteht durch eine digitale Bearbeitung nicht dieselbe Bildqualität wie bei einer optischen Korrektur in der Kamera, außerdem geht auch Bildmaterial an den Ecken und Rändern verloren, wenn das Bild schließlich freigestellt wird.

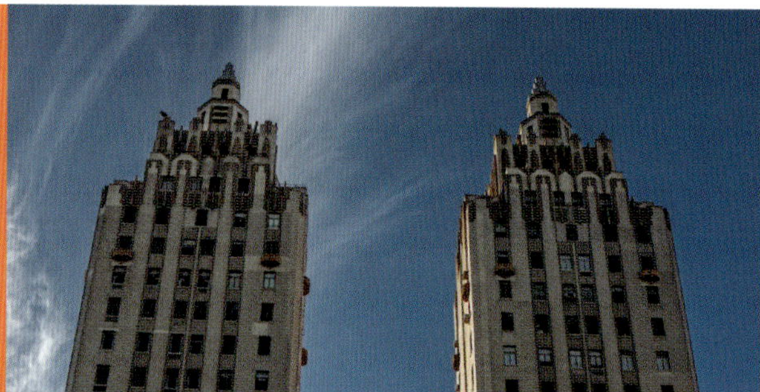

Wenn die Gegenstände, die im Bild scharf sein sollen, nicht parallel zur Sensorebene stehen, ist eine größere Schärfentiefe nötig, wie rechts in der Illustration zu sehen ist. Der Schärfentiefe sind jedoch bei kleinen Blenden Grenzen gesetzt.

Eine Perspektiveinstellung oder ein Tilt/Shift-Objektiv (Objektiv, das relativ zur Kamera geneigt werden kann) gestattet eine Neigung der Fokalebene, sodass diese parallel zum Motiv eingestellt wird, das Sie scharf im Fokus haben wollen. Die Anforderungen an die Schärfentiefe sinken damit, wie rechts zu sehen ist.

OBJEKTIV GENEIGT NACH RECHTS ODER LINKS, DRAUFSICHT

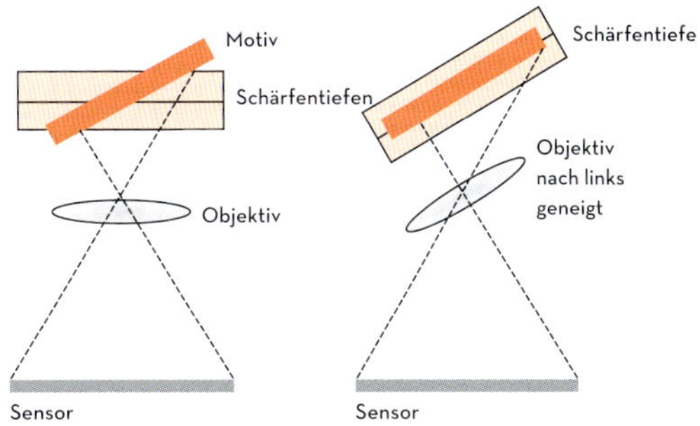

Bei einer Kamera können wir nicht nur steuern, was scharf ist und was nicht; mehrere Bilder können auch ausgerichtet und in der Nachbearbeitung montiert werden. So lässt sich der Fokus auch im Nachgang noch erweitern (Focus Stacking) bzw. einsetzen, um Schärfe und Unschärfe kreativ zu verteilen.

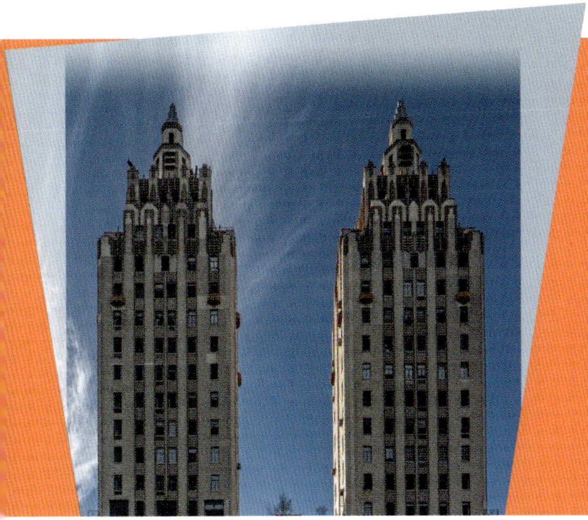

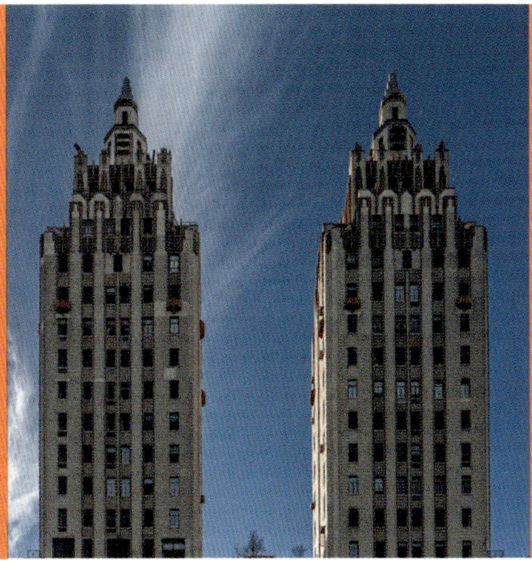

SCHÄRFENTIEFE

Auf der Fokalebene eines Bildes fällt die Schärfe schrittweise zu den Seiten hin ab. Der Bereich akzeptabler Schärfe heißt Schärfentiefe, den es im menschlichen Sehen so nicht gibt. Wenn wir etwas sehen, fokussieren wir, und was wir nicht direkt anschauen, wird von den non-fovialen Rezeptoren vage wahrgenommen. Auch werden die Bilder unserer Augen nur auf der Fokalebene synchronisiert; zu beiden Seiten entsteht ein unscharfes Doppelbild und nicht die angenehme Unschärfe wie bei einem Foto.

Fotografen erzielen mit einer kleinen Blende einen tiefen Fokus, wie bei diesem Porträt, das mit *f*/22 aufgenommen wurde. Oder ein Motiv wird isoliert wie in dem Nachtporträt gegenüber.

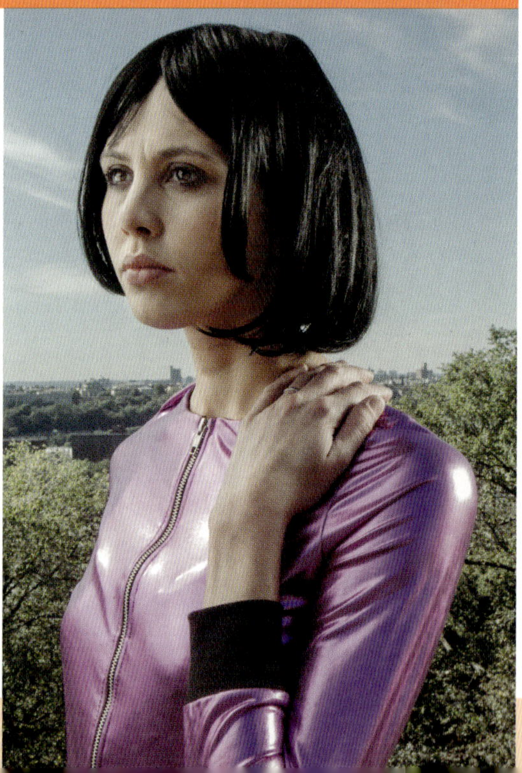

f/1.4 f/2 f/2.8 f/4 f/5.6 f/8 f/11 f/16 f/22

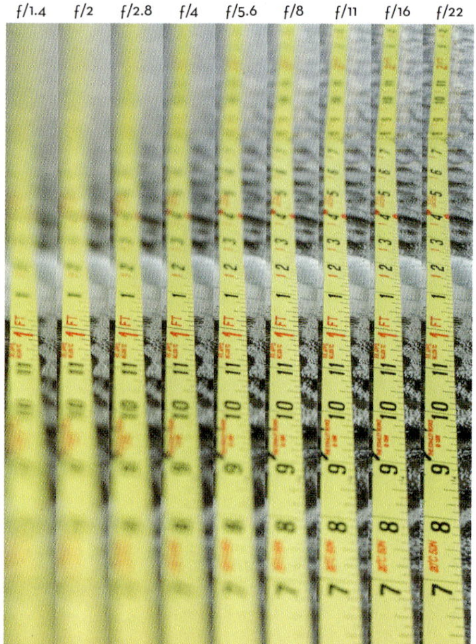

Die Markierungen auf beiden Seiten des 1-Fuß-Fokuspunkts (30 cm) auf diesen Maßstäben verändern sich mit der Blende deutlich, damit wird beeinflusst, wie wahrscheinlich der Betrachter den Bereich anschaut.

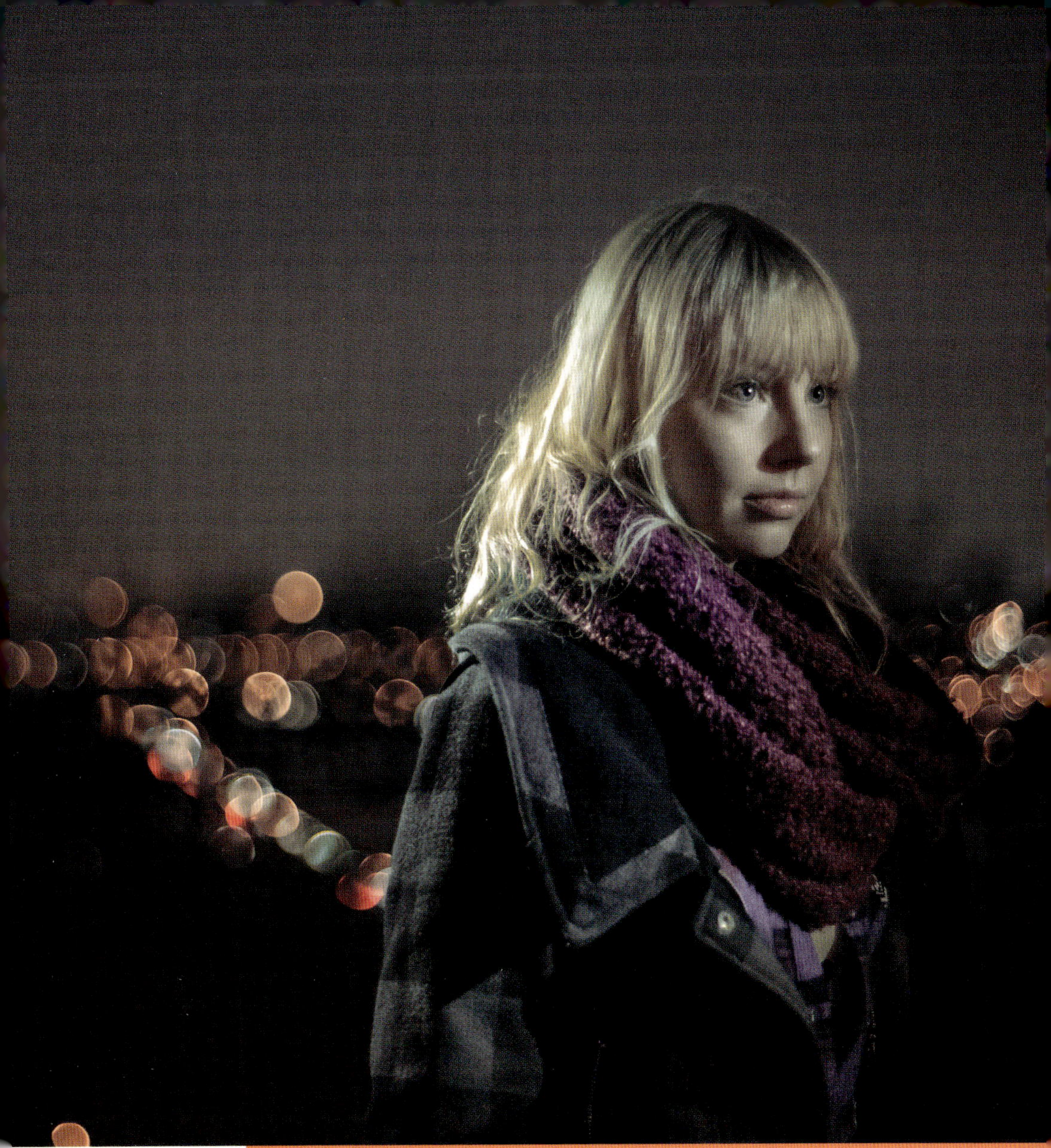

Dieses Nachtporträt wurde mit *f*/1.4 aufgenommen. Die große Blende minimierte die Schärfentiefe, so dass sich das Motiv vom unscharfen Hintergrund abhebt.

SCHÄRFENTIEFE & FORMATGRÖSSE

Je kleiner der Kamerasensor, desto größer ist die Schärfentiefe. Sensorengrößen gibt es unendlich viele, von Großformat (4 × 5 Zoll oder ca. 10 × 12,7 cm) bis zum Mini-Smartphone-Sensor (ca. 1/3 Zoll oder 8,5 mm). Das macht das Fotografieren einfacher, denn Fokus ist da kein Thema.

Eine geringe Schärfentiefe suggeriert Dreidimensionalität, während ein tiefer Fokus ein eher zweidimensionales Bild schafft.

Für beide Varianten gibt es kreative Einsatzmöglichkeiten. Unsere Augen sehen die Welt in mehr oder weniger tiefem Fokus; da wir den selektiven Fokus also nicht von Natur aus kennen, wirkt er in der Fotografie besonders spannend.

Leider hat die Dominanz der kleinen Digitalformate den Einsatz der Schärfentiefe stark vereinheitlicht. Wenn größere Sensoren preiswert werden, hoffe ich, dass die Vielfalt zurückkehrt, aber die aktuellen Objektive erschweren das.

In diesem Handy-Bild vom Monument Valley ist alles scharf. Das entspricht eher dem, was wir mit unseren Augen zu sehen glauben.

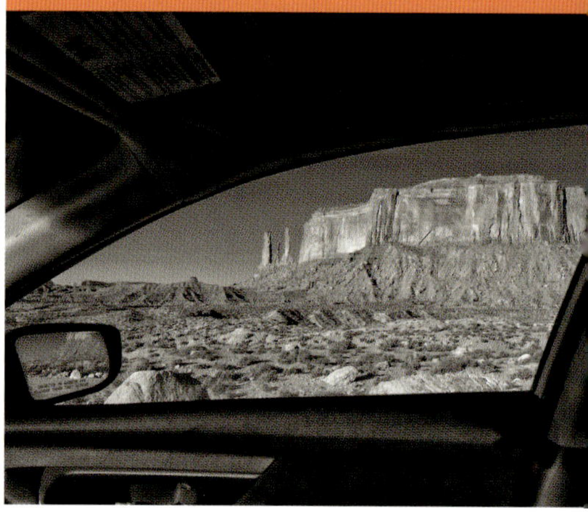

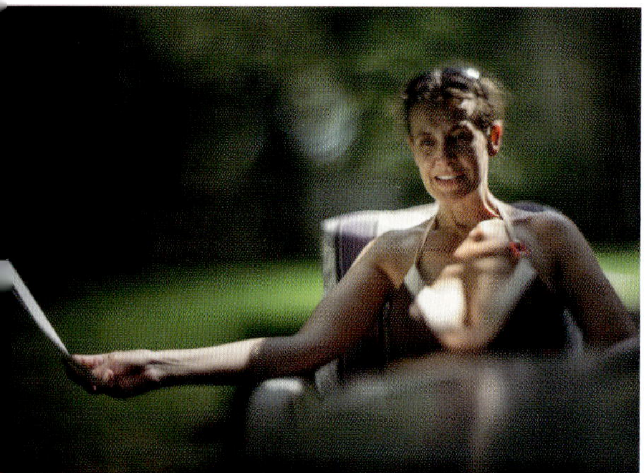

Fotografen können sich die einzigartige Fähigkeit großer Formate zunutze machen, indem sie mithilfe geringer Schärfentiefe einen Kontrast zwischen ungewöhnlicher Schärfe und extremer Unschärfe im selben Bild aufnehmen. Dieses Bild entstand auf einem 8 x 10 Zoll (20 x 25cm) großen Filmformat mit Blende f/2.5. Die Schärfentiefe ist hier fast absurd gering.

UNSERE AUGEN SEHEN DIE WELT IN MEHR ODER WENIG TIEFEM FOKUS.

SCHÄRFENTIEFE & BRENNWEITE

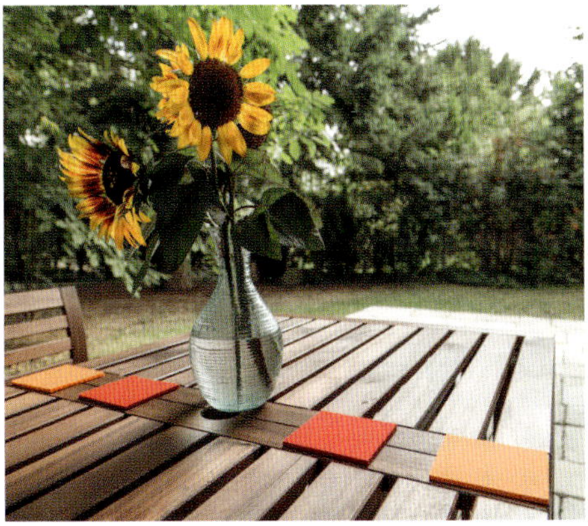

Die Schärfentiefe wird stark durch die Brennweite beeinflusst. Weitwinkelobjektive haben die größte Schärfentiefe, Teleobjektive die geringste, wie man an diesen Sonnenblumen sehen kann. Leider machen es die modernen Objektive Fotografen fast unmöglich, die Schärfentiefe zu berechnen. Ein Autofokus-Objektiv hat einen motorisierten Zwischenring, der bis zum maximalen Kontrast gedreht wird. Je kürzer der Zwischenring ist, desto schneller kann der Motor fokussieren; und ein schneller Fokus verkauft sich gut!

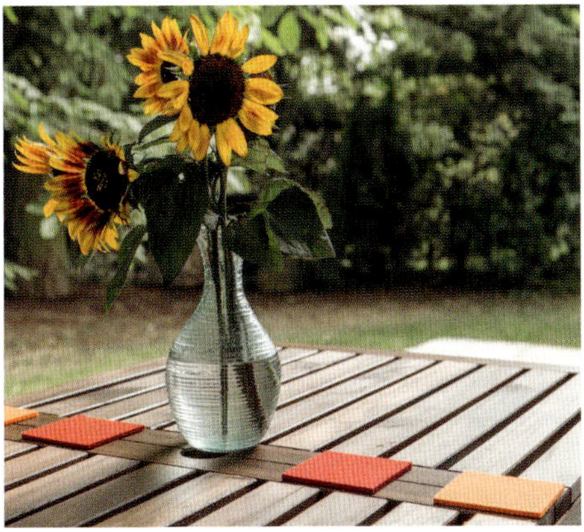

Leider hat das zwei unangenehme Folgen: Zum einen können wir aufgrund der immensen Präzision nicht mehr gut manuell fokussieren; zum anderen ist die Anzeige für die Schärfentiefe verloren, die auf den Objektiven aufgezeichnet war. Damit konnte der Fotograf bestimmen, wie groß die Schärfentiefe bei einer bestimmten Blenden- und Fokuseinstellung ist.

Angesichts der kleinen Zwischenringe ist schlicht kein Platz. Ein präziser manueller Fokus und ein schneller Autofokus schließen einander einfach aus. Durch den Autofokus verkaufen sich die Kameras bei jenen besser, die noch nie von Schärfentiefe gehört haben. Das hat Auswirkungen auf die Fotografie und auf Fotografen, die den Fokus eher als Punkt denn als Bereich verstehen.

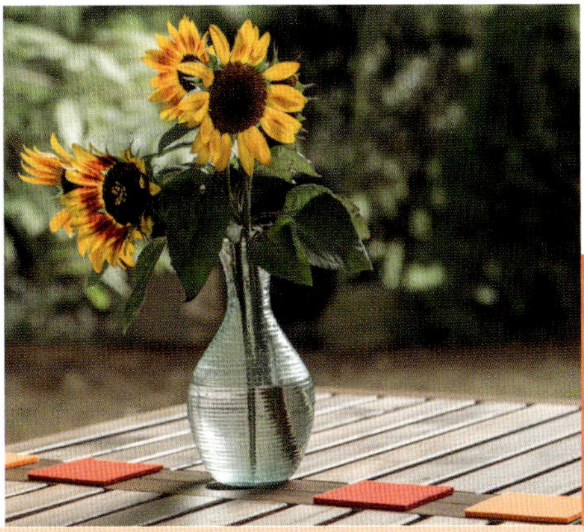

Eine größere Brennweite erzeugt mehr Schärfentiefe. Das obere Bild wurde bei 25 mm aufgenommen, dann wird der scharfe Bereich nach unten hin enger, während die Brennweite länger wird, zuerst 50 mm, dann 105 mm.

EXPERTENKOMMENTAR

DR. MARTIN ROLFS, SPEZIALIST FÜR SEHEN UND WAHRNEHMUNG

Dr. Martin Rolfs ist Spezialist für Sehen und Wahrnehmung am Bernstein Center und der Fakultät für Psychologie der Humboldt-Universität Berlin. Er forscht, was unsere Aufmerksamkeit erregt, wie wir unseren Blick und den mentalen Fokus steuern, und vor allem, wie Bewegungen von Augen, Kopf und Körper die Wahrnehmung beeinflussen.

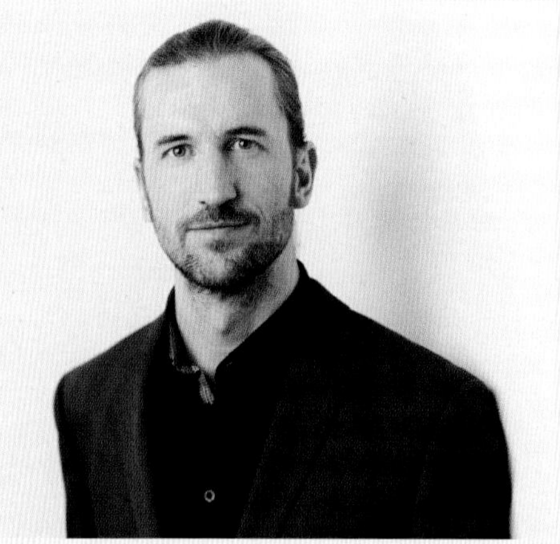

Eines der ersten Dinge, die ich bei unserem Gespräch gelernt habe, war, dass jede Wahrnehmung ihren Tribut fordert:

»Wenn man genau hinschaut, um etwas Spezielles zu erkennen, unterdrückt man die Erkennung von Alternativen, zum Beispiel wenn man nach einem gelben Taxi sucht und dabei das Uber-Auto übersieht. Lässt man seinen Geist wandern, statt sich auf etwas zu konzentrieren, ist man für externe Reize offener, auch interne Reize werden womöglich relevant. Diese Alternativen werden eher zufällig ausgewählt, nicht durch besondere Konzentration.«

KAUSALITÄTEN ZU ERKENNEN IST DAS EIGENTLICHE STRUKTURIERENDE ELEMENT IN DER WAHRNEHMUNG.

Erstaunlicherweise ist die Augenbewegung nichts, was wir aus Neugier tun. Wir müssen unsere Augen in Bewegung halten, um zu sehen:

»Die Neuronen reagieren auf das, worauf Sie sich fixieren, dann ermüden sie. Wenn sich die Augen nicht bewegen, verlieren sie ihr Differenzierungspotenzial. Wenn Sie also die Augenbewegung unterdrücken, werden die Dinge unscharf oder verschwinden.«

Er bezog sich auf eine wegweisende Studie aus dem Jahre 1976 unter der Leitung von John K. Stevens, in der die Probanden betäubt wurden und wach blieben. Mit geöffneten Augen, aber bewegungsunfähig (Sakkade), verblasste ihr Sehen, als sie die Neuronen nicht mehr durch Augenbewegung stimulieren konnten.

Eine zweite Entdeckung war noch unglaublicher: Wenn die Testpersonen den Drang verspürten, ihre Augen zu bewegen (aber nicht konnten), wurde das Bild in Richtung der geplanten Augenbewegung verschoben, die jedoch nie ausgeführt wurde. Sie erlebten, wie ihr Gehirn ein Bild zustande bringen wollte, das normalerweise durch Augenbewegung entstehen würde.

Ich fragte Dr. Rolfs, was eigentlich Sakkaden auslöst – was sorgt dafür, dass wir etwas anschauen?

»Wenn Sie analysieren, wie viele Ihrer Sakkaden durch externe Einflüsse ausgelöst werden, ergeben sich sehr wenige. Ein Bereich einer Szene mit sehr hohem Kontrast würde zum Beispiel eine Augenbewegung anziehen. Schon bei der zweiten oder dritten Sakkade jedoch verliert diese einfache visuelle Information ihren Einfluss und wird unwichtig. Ihre eigenen Interessen und Aufgaben haben da deutlich mehr Einfluss.«

Ich fand diese Implikationen für den individuellen Ausdruck in der Kunst faszinierend. Er bestätigte auch, wie verschieden wir auf bekannte bzw. unbekannte Szenen reagieren:

»In einer unbekannten Umgebung ist der Einfluss von Grundfaktoren wie perzeptuelle Salienz (Dinge, die die visuelle Aufmerksamkeit erregen) stärker als in einer Umgebung, in der Sie sich auskennen, wie zum Beispiel Ihr Zuhause.«

Schließlich noch eine Sache, die mir aus unserem Gespräch besonders gegenwärtig ist, nämlich die Art und Weise, wie eine Story – mit Anfang, Mitte und Ende – buchstäblich mit unserem Hirn verknüpft ist:

»Kausalitäten zu erkennen ist das eigentliche strukturierende Element in der Wahrnehmung. Die Art und Weise, wie Sie die Umgebung beschreiben, weist viele kausale Zusammenhänge auf: 'Der Nebel bedeckt die Wiese.' Dahinter steht etwas. Visuellen Ereignissen eine Kausalität zuzuweisen, gibt Ihnen ein schnelles Verständnis dafür, was in der Szene passiert. Der Vorteil, um mit der Evolution zu sprechen, das in einen niederschwelligen Bereich zu legen (sensorisch im Gegensatz zu kognitiv), ist, dass es ein sehr schneller und automatischer Prozess ist, der Ihnen sofort die Antwort gibt, ohne dass Sie sich mit dem Ereignis kognitiv auseinandersetzen müssen.«

BELICHTUNG

DYNAMISCHE VS. STATISCHE BELICHTUNG

Wenn wir unseren Blick konzentrieren, sehen wir normalisierte Belichtungen. Dunkle Bereiche sind aufgehellt, helle abgedunkelt, und wie bereits erwähnt, sehen wir in einem bestimmten Moment nur einen kleinen Bereich klar. Andererseits können Kameras nur eine Belichtung des Bildausschnitts aufnehmen, inklusive der hellsten und dunkelsten Farbtöne. Kameras »schauen« einmal hin und zeichnen die gesamte Szene in einem einzigen, statischen Bild auf.

Zwar lassen sich mehrere Belichtungen kombinieren. Das ist jedoch umständlich und erfordert spezielle Techniken, um es gut zu machen, vor allem, wenn sich etwas im Bild bewegt.

SEHEN BEI SCHWACHEM LICHT

Wir haben zwei Arten von Photorezeptor-Zellen: ca. 6 bis 7 Mio. Zapfen, konzentriert in der Fovea, die Farbe und scharfe Details wahrnehmen und bei stärkerem Licht aktiv sind. Die 120 Mio. Stäbchen sind empfindlicher, können aber weder Farben noch scharfe Details wahrnehmen. Darum sieht man im Dunkeln ein unscharfes Schwarz-Weiß-Bild.

Das periphere Gesichtsfeld ist von den Stäbchen dominiert, darum erkennt man auch dort keine scharfen Details. Da die Stäbchen nicht in der Fovea konzentriert sind, kann man bei schwachem Licht Objekte besser erkennen, wenn man sie nicht direkt anschaut. Stäbchen können auch Veränderungen bei schwachem Licht nur schwer wahrnehmen.

KAMERAS »SCHAUEN« EINMAL HIN UND ZEICHNEN DIE GESAMTE SZENE IN EINEM EINZIGEN, STATISCHEN BILD AUF.

Dieses Bild von einem Sprungturm in Norwegen birgt für Fotografen einige Herausforderungen: Zum einen teilt uns der Belichtungsmesser in der Kamera mit, dass diese Aufnahme gnadenlos überbelichtet ist, denn er kann Ihnen nur die durchschnittliche Helligkeit eines Bildes bei Mittelgrau mitteilen; zum anderen sind die Farbwerte für uns schwer zu erkennen, denn unser Wissen, wie das Motiv aussehen sollte (weißer Sprungturm umgeben von Eis und Schnee), überstrahlt das, was wir wirklich sehen (weißer Schnee, der durch die Unterbelichtung grau wird).

Statt wie versessen nach der »korrekten« Belichtung zu suchen, betrachte ich die Belichtung als kreative Entscheidung. Diese Aufnahme entstand an einem Nachmittag im November während eines Blizzards. Die Szene sah in Wirklichkeit viel heller aus, aber ich wollte zeigen, wie sich der Himmel anfühlte, den der dichte Schneesturm mitten am Tag so sehr abdunkelte. Ich nahm das Bild so hell wie möglich auf, ohne Details in den Lichtern zu verlieren, um vor allem die Details in den Tiefen unter der Brücke zu maximieren. Dann dunkelte ich das Bild wie gewünscht ab.

FOTOGRAFIEN KÖNNEN EXTREME AUFZEICHNEN, SIE SCHAFFEN VISUELLE WELTEN, DIE UNS SONST VERSCHLOSSEN BLEIBEN.

GRENZEN DER FOTOGRAFISCHEN EMPFINDLICHKEIT

Die Lichtempfindlichkeit von Kameras ist nicht so hoch wie die des menschlichen Sehapparats, was sich allerdings durch Belichtungszeiten und Blenden kompensieren lässt. Im High-End-Bereich haben Consumer-Kameras kürzlich die Lichtempfindlichkeit des Menschen überschritten. Während ich dieses Buch schreibe, hat der Sensor einer Sony-Kamera einen ISO-Wert von 409.600 erreicht. Damit ist es möglich, selbst bei Sternenlicht aus der Hand zu fotografieren.

WAS WIR MÖGEN

Angesichts der Tatsache, dass eine Kamera durch lange Belichtungszeiten so viel Licht aufnehmen kann wie nötig, ist eine der aufregendsten Eigenschaften der Fotografie, den kumulativen Effekt von Licht in dunklen Umgebungen und sogar sich bewegenden Licht aufzunehmen. Das und die Fähigkeit, extrem helle und extrem dunkle Bilder aufzunehmen, die weit vom normalisierten Blick des Menschen entfernt sind, ist eine der am wenigsten genutzten Eigenschaften und visuell aufregendsten Aspekte des Mediums.

Eine Kamera bietet die vollständige Kontrolle über die Belichtung, während unsere Augen nur ein normalisiertes Bild wahrnehmen. Fotografien können Extreme aufzeichnen; sie schaffen visuelle Welten, die uns ansonsten verschlossen bleiben.

DYNAMIKBEREICH

Der Dynamikbereich ist der Belichtungsspielraum von Tonwerten (Helligkeit), in dem Details in einem Bild sichtbar aufgezeichnet werden können. Wenn Sie den Dynamikbereich Ihrer Kamera überschreiten, verschwinden die Details in Schwarz oder Weiß. Fotografen nennen das »Beschneidung«. Im realen Leben haben wir damit kaum Erfahrungen, denn unsere Augen optimieren die Belichtung, maskieren unsere Grenzen, während die Kamera sie deutlich zutage treten lässt.

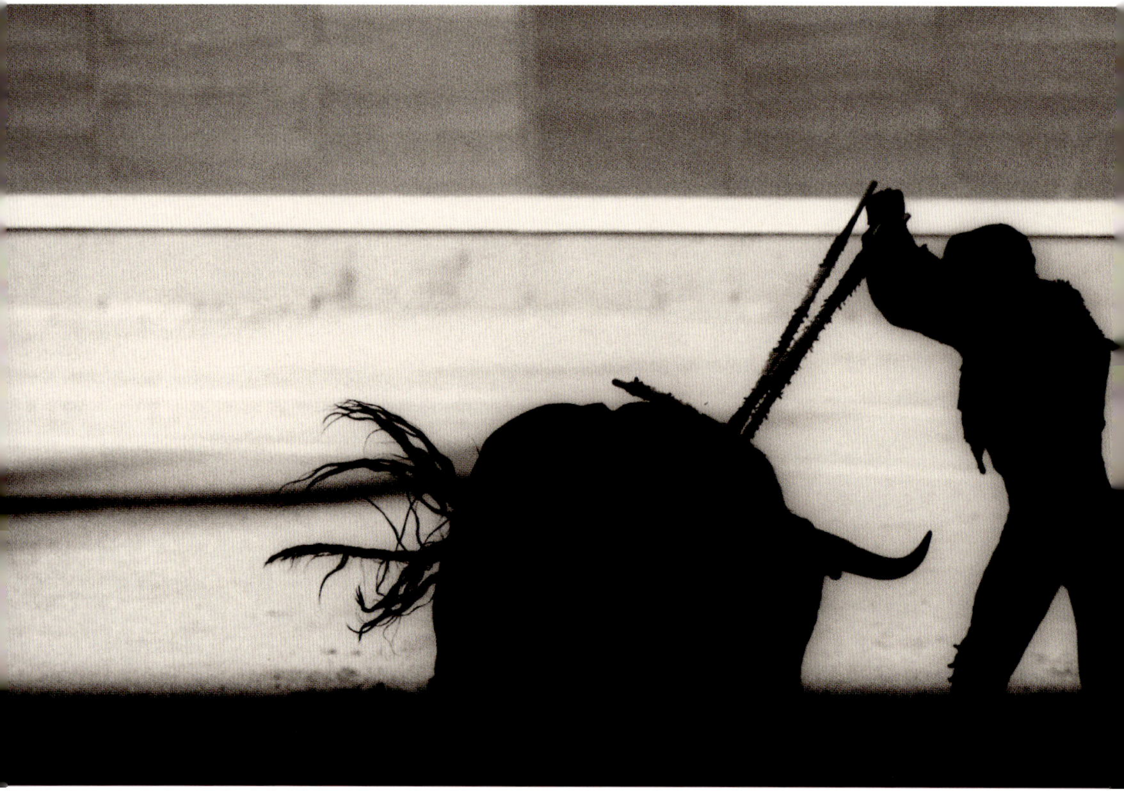

In der Fotografie bedeutet »Stufe« (also Blendenstufe) das Verdoppeln bzw. Halbieren der Lichtintensität. Aktuelle Digitalkameras haben einen Dynamikbereich von 11 bis 13 Stufen. Das und die Tatsache, dass Kameras nur eine einzige Belichtung haben, während der Mensch eine Szene mit mehreren optimierten »Belichtungen« aufnimmt, bedeutet, dass Kameras einen höheren Kontrast darstellen als das menschliche Auge.

TONWERTAUFLÖSUNG BEIM MENSCHEN

Durch unsere Fähigkeit, zwischen verschiedenen ähnlichen Tonwerten zu unterscheiden, können wir auch feine Tonwertunterschiede erkennen, allerdings gelingt uns das in den Lichtern besser als in den Tiefen. In jedem Quadrat unten auf der Seite sind vier Kreise zu sehen, deren Helligkeit im gleichen Abstand zueinander abweicht. Im hellsten Quadrat erkennen wir sie leicht; Fotografen kompensieren das, indem sie die Tonwertunterschiede in den Tiefen überbetonen, wie ich das im großen Quadrat getan habe.

Matador, aus *Los Toros*, 2007.

Während die Technik nicht müde wird, den Dynamikbereich von Kameras zu erhöhen, um versehentliche Über- oder Unterbelichtung zu vermeiden, glaube ich, dass der begrenzte Dynamikbereich Fotos für uns besonders attraktiv macht. Kontrast schafft Dramatik. Die Grenzen der Kamera anzunehmen, ist ein kreativer Akt. Wenn Sie die Szene in Michael Crousers Foto mit bloßem Auge betrachteten, würden Sie nicht den Schatten oder die Silhouette erkennen, weil sich unsere Augen automatisch an die veränderten Lichtbedingungen anpassen. Alle Aktionen in den Schattenbereichen könnten wir im Detail erkennen. Der Fotograf hat jedoch absichtlich auf die hellen Bereiche belichtet, den Hintergrund, darum erhalten wir einen unterbelichteten Vordergrund mit Silhouette und – ebenso absichtlich – ohne Details.

TONWERTAUFLÖSUNG DER KAMERA

Die verbreiteten Digitalkameras haben 12- oder 14-Bit-Sensoren, können also 4.096 oder 16.384 Tonwerte einer Farbe oder eines Farbtons abbilden. Aktuell können die am weitesten entwickelten Sensoren 65.536 Tonwerte aufzeichnen. Das ist vor allem bei monochromen Bildern oder welchen mit geringer Sättigung interessant, wo kaum Farbe die einzelnen Bildelemente voneinander trennt.

KONTEXT & WAHRNEHMUNG

Wahrscheinlich nehmen Sie die Kreise am hellen Himmel im Bild unten dunkler wahr als die am dunklen Himmel, tatsächlich sind sie jedoch identisch. Wenn Sie sie nebeneinanderlegen, merken Sie, dass Ihr Gehirn Sie austrickst: mit dem Kontext. Die menschliche visuelle Wahrnehmung ist nicht für mathematisch absolute Ton- oder Farbwerte optimiert. Wir vergleichen, was aber bedeutet, dass ein veränderter Kontext zu einem anderen Eindruck führen kann.

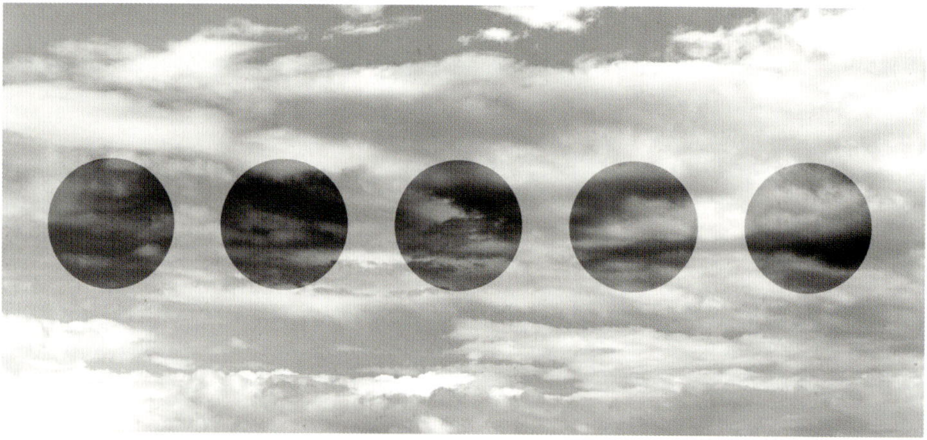

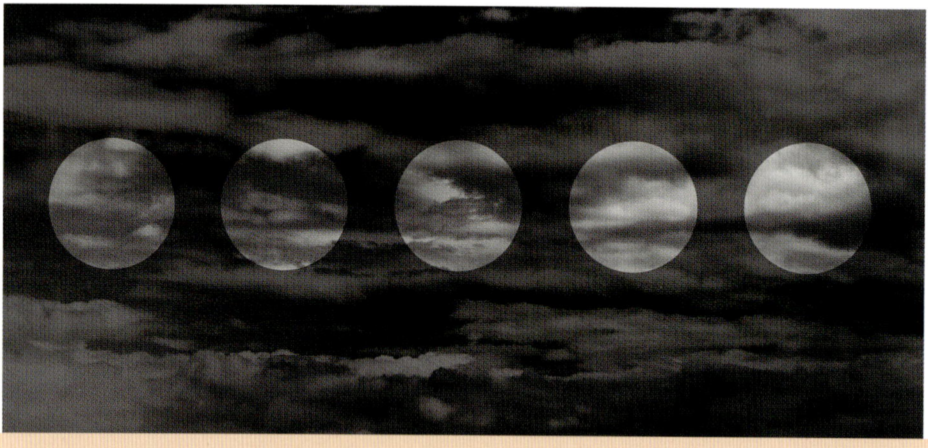

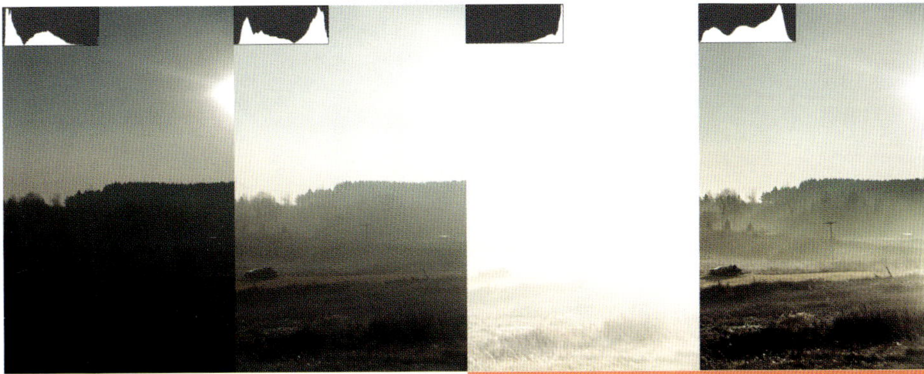

HISTOGRAMME

Hier folgt ein weiteres Beispiel der Tonwertauflösung. Die Histogramme (in der linken oberen Ecke der Bilder oben) zeigen die Tonwertverteilung. Das Bild ganz links weicht von dem ab, was Ihre Augen sehen, das kommt vom dunklen Vordergrund. Der Dynamikbereich der Digitalkamera war zu begrenzt, um sowohl Himmel als auch Vordergrund natürlich und im Detail darzustellen.

Im zweiten Bild von links sieht der Boden noch immer dunkler aus, als ich ihn wahrgenommen habe. Die dritte Version habe ich aufgehellt. Vor allem der Himmel und Teile des Vordergrunds sind völlig weiß. Schatten sind keine Schatten mehr.

Das letzte Beispiel zeigt, was Fotografen tun müssen, um diese Einschränkungen zu überwinden. Ich habe den Himmel abgedunkelt und den Vordergrund aufgehellt. Dass dies der Wahrheit am nächsten kommt, stimmt nicht, doch es zeigt, wie Fotografen die Grenzen des Mediums annehmen und an die Szene anpassen müssen.

Bei Außenaufnahmen am Tag ergibt sich eine fundamentale und unvermeidliche Herausforderung: Der Kontrast ist für eine Kamera einfach zu hoch, um sowohl Himmel als auch Boden in natürlichen Tonwerten in einem Bild darzustellen. Ein abgestufter ND- oder Polfilter kann den Himmel abdunkeln, außerdem können Sie das Bild zweimal aufnehmen und dann montieren, oder Sie belichten je einmal auf Lichter und Tiefen und stellen die Balance dann mit Bildbearbeitungswerkzeugen her.

HIGH DYNAMIC RANGE (HDR)

Fotografen können den Dynamikbereich ihrer Bilder über die Fähigkeiten der Kamera hinaus erweitern, indem sie die Tiefen, Mitteltöne und Lichter separat belichten und dann in einem Bild kombinieren. Wenn sich jedoch alles bewegt oder verändert, funktioniert dieses Zusammenfügen nicht gut, darum lässt sich diese Technik auch am besten auf unbewegliche Motive anwenden. Zwar ist dies theoretisch eine Methode, um den begrenzten Dynamikbereich einer Kamera zu überwinden, häufig schafft sie aber mehr Probleme, als sie löst.

FARBWAHRNEHMUNG

DAS FARBERLEBNIS

Licht ist elektromagnetische Energie, die wir sehen können. Es ist schon verwirrend, dass grüne Blätter grün aussehen, weil sie jede Lichtfarbe enthalten (absorbieren) außer Grün, was sie abstoßen (reflektieren). Farben sehen so aus, weil es in unserem Auge drei Arten von Zapfen gibt, die auf unterschiedliche Wellenlängen reagieren: rote, grüne und blaue. Wir sind »Trichromaten«, obwohl Forscher kürzlich herausgefunden haben, dass einige wenige außergewöhnliche Menschen – »Tetrachromaten« – eine vierte Art von Zapfen haben, die auf Millionen von Farben reagieren. Nur Frauen mit ihren zwei X-Chromosomen sind überhaupt dazu in der Lage. Katzen und Hunde sehen dichromatisch – mit nur zwei Zapfen. Schmetterlinge haben fünf, sie verblassen aber gegen den Heuschreckenkrebs, der 16 Zapfen hat. Wir können von diesen Farben nur träumen.

Farbe hat zwei Komponenten: Farbton und Sättigung. Farbton bestimmt, »welche Farbe« wir sehen. Die Sättigung ist die Intensität – wie sehr sich die Farbe von Grau unterscheidet. Ungesättigte Farben sind einfach grau. Die Helligkeit an sich ist keine Farbeigenschaft; helles und dunkles Rot sind immer noch rot, sie unterscheiden sich nur in der Luminanz.

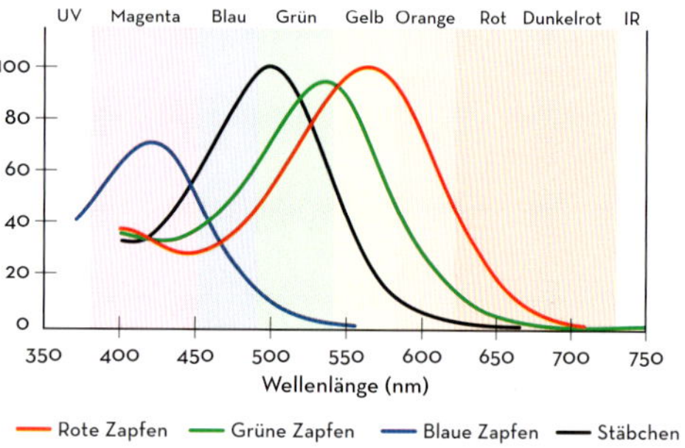

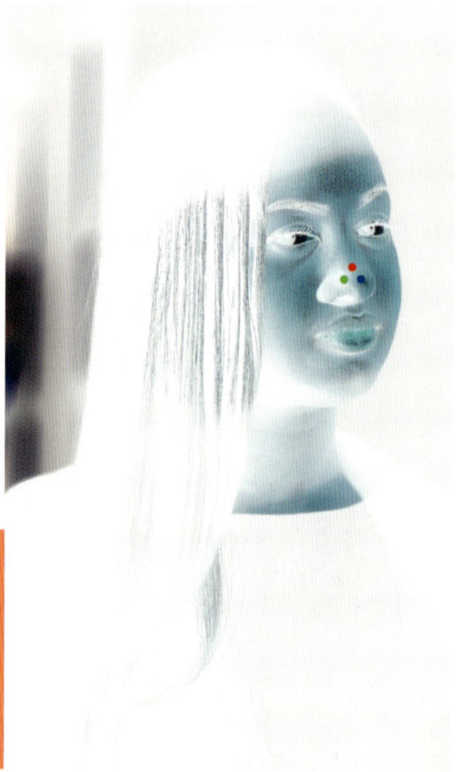

Zwar werden Sie bei dieser Sehübung überrascht sein, dennoch ist an dem Bild an sich nichts Magisches; die Magie sitzt in Ihnen, dem Betrachter! Hier sehen Sie ein exaktes Negativ, in dem alle Farben und Tonwerte genau umgekehrt von dem dargestellt sind, wie sie dem Auge erscheinen. Rottöne sind cyan, Gelbtöne blau, dunkle Stellen sind hell etc.

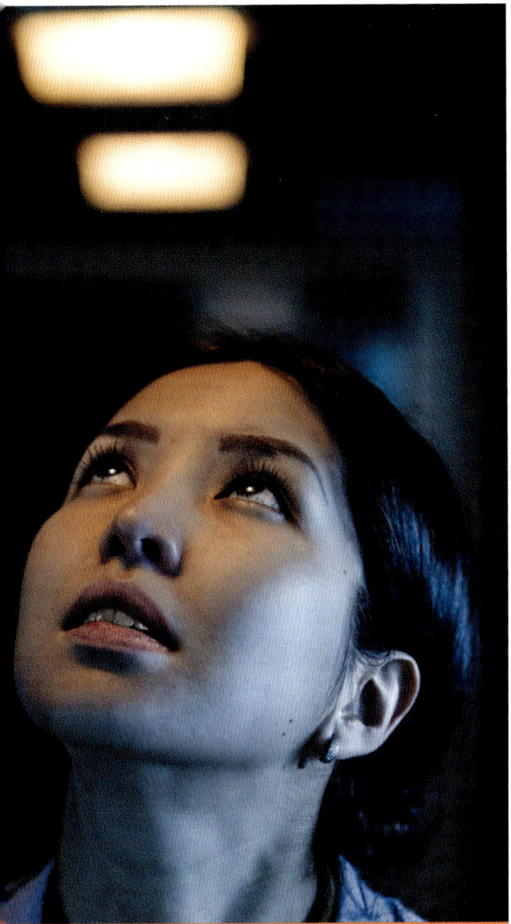

Richtigkeit ist aber nicht immer das Ziel: Hier habe ich absichtlich den Weißabgleich an beiden Lichtquellen vorgenommen, um die Beziehung zwischen den Farben zu betonen.

In den dunklen Bereichen sehen wir nun nur noch monochrom.

SICHTBARE LUMINANZ

Warme Farben (Rot, Orange und vor allem Gelb) leuchten für uns am meisten. »Kalte« Farben (Violett, Blau) scheinen am wenigstens zu leuchten. Darum erregen warme Farben mehr Aufmerksamkeit als kalte Farben, was von Ampeln und Fotografen ausgenutzt wird.

DAS TRÜGERISCHE WESEN DER NEUTRALITÄT

Was wir sehr leicht übersehen, ist die Farbe des Lichts. Zum einen ermüden die Zapfen schneller und werden für Farben unempfindlich, zum anderen macht unser Vorwissen uns blind dafür, wie Farben unter gewissen Lichtbedingungen erscheinen – etwas, das Fotografen überwinden müssen.

Legen Sie ein Blatt weißes Papier neben dieses Buch. Schauen Sie für mindestens 30 Sekunden auf den roten Punkt im Bild gegenüber, schauen Sie dann auf das weiße Blatt und zwinkern Sie. Wie durch ein Wunder sehen Sie die echten Farben in der Szene wie durch ein Nachbild, das durch Ihre Zapfen entsteht, die von diesen Farben so müde sind, dass sie kurzzeitig für das Gegenteil überempfindlich sind.

Kameras haben kein voreingestelltes mentales Modell, keine Zapfen. Sie machen einfach, was man ihnen sagt. Sowohl digitale als auch Filmkameras können nur einen Farbton als neutral annehmen. Das heißt auch »Weißabgleich« bei einer Digitalkamera. Dadurch kann die Kamera Farben messen, sie dann neutralisieren, indem sie genau den Gegenwert addiert – und so das Weiß abgleicht. Wenn die Lichtquelle farblos ist, werden alle Farben »korrekt« dargestellt.

ÄQUILUMINANZ: DAS HIRN VERSTEHT SICH SELBST NICHT MEHR

Farbe wird im Gehirn getrennt von Position, Dreidimensionalität, Objekterkennung und Hintergrund verarbeitet (Objekt/Hintergrund-Differenzierung). Wenn die beiden Systeme – »Wo ist es?« und »Was ist es?« – übereinstimmen, sieht alles normal aus. Wenn nicht, kann es merkwürdig werden.

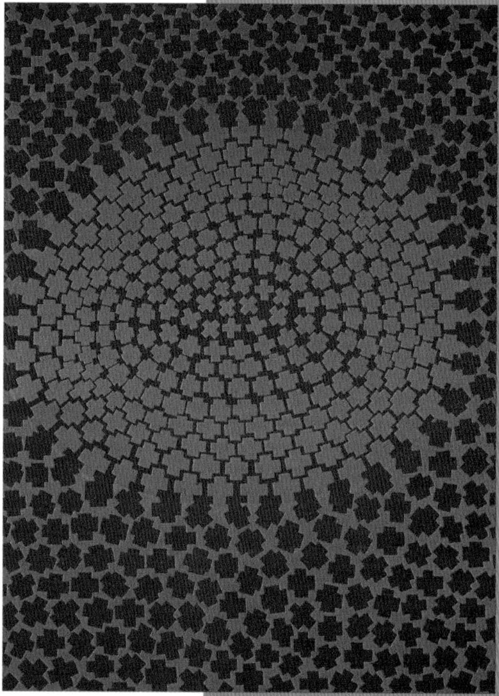

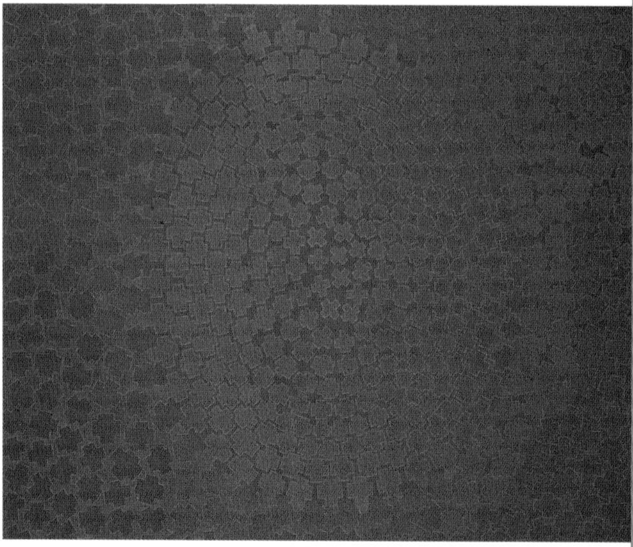

Plus Reversed, 1960.
Richard Anuskiewicz

Im Muster oben sind die Farben genau gleich hell - äquiluminant. Das Auge erkennt im obigen Bild mithilfe des »Was«-Systems aufgrund der verschiedenen Tonwerte zwei Muster. Das monochrome Bild links zeigt, was das »Wo«-System sieht: nämlich nichts. Es ist farbenblind. Ohne einen Helligkeitsunterschied kann es die Muster nicht erkennen. Weil die »Was«- und »Wo«-Systeme nicht dasselbe sehen, scheint das Bild zu schimmern.

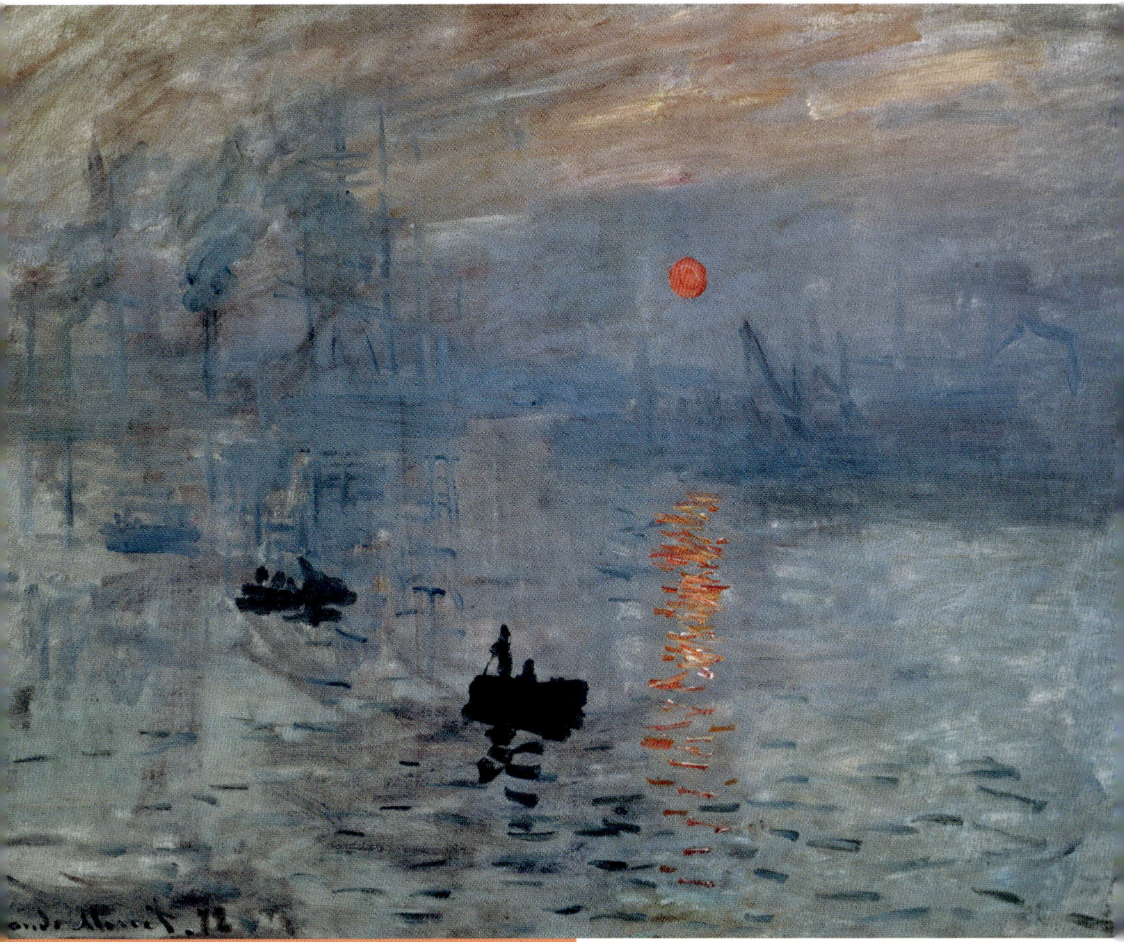

Impression, Sonnenaufgang, 1872.

Claude Monet nutzte das Prinzip der Äquiluminanz in diesem Gemälde, um auch hier einen gewissen Schimmer zu erzeugen. Nur wenige Fotografen beherrschen diesen bewussten Einsatz der visuellen Wahrnehmung in ihren Arbeiten.

BEWEGUNG & ZEIT

ZEIT & OPTISCHE WAHRNEHMUNG

Zeit ist merkwürdig. Wir sind immer drin, aber können sie nicht sehen. Sie verändert uns, aber sie dabei zu beobachten ist schwer. Menschliche Erinnerungen sind subjektiv und verändern sich, ein Foto nimmt jedoch einen Moment in unserer ständigen Veränderung auf und hält ihn fest, während die Zeit weiterläuft.

ZEIT & AUFMERKSAMKEIT

Wir nehmen einen ständigen, immer aktualisierten Echtzeit-Strom von Bildern wahr. Wir haben keinen Verschluss. Unser Hirn vergleicht ständig die Gegenwart mit der Vergangenheit und stellt sich die Zukunft vor. Darum verpassen wir vieles von dem, was gerade passiert. Die Fotografie kann uns jedoch zeigen, was wir verpasst haben.

ZEIT & KAMERA

90% unserer wachen Zeit haben wir die Augen geöffnet, wir zwinkern nur kurz. Die Kamera hingegen hat ihr »Auge« meist geschlossen, sie »blinzelt«, um es zu öffnen und Licht für ein Foto einzulassen. Die Belichtungszeit der meisten Fotos ist so kurz, dass Sie die Kamera in der Hand halten können, ohne das Bild zu verwackeln; was aber Zeit und Bewegung angeht, kratzt das nur an der Oberfläche, wenn es um die Fähigkeiten der Fotografie geht.

Viele Fotografen stellen mithilfe der Belichtungszeit nur die Belichtung ein. Um fair zu sein, wenn sich das Motiv nicht bewegt, ist es auch egal, ob Sie 30 s oder 1/1000 s lang belichten, solange dieselbe Gesamtlichtmenge in die Kamera eindringt. Erst wenn sich Motiv oder Kamera bewegt oder verändert, wird es wirklich interessant.

Die Verschlüsse heutiger Comsumerkameras schaffen bis zu 1/8000 s. Der MIT-Professor Harold Edgerton erfand den modernen Blitz, dessen kurze Belichtungszeit in atemberaubenden Aufnahmen von Geschossen demonstriert wird. Aber selbst diese Errungenschaft verblasst angesichts dieses noch recht neuen Bildes von Professor Ramesh Raskar und der Camera Culture Group am MIT Media Lab, das Licht in seiner Bewegung zeigt – in einer Belichtung von zwei Billionstel Sekunden.
(Siehe cameraculture.media.mit.edu)

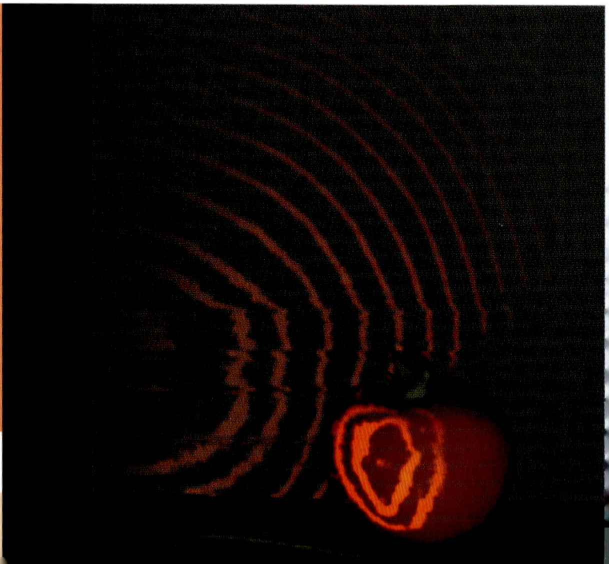

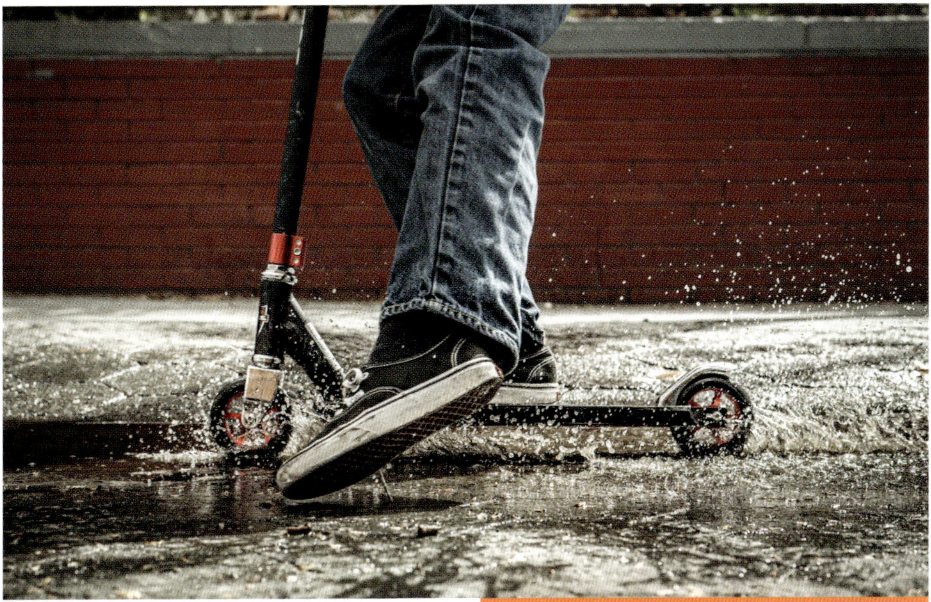

Ist die Belichtungszeit kurz genug, erkennen wir im Bild Formen, die dem Auge sonst verborgen bleiben, weil sie sich zu schnell bewegen, wie das Wasser, das unter den Rollerrädern des Jungen hier aufspritzt (Bild oben; aufgenommen bei 1/4000 s).

Während das menschliche Auge zumeist geöffnet ist und keine »Belichtungszeit« hat, bieten Kameras einen großen Bereich in dieser Hinsicht an. Objekte können durch Bewegung unscharf werden, wenn diese zu schnell oder zu langsam ist, um vom Auge wahrgenommen zu werden, von der Kamera aber aufgezeichnet wird wie bei dem Wasser in dieser kurzen Belichtung.

Egal, ob sich ein Motiv bewegt oder nicht, die Kamera kann bewegt werden, um abstrakte Fotos zu schaffen. Sie können auch etwas im Bild stabil halten, indem Sie die Kamera dem bewegten Objekt hinterherschwenken, wie ich das mit dieser herabgestürzten Telefonleitung in einem zugefrorenen Teich getan habe: Ich fuhr mit dem Zug daran vorbei.

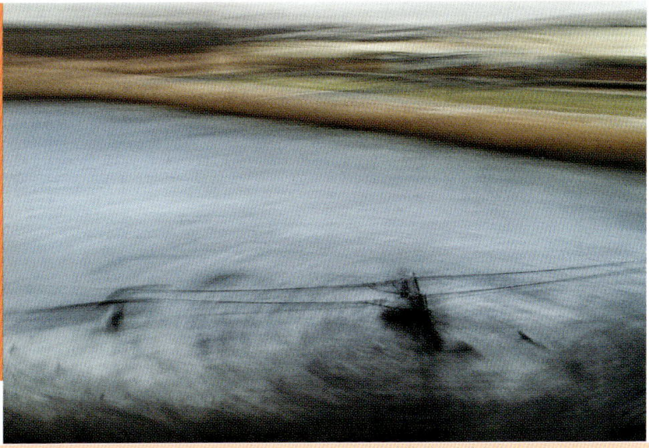

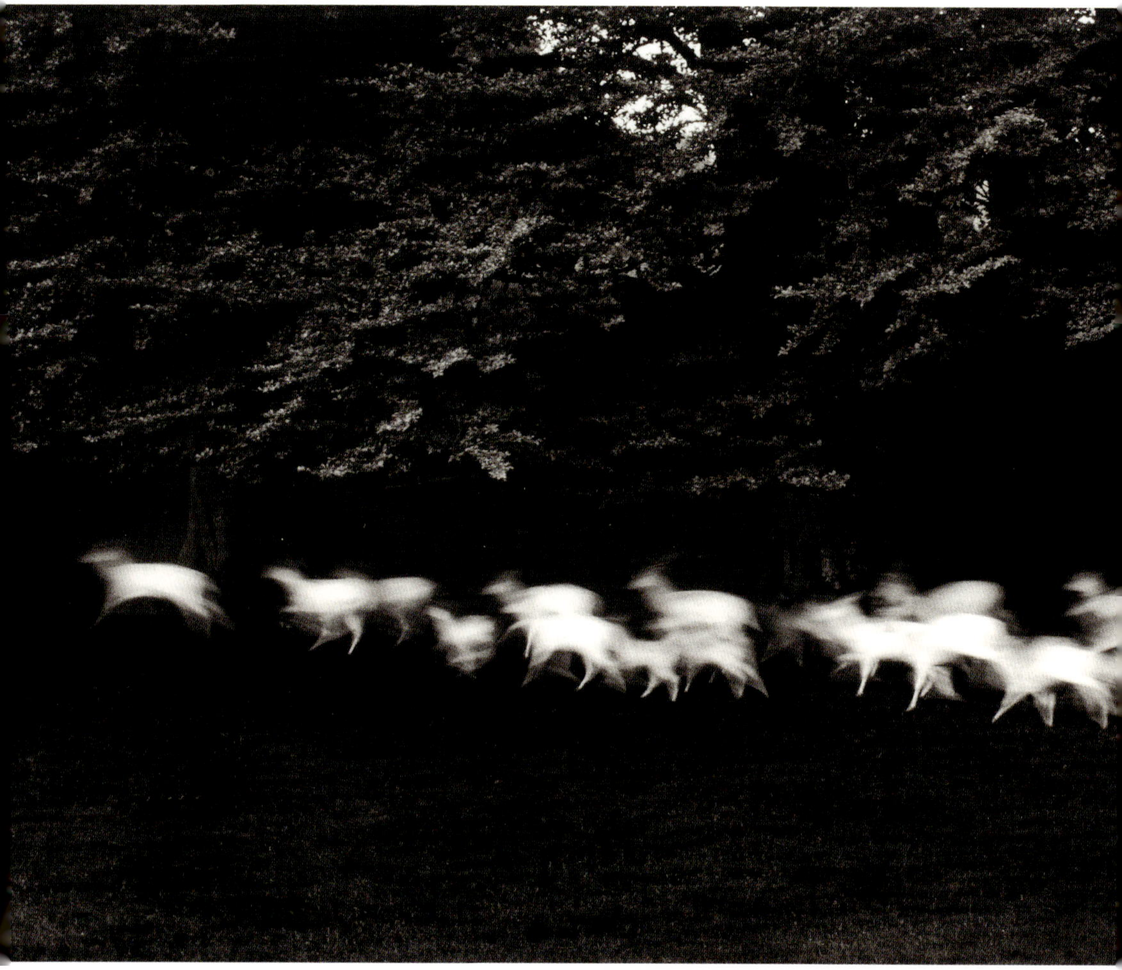

Einer der wirksamsten Effekte des Kameraverschlusses ist die Gegenüberstellung von Bewegung und Stillstand, um manche Formen klar und scharf, andere wiederum in der Bewegung unscharf und abstrakt darzustellen. Während der Meisterfotograf Paul Caponigro dieses Foto der seltenen weißen Hirsche genau geplant hatte (notwendig, wenn man mit Großformatkamera auf schwerem Stativ arbeitet), konnte er die Bewegung jedoch nicht vorhersehen. Das Umgebungslicht erforderte eine kleine Blendenzahl, eine Belichtungszeit von einer Sekunde und nur eine einzige Belichtung war möglich. Als er bereit war, ließ er seinen Hund

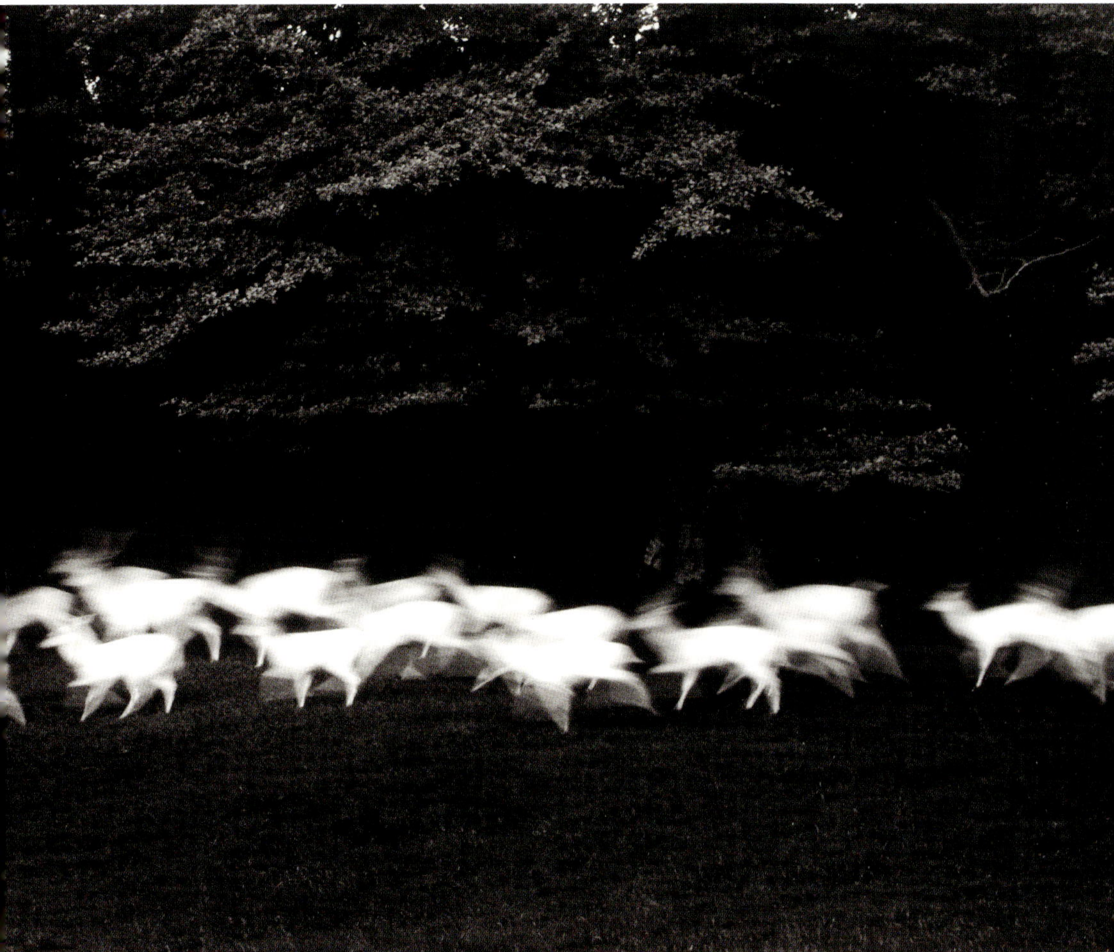

Running White Deer, County Wicklow, Irland, 1967.

von der Leine, um die Hirsche aufzuschrecken, und schuf ein legendäres Bild, das uns nicht nur zeigt, dass wir Hirsche sehen, sondern auch ihre Bewegung zeigt, ohne sie komplett unsichtbar zu machen. Diese Gegenüberstellung der blassen beweglichen Formen vor dem statischen dunklen Wald unterstreicht die Magie in diesem Bild.

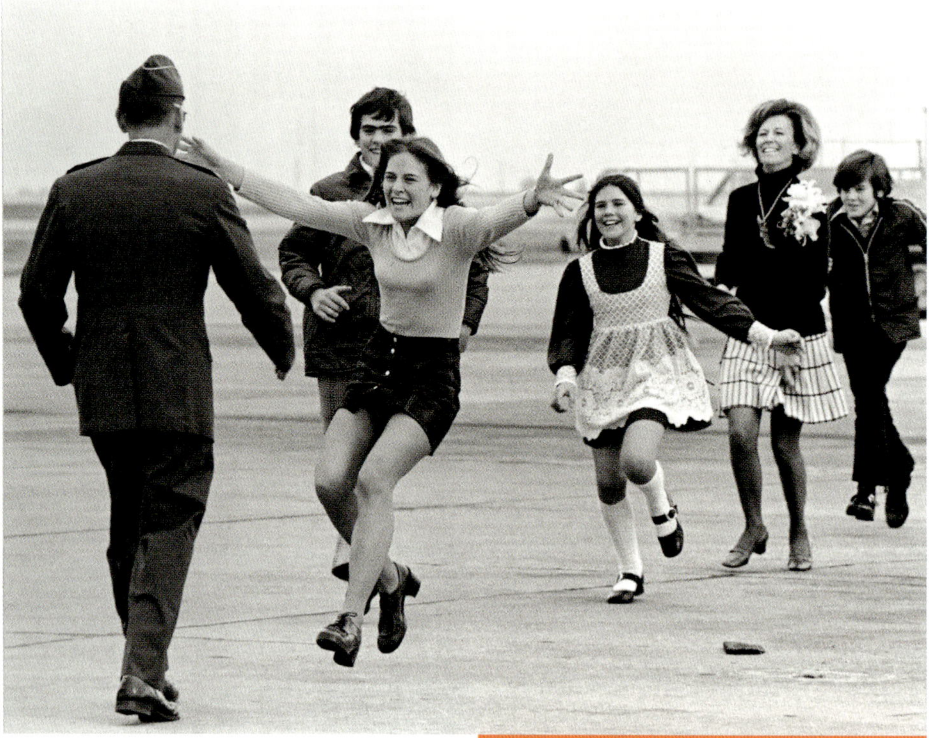

Lt. Col. Robert L. Stirm wird von seiner Familie auf der Travis Air Force Base in Fairfield, Kalifornien bei seiner Rückkehr aus dem Vietnamkrieg begrüßt, 17. März 1973.

ZEIT AUSSERHALB DES BILDES

Ein Foto zeigt nicht nur Zeitraum; es kann aber sehr wohl implizieren, was vorher und was nachher geschehen ist. Das mit dem Pulitzer-Preis ausgezeichnete Bild des Fotografen Slava Veder von dem amerikanischen Soldaten Col. Robert Stirm bei seiner Rückkehr zu seiner Familie ist ein großartiges Beispiel dafür. Vielleicht kann man damit nicht kommunizieren, dass dieser Soldat sechs Jahre lang in Kriegsgefangenschaft war, dennoch lässt sich viel von der Situation wahrnehmen.

Je weniger sich etwas bewegt, desto fester wirkt es im Bild. Objekte, die sich schneller bewegen, bleiben nie lange genug an derselben Stelle, um genug Licht einzufangen und harte Umrisse zu schaffen. Sie verschwinden einfach.

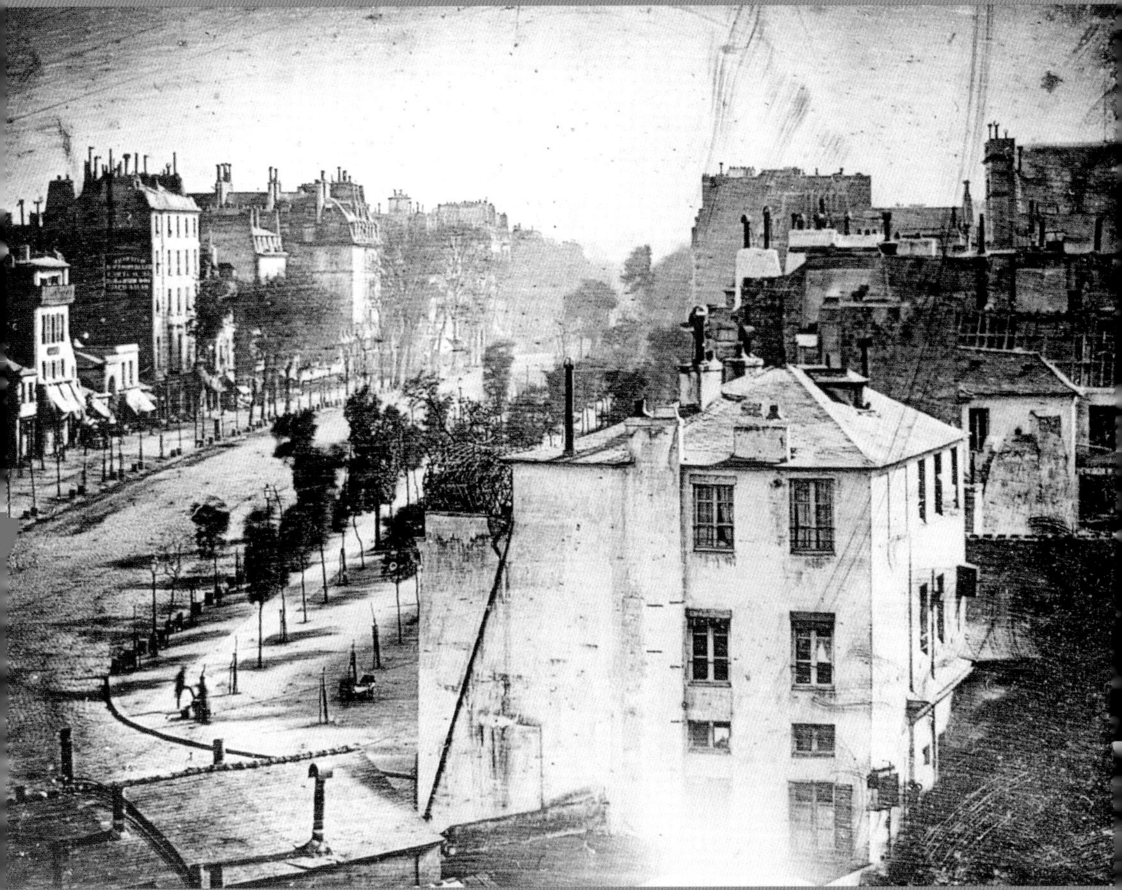

Boulevard du Temple, Paris, 1838.

Zwar leben heute mehr Menschen in Paris als 1838, dennoch waren auch damals auf dem Boulevard du Temple mit Sicherheit schon viele Menschen unterwegs, als das bahnbrechende Foto von Louis Daguerre entstand – das erste Bild, von dem bekannt ist, dass es Menschen zeigt (unten links an der Straßenecke). Warum sehen wir also nur zwei Personen? Die Antwort ist einfach und lautet Zeit: Die Daguerreotypie brauchte so viel Licht, dass der Verschluss der Kamera mehrere Minuten lang geöffnet bleiben musste – nur Menschen also, die lange genug stillstanden, waren im Bild zu sehen – hier ein Schuhputzer und sein Kunde.

EXPERTENKOMMENTAR

DR. DONALD HOFFMAN, KOGNITIONSWISSENSCHAFTLER

Zwar ist Dr. Donald Hoffman Professor für Kognitionswissenschaften an der University of California in Irvine, dennoch umfasst seine Arbeit ebenso Anthropologie, Mathematik und selbst Quantenmechanik. Er entwickelte unter anderem ein mathematisches Wahrnehmungsmodell, um anhand der Bilder, die wir sehen, Rückschlüsse auf das visuelle System des Menschen ziehen zu können.

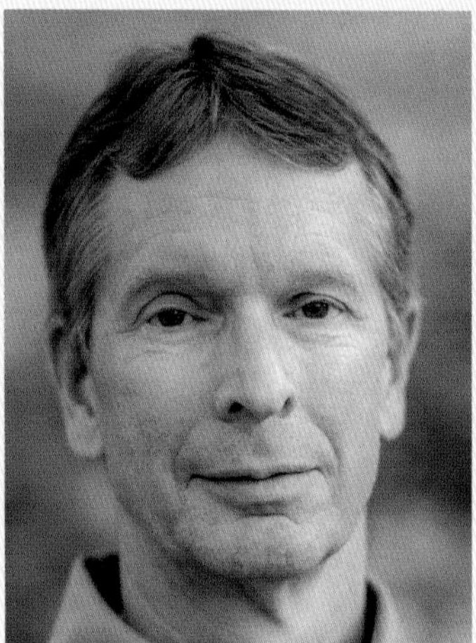

Im Grunde hat Dr. Hoffmann verschiedene Tests wissenschaftlich untersucht und kam zum selben Ergebnis wie dieser nicht-wissenschaftliche Fotograf: Wir sehen nicht, was wir zu sehen glauben – und wir sehen nicht viel.

Eine seiner Ansichten interessierte mich besonders, nämlich die Aussage, dass wir nicht das sehen, was wirklich da ist; wir sehen nur, was wir sehen müssen. Das widerspricht dem, was Dr. Hoffman als Standard-Sicht bezeichnet, akkurate Wahrnehmungen dessen, was für unser Überleben wichtig ist. Er demonstrierte mit der Spieltheorie, dass Wahrnehmungsfunktionen, die eigentlich für Genauigkeit sorgen sollen, durch die Überlebensfunktionen ausgelöscht werden:

WIR SEHEN NICHT, WAS WIR ZU SEHEN GLAUBEN – UND WIR SEHEN NICHT VIEL.

»Wir haben begrenzte Kapazitäten, müssen also auch unsere Wahrnehmungen einschränken; es geht noch tiefer. Überlebensfunktionen zeichnen auch nicht immer die Wahrheit auf. Was immer die Realität ist, man kann zeigen, dass die Überlebensfunktionen, die uns steuern, kaum die Realität wiedergeben.«

In seinen Arbeiten und Vorträgen führte er aus, dass unsere Wahrnehmungen so optimiert werden, um schnell reagieren und überleben zu können. Während wir also unsere Wahrnehmungen beachten müssen, um Gefahren zu erkennen, sollten wir sie nicht wortwörtlich nehmen:

»Unsere Wahrnehmung ist darauf spezialisiert, uns am Leben zu halten. Sie zeigt nicht die Wahrheit; sie ist lediglich ein artenspezifischer Verhaltensratschlag.«

Dr. Hoffman nutzt die Metapher eines Computer-Betriebssystems, um zu erklären, was er unseren »artenspezifischen Hack« nennt.

»Wenn man ein Icon in den Papierkorb zieht, ändert sich die Spannung im Computer. Aber wir haben eigentlich keine Ahnung, was wir tun. Was wir wissen, ist, dass wir dieses blaue Quadrat auf den Papierkorb gezogen haben und es dann verschwunden ist.«

»Der normale Beobachter merkt nicht, dass er mit der wahren Realität interagiert, die eigentlich ganz anders ist als das, was unsere Erfahrung zeigt. Im Computer gibt es keine blauen Icons. Es gbt Spannungen und Magnetfelder, und die sind wirklich richtig kompliziert.«

Dr. Hoffman spekulierte, wir seien schlecht ausgerüstet, nicht nur um zu erkennen, wie die Welt wirklich ist, sondern zu erkennen, wie sie funktioniert:

»Wahrscheinlich kann ein Affe nie die Quantenmechanik verstehen, weil er nicht über die richtigen Konzepte verfügt. Und ich bin nichts anderes als ein etwas komplizierterer Affe. Ich habe also keinen Grund anzunehmen, dass ich die richtigen Konzepte habe, um die Realität zu verstehen.«

Ich fragte ihn, was er an der menschlichen Wahrnehmung gern ändern würde:

»Ich kann nur einen bestimmten Farbbereich erkennen, ich kann nur dreidimensional sehen. Ich weiß, dass ein Heuschreckenkrebs 16 Zapfen hat. Tauben haben mindestens 4. Sie leben vermutlich in einer viel bunteren Welt, als ich mir überhaupt vorstellen kann. Ich würde mir wünschen, die Welt so wahrnehmen zu können, wie sie wirklich ist.«

»Es ist schon interessant, dass die kognitiven und perzeptiven Systeme unserer Spezies zum einen unser Fenster in die Welt sind, zum anderen jedoch auch unser Gefängnis. Wir können da nicht raus. Das Einzige, was uns bleibt, sind Wissenschaft und Mathematik.«

Kann Kunst dasselbe erreichen oder reflektiert sie lediglich die Grenzen unserer Wahrnehmung?

2

WIE WIR WAHRNEHMEN

DER VISUELLE REIZ

DIE BANDBREITE DER WAHRNEHMUNG ÜBERWINDEN

Wissenschaftler schätzen, dass nur 0,0003–0,0004% aller sensorischen Eindrücke von uns bewusst wahrgenommen werden. Das ist nicht schlimm. Stellen Sie sich vor, Sie müssten bewusst über alles nachdenken, was Sie hören, riechen, sehen, schmecken, fühlen – eine wahre Informationsflut. Schlimmer noch, Sie würden es kaum überleben, müssten Sie all diese Informationen bewusst verarbeiten, um zu entscheiden, was Sie damit machen. Das Bewusstsein ist nicht nur sehr begrenzt, sondern auch langsam. Lustigerweise halten wir dieses winzige Etwas der bewussten Wahrnehmung für unser ganzes »Ich«. Wir preisen es für alles, was wir tun und sind, dabei ist es nur ein Tröpfchen Wasser im riesigen Ozean.

Um sich die Absurdität dessen bewusst zu machen, stellen Sie sich vor, Ihnen wird ein Job angeboten. Sie bekommen ein großes Büro und darin befinden sich ein riesiger Globus, 7,5 Milliarden Reißzwecken und ein Fernseher mit 7,5 Milliarden Überwachungskanälen. Jeder Fernseher zeigt die Echtzeitdarstellung eines Menschen. Ihre Aufgabe besteht darin, diese 7,5 Milliarden Kanäle zu überwachen und mit den Reißzwecken jederzeit die aktuelle Position aller Menschen auf dem Planeten zu markieren.

Wenn Sie vernünftig sind, schlagen Sie diesen Job aus, weil Sie merken, dass er unmöglich ist. Sie wissen, dass Sie das nicht schaffen. Bei unserem eigenen Verhalten sind wir jedoch zuversichtlich und glauben, alles sehen zu können. Wir sind der Meinung, wir würden bewusst und rational entscheiden und uns der Pros und Kontras vollständig gewahr sein, während wir uns in Wirklichkeit nur eines Bruchteils unserer Wahrnehmungen und Entscheidungsprozesse bewusst sind.

Zwischen unseren Ohren befindet sich das komplexeste Organ des bekannten Universums. Ein Gehirn hat mehr synaptische Verbindungen, als es Atome im Universum gibt. Die paar Pfund Gehirnmasse enthalten das größte Mysterium des Universums; wir haben kaum begonnen, uns selbst zu verstehen.

Angesichts der Tatsache, dass wir glauben, wir würden mehr sehen, als wir tatsächlich tun, haben Fotos die überraschende Eigenschaft, uns nicht nur zu zeigen, was wir verpassen, sondern auch, was uns nicht bewusst bekannt war – Dinge, die wir aufgezeichnet, auf die wir reagiert haben, die aber nie unser Bewusstsein erreicht haben. Fotos enthüllen Fotografen und anderen Personen sich selbst und spiegeln sogar die Auffassungen des Betrachters.

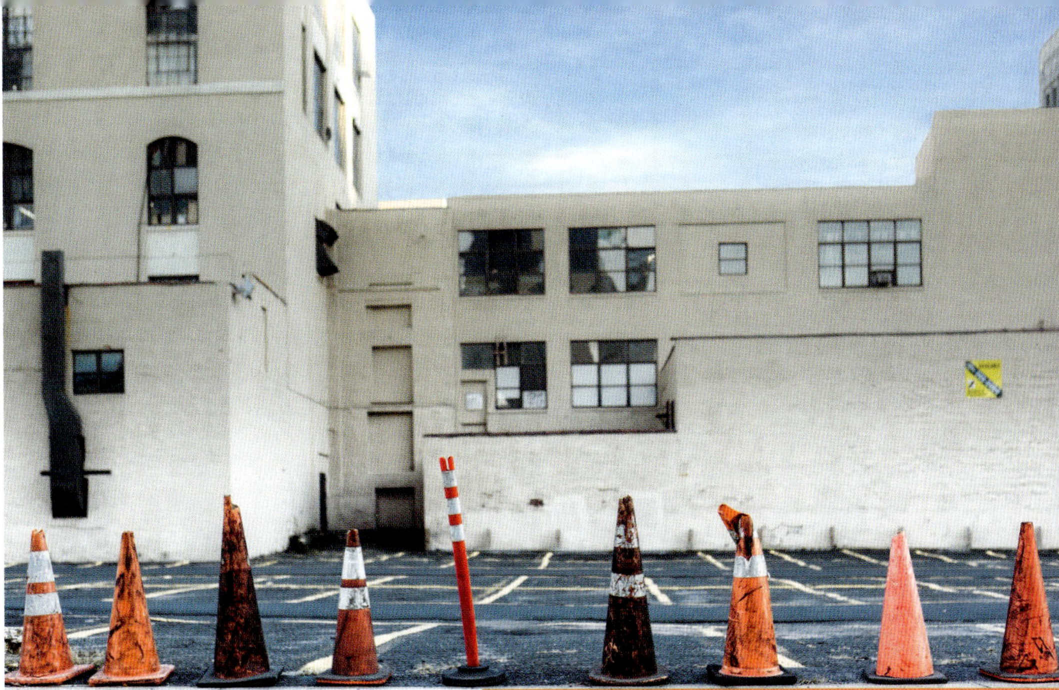

Wichtigstes Ziel eines Fotos ist es, den Betrachter nicht nur zum Hinschauen anzuregen – er soll auch aktiv nachdenken und seine eigene Bedeutung herausfinden. Hier hoffte ich, dass diese Reihe abgenutzter Verkehrskegel wie eine bunte Truppe von Personen mit ihren ganz eigenen Persönlichkeiten und Geschichten wirkt.

AUFMERKSAMKEIT ÜBERSETZEN

Mit einem Foto möchten Sie nicht nur zeigen, was Sie sahen, sondern auch, was Sie dachten. Sie übertragen nicht einfach ein Bild auf die Kamera, sondern wollen eine Idee vermitteln.

Als Fotoanfänger schaffen wir aus höflicher Distanz weitgefasste Bilder. Uns selbst sind unsere Intentionen klar, weil unsere Gedanken wie Scheinwerfer unsere Aufmerksamkeit in der Szene fokussieren. Dennoch sind diese Fotos chaotisch, mit unglaublich vielen Details, von denen keines besonders heraussticht. Die Betrachter sehen nicht, was Sie sahen, weil sie nicht wissen können, was Sie gedacht haben.

Nimmt man die Gedanken des Erzeugers weg, muss ein Foto die Aufmerksamkeit des Betrachters allein mit den Mitteln der Fotografie lenken, Akzente setzen und Themen und Ideen mit einer visuellen Sprache vermitteln.

Es ist nicht schwer, die Aufmerksamkeit des Betrachters zu packen – aber das reicht nicht. Sie müssen auch Platz für den Geist Ihrer Zuschauer lassen. Was Bilder wirklich erfolgreich macht, ist nicht nur die klare Kommunikation einer Idee, sondern die Präsentation eines Erlebnisses, das durch den Fotografen *ausgelöst* und durch den Betrachter *vollendet* wird.

Erfolgreiche Bilder lenken die Aufmerksamkeit und deuten Ideen an, sind aber auch zu einem gewissen Grad mehrdeutig. Sie fordern die Betrachter auf, aktiv an der endgültigen Bedeutung des Bildes mitzuarbeiten.

POSITION IM BILD

WAHRNEHMUNG & POSITION

Wie Sie wissen, sehen wir nur 1–2% unseres Gesichtsfeldes wirklich scharf (siehe S. 16). Es ist daher normal, wenn wir beim Betrachten eines Fotos die beste Perspektive wählen: genau die Mitte. Wir treten zurück, um das gesamte Bild zu erfassen. Stehen wir mittig vor einem Bild und schauen es an, schweift unser Blick unweigerlich am häufigsten über das Zentrum. Deshalb bemerken wir Dinge, die sich dort befinden, am schnellsten; Elemente am Rand brauchen am längsten für die Entdeckung.

Ein Motiv, das in der Mitte liegt, kann beruhigend oder komisch wirken, aber man muss kein Experte sein um zu bemerken, wenn etwas nicht exakt zentriert ist, wie das Bild des Auges, das durch den Verkehrskegel schaut (rechts). Es ist nicht ganz einfach, nicht-ganz-mittig so aussehen zu lassen, als sei es nicht kompositorische Schlamperei, sondern Absicht. Nicht-ganz-mittig ist verwirrend, es verletzt unseren Sinn für Ordnung, den wir in Fotos suchen.

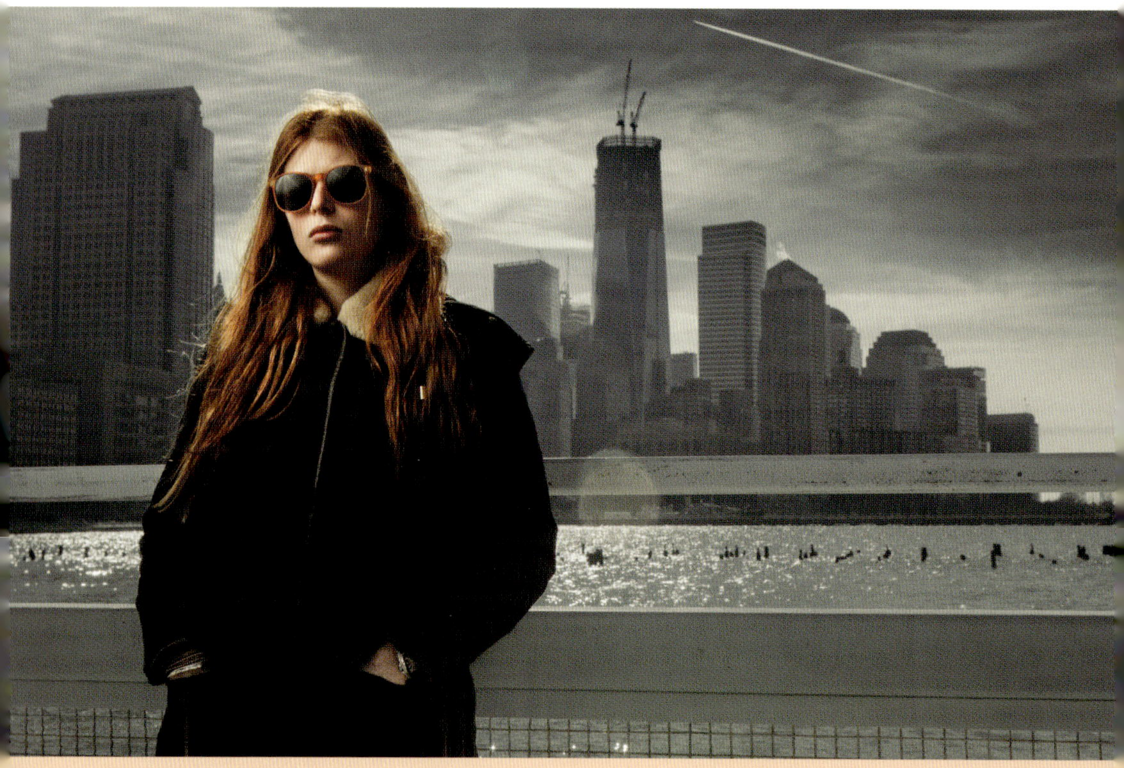

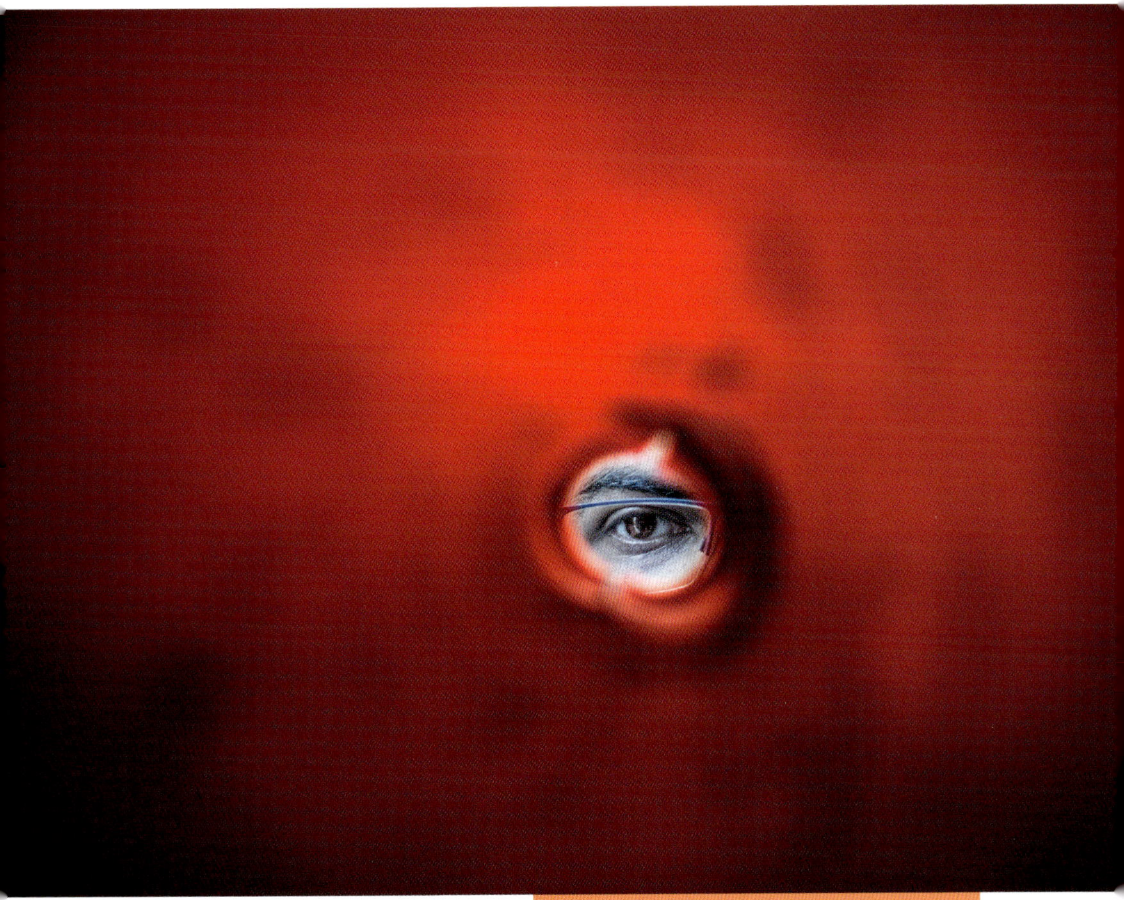

Da der Hauptteil dieser Komposition ein gestaltloser roter Fleck ist, wird der Blick des Betrachters zwangsläufig von dem Auge angezogen, das ihn anschaut. Allerdings ist das Auge eigenartigerweise weder zentriert noch ausreichend abseits der Mitte platziert, um die Komposition auszubalancieren, sodass der Betrachter seltsam unbefriedigt zurückgelassen wird.

Es ist gebräuchlicher, wesentliche Elemente in einer Komposition weiter aus dem Zentrum herauszurücken, wie hier meine Freundin Connie vor der Skyline von New York City (links).

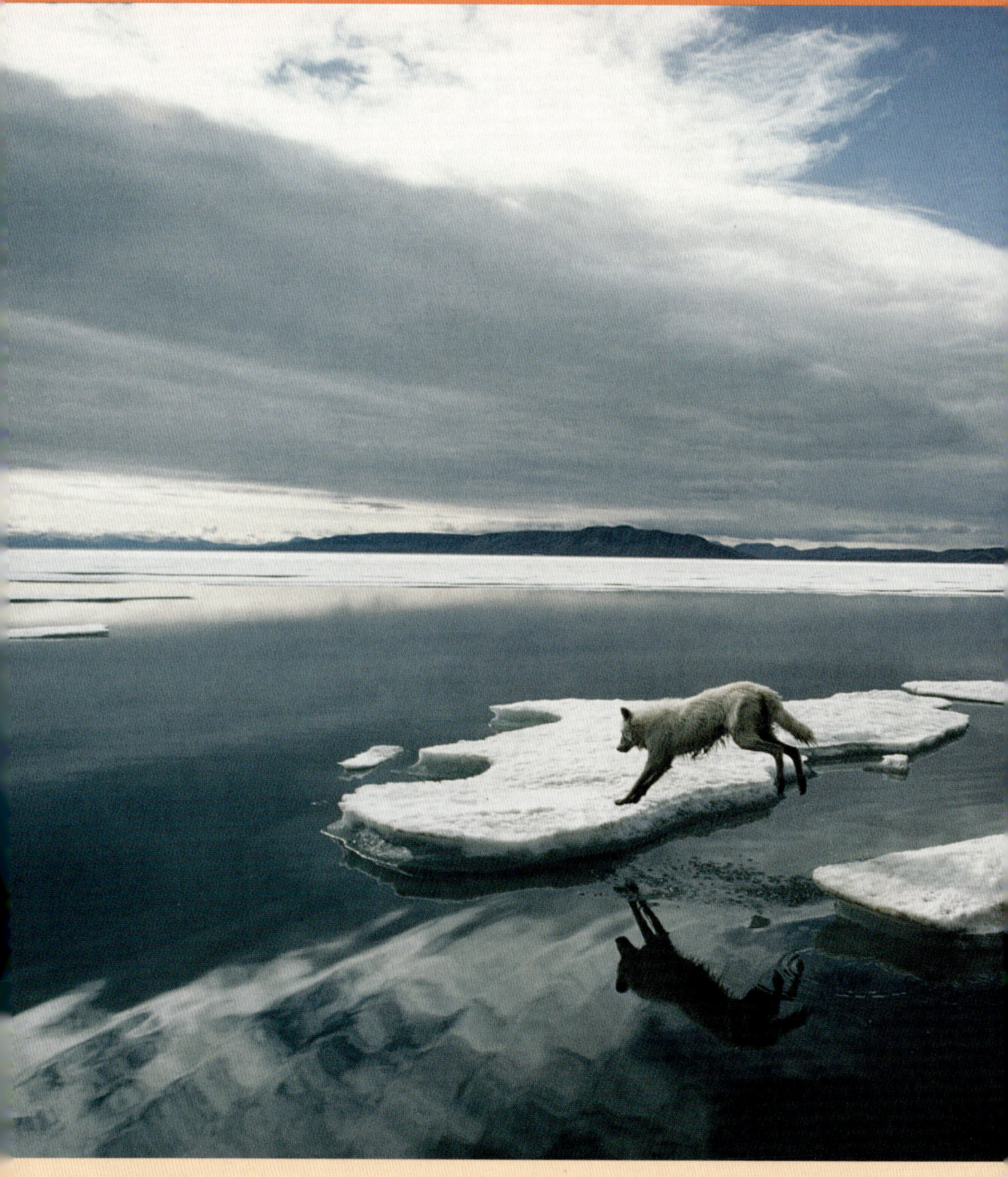

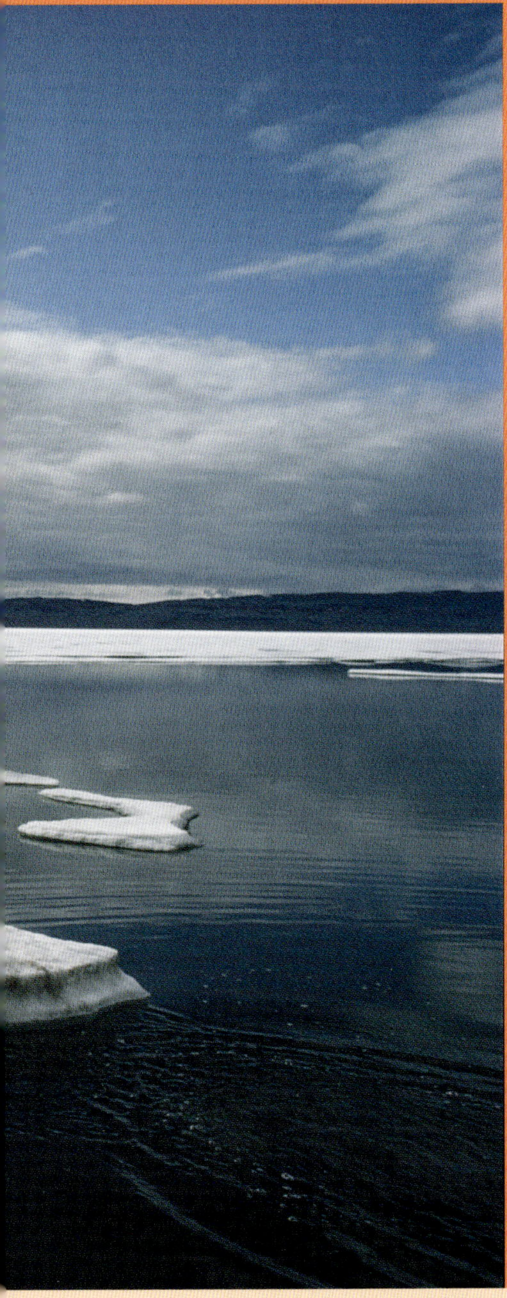

Oder zentrieren Sie Ihr Motiv an zumindest einer Achse, wie Jim Brandenburg dies hier an seiner faszinierenden Aufnahme eines Polarwolfs demonstriert, der von einer Eisscholle auf eine andere springt (links).

Während der Wolf sich ein wenig links des Zentrums befindet, das durch die Eisschollen gebildet wird, nehmen das dunkle Wasser, das den Wolf spiegelt, und der Wolf selbst die horizontale Mitte ein und stellen das Hauptmotiv dar. Auch wenn er sich möglicherweise gewünscht hätte, den Auslöser einen Sekundenbruchteil früher gedrückt zu haben, als der Wolf exakt auf dem Höhepunkt war, hält er es doch mit Voltaire, der anmerkte: »Das Perfekte ist der Feind des Guten.«

Springender Polarwolf, Kanada, 2009.

Durch das Zentrieren des Wolfs, der durch viel offenen Raum umgeben ist, in dem weder festes Land noch andere Wölfe zu sehen sind, wird die Isolation des Wolfs betont, das Mysterium, wie er überhaupt in diese Position geraten konnte und wie es für ihn weitergehen wird. Darüber hinaus setzte Brandenburg die Horizontlinie sorgfältig auf die vertikale Achse und fand in der schrägen Wolkenlinie ein Gegenstück zu dem durch die Eisschollen gebildeten diagonalen Kanal. Dies verleiht seinem ikonischen Bild eine noch größere Formalität und visuelle Balance.

GRÖSSE IM BILD

Wir sehen in einiger Ferne einen einsamen Bauernhof in einem Feld, stellen uns vor, wie es wäre, dort zu leben, wie weit die Nachbarn entfernt sind, ob dies vielleicht früher einmal ein Wald war. Falls wir jedoch unseren Fokus auf eine Ameisenkolonie in diesem Feld lenken wollen, müssen wir diese Details im Bild deutlich größer darstellen, indem wir die Kamera bewegen.

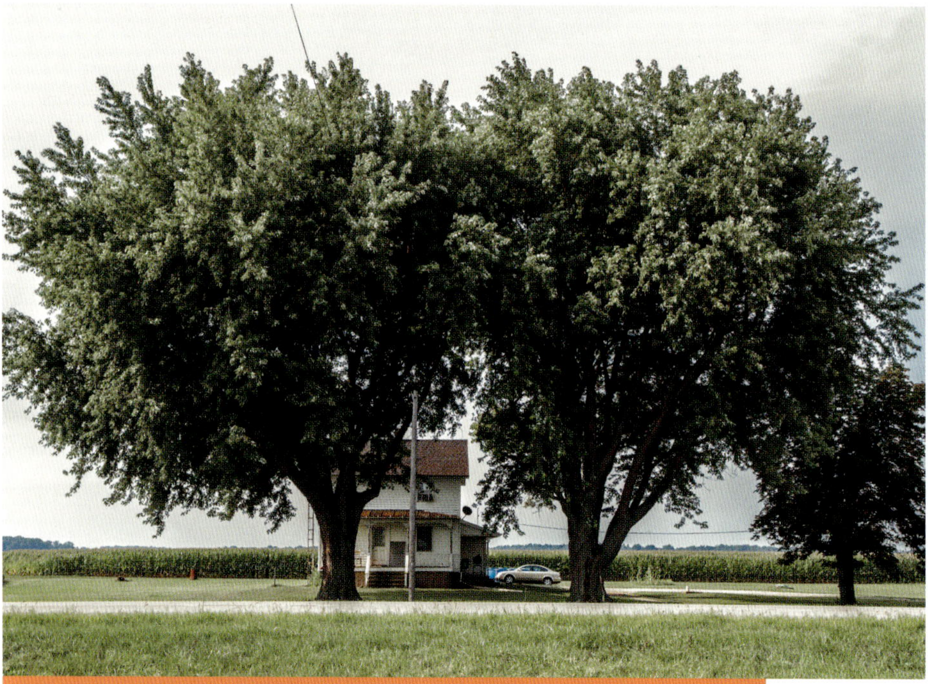

Ragnhild Kjetlands Bild eines Bauernhauses zeigt eine formalistische, trockene Darstellung, die auf einer langen Tradition dokumentarischer Fotos aufbaut, die auf jeglichen Kommentar verzichten und uns stattdessen nur die reinen Fakten präsentieren: zwei Bäume, die in ihrer langen Existenz zweifellos viele Bewohner des Hauses oder möglicherweise sogar mehrerer Häuser haben kommen und gehen sehen.

Wir verlieren diese Kontrolle, wenn wir uns Fotos anschauen. Die Größe, in der der Fotograf die einzelnen Elemente im Bild darstellt, bestimmt, wie leicht wir sehen können, wie viele Informationen wir gewinnen und wie schnell wir Dinge bemerken. Die Größe legt auch eine Rangfolge fest: Größere Elemente werden als wichtiger angesehen. Wir sehen sie zuerst, was unterstellt, dass sie interessant sind. Wir brauchen länger, um kleinere Elemente zu entdecken, es sei denn, sie stechen aus anderen Gründen hervor (Position, Farbe usw.). Elemente klein zu halten, ist eine Methode, um das Wahrnehmen und Erkennen dieser Elemente zu verzögern.

GRÖSSEN & TYPOLOGIEN

Das Gleichsetzen von Objektgrößen in einem Bild oder einer Bilderserie regt uns an, sie zu vergleichen. Fotografen bezeichnen dies als Typologie. Zu den striktesten Verfechtern dieses Ansatzes gehörten Hilla und Bernd Becher, die mit einer Großformatkamera Industriestrukturen aus einer identischen Perspektive und mit weichem Licht fotografierten. Oft präsentierten sie die Bilder in einem Raster. Die Darstellung von Motiven auf möglichst gleiche, konsistente Weise lädt uns ein, verwandte Objekte unter gleichen Bedingungen zu vergleichen – quasi Äpfel mit Äpfeln.

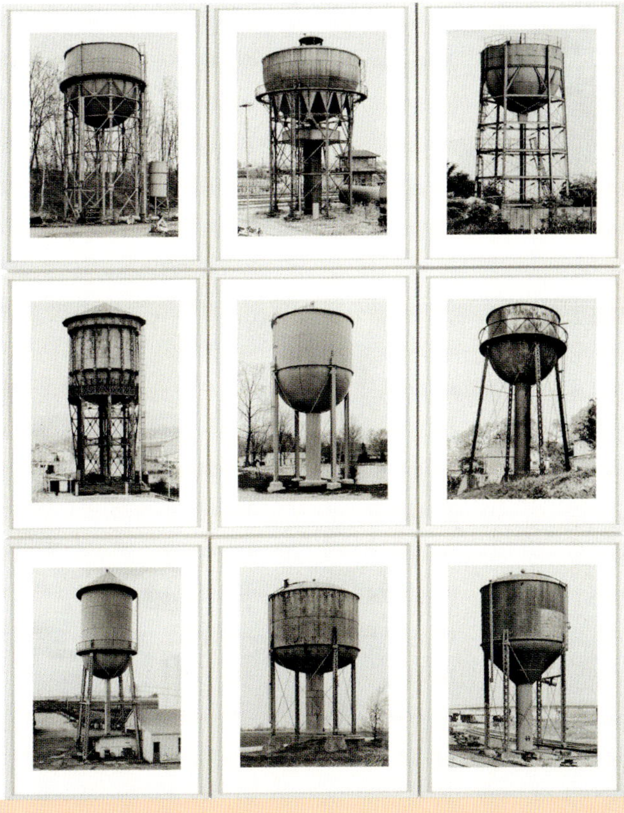

Wassertürme, 1980.

Die monumentalen Studien der Bechers von Industriestrukturen demonstrieren den Wert einer strengen, formalen und konsistenten künstlerischen Form, die durch gleichartige Perspektive, Komposition und Beleuchtung geschaffen wird.

SKALIERUNG

Objekte, die weiter entfernt sind, wirken kleiner. Unten sehen Sie Touristen, die auf einem Boot Selfies aufnehmen, offensichtlich im Hafen von New York. Doch obwohl die kleine grüne Statue genau die gleiche Größe zu haben scheint wie die Telefone, mit denen sie fotografiert wird, halten Sie sie sicher nicht für eines der Modelle aus den Souvenirläden am Times Square, oder?!

Eigentlich können Sie nicht genau wissen, ob dies die wahre Freiheitsstatue ist oder nur eine sorgfältig arrangierte Fälschung. Vermutlich ist es einfacher anzunehmen, dass es sich hier um die echte Statue handelt. Wer würde sich schon die Mühe machen, Sie so zu veralbern? Nun, es gibt einige Künstler, die dies tun – sie hinterfragen in Fotos unsere reflexhafte Wahrheitsvermutung. Hier und auf den folgenden Seiten sehen Sie drei Beispiele dafür.

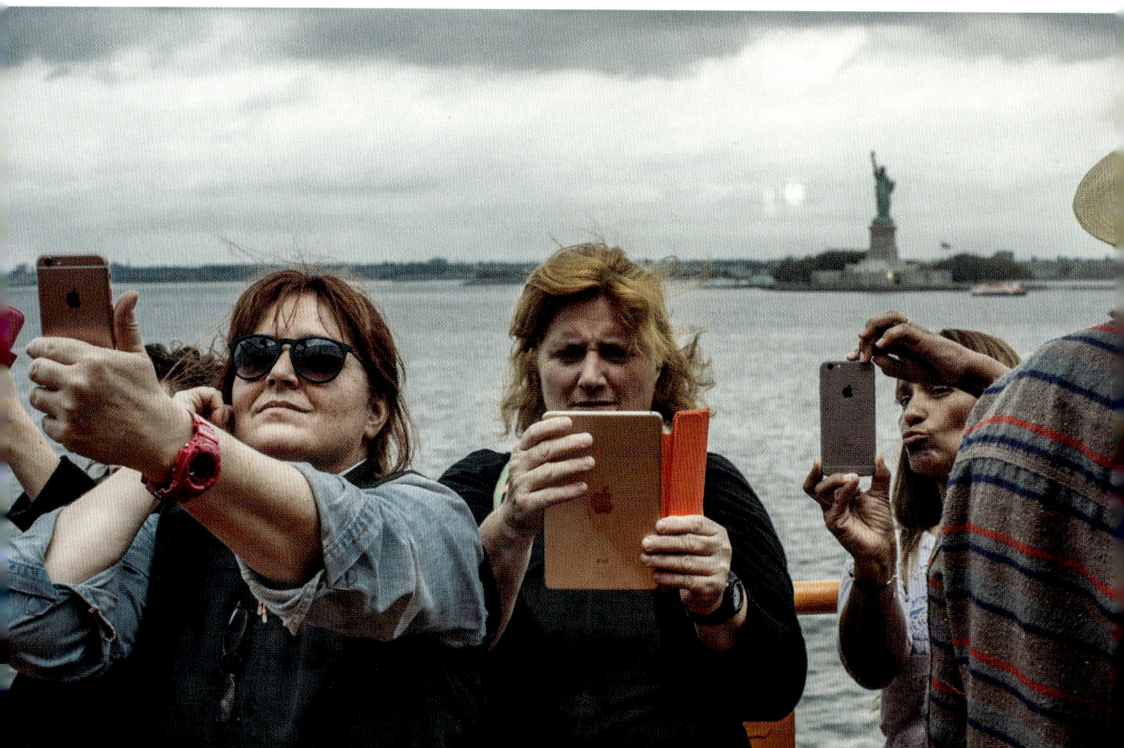

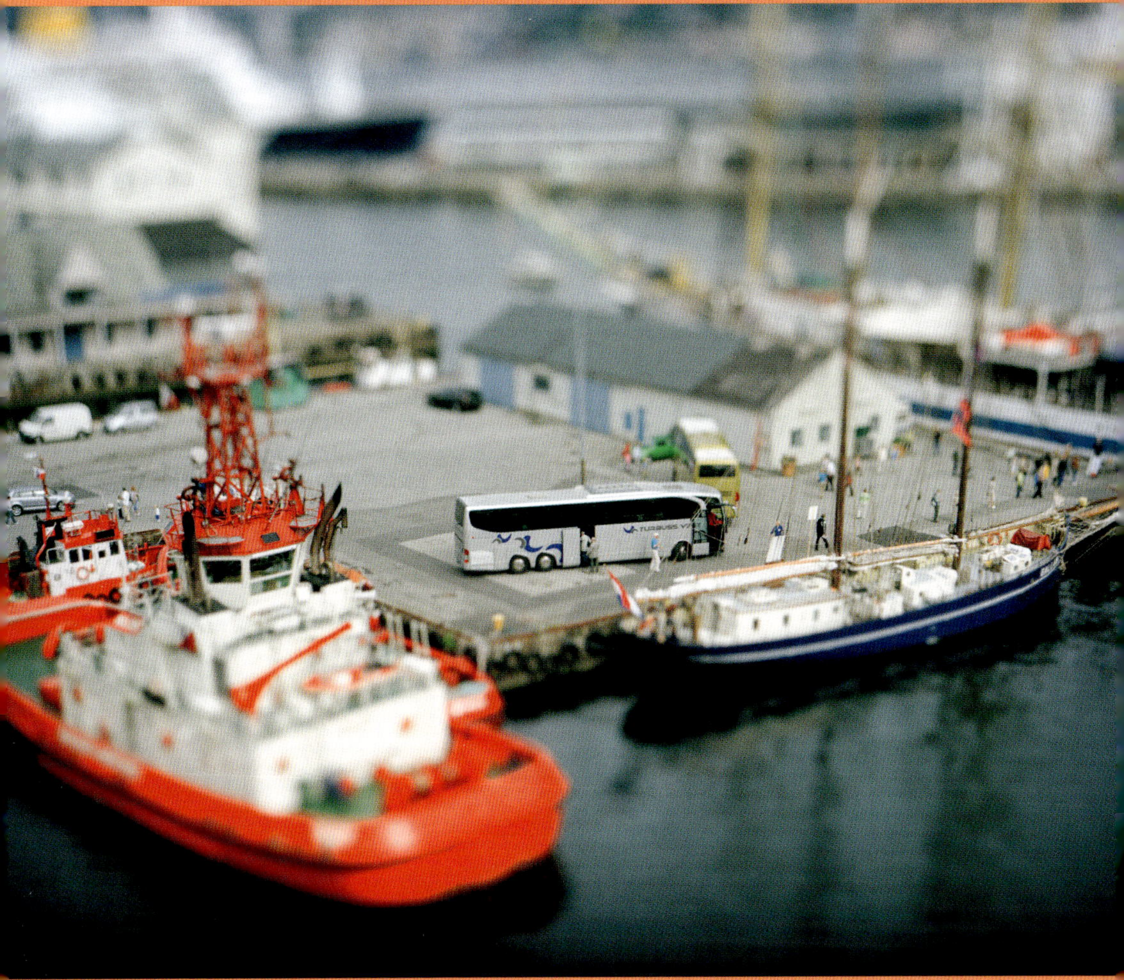

Großsegler und Bus.

Bjarte Bjørkums Bild eines echten norwegischen Piers setzt auf die gleiche selektive Schärfentiefe wie bei der Makrofotografie, um uns zu verwirren.

ES GIBT EINIGE KÜNSTLER, DIE IN FOTOS UNSERE REFLEXHAFTE WAHRHEITSVERMUTUNG HINTERFRAGEN

UNSERE GEHIRNE IGNORIEREN DIE VISUELLE GRÖSSE UND »SEHEN« DINGE IN IHRER TATSÄCHLICHEN GRÖSSE

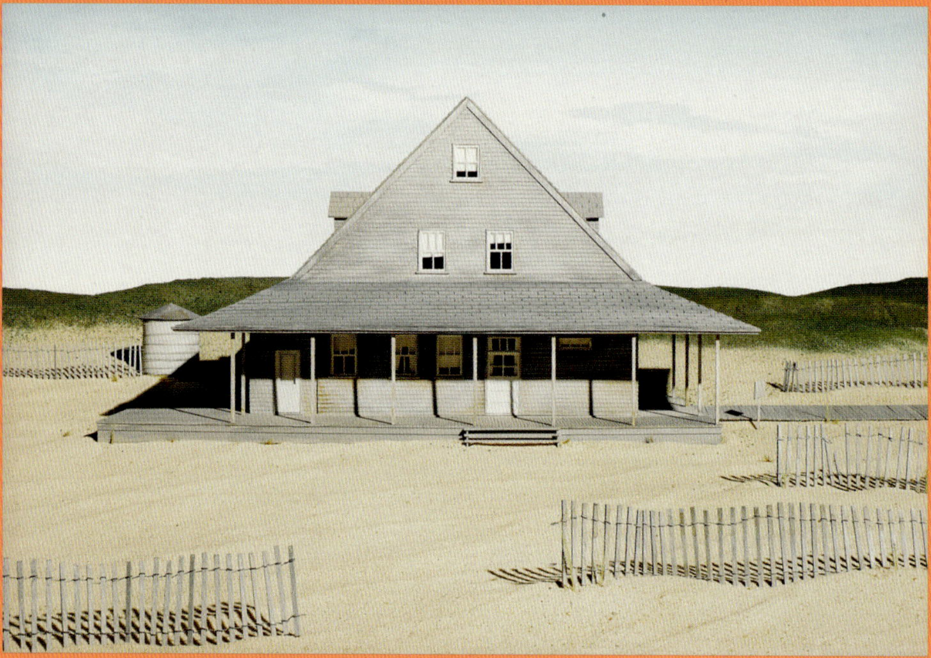

Caffey's Inlet Lifesaving Station, Dare County, North Carolina, 2013.

James Casebere versucht das Gleiche, allerdings umgekehrt: Er möchte, dass Sie glauben, Sie würden einen wirklichen Ort sehen, dabei ist dies ein winziges Modell, das er akribisch gebaut hat. Er entfernt sorgfältig alle Hinweise darauf, dass dies nicht lebensgroß ist.

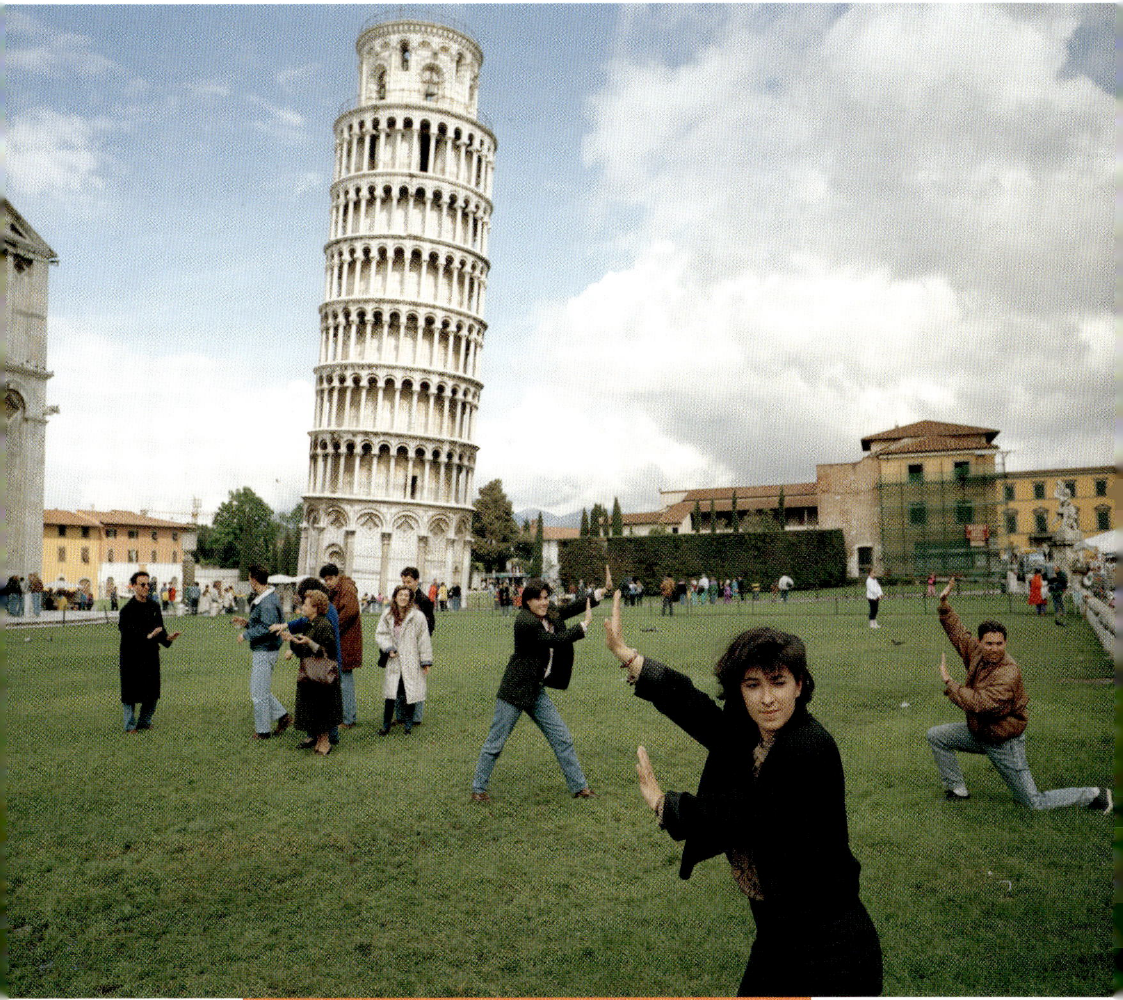

Der Schiefe Turm von Pisa. Aus *Small World*, 1990.

Martin Parr zeigt, dass Menschen von sich aus ein Verständnis für Maßstab und Skalierung haben, wenn sie so tun, als seien sie der Grund dafür, dass der Schiefe Turm von Pisa noch nicht umgefallen ist. Fotografen können die Skalierung auch durch die Druckgröße ändern. Weite Landschaften lassen sich in kleinen Drucken einfangen. Winzige Details können uns in riesigen Drucken umfangen. Wir erleben sie dann auf eine Weise, die sonst nicht möglich wäre.

FOKUS

Mit Bildern konfrontiert zu werden, die hochgradig unscharf sind, ist so fremdartig für uns, dass ich glaube, einige Fotografen sind davon einfach verunsichert. Sie werden besessen von Schärfe und streben um jeden Preis danach, alles so scharf wie möglich darzustellen.

Puristen sind erbost: Unschärfe ist unnatürlich! Reine Fotografie muss das menschliche Erleben so getreu wie möglich nachahmen! Berühmte Fotografen wie Ansel Adams, Imogen Cunningham und Edward Weston setzten sogar ein Manifest namens *Group f/64* auf, in dem sie postulierten, dass alles scharf fokussiert sein

Dünen, Oceano, 1936.

Edward Westons Bild der Sanddünen verdeutlicht perfekt seine Überzeugung, dass die Fotografie scharf fokussierte Bilder liefern sollte. Sein Einsatz von Großformatkamera und Kontaktabzug unterstrich seine Vorliebe mit dem höchstmöglichen Maß an Details.

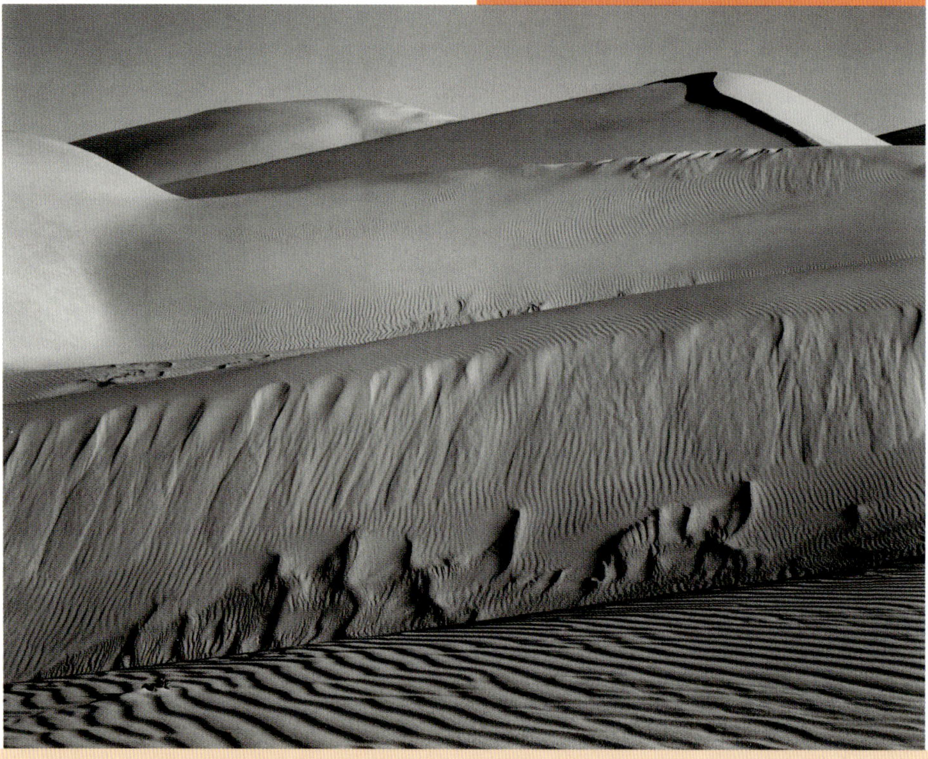

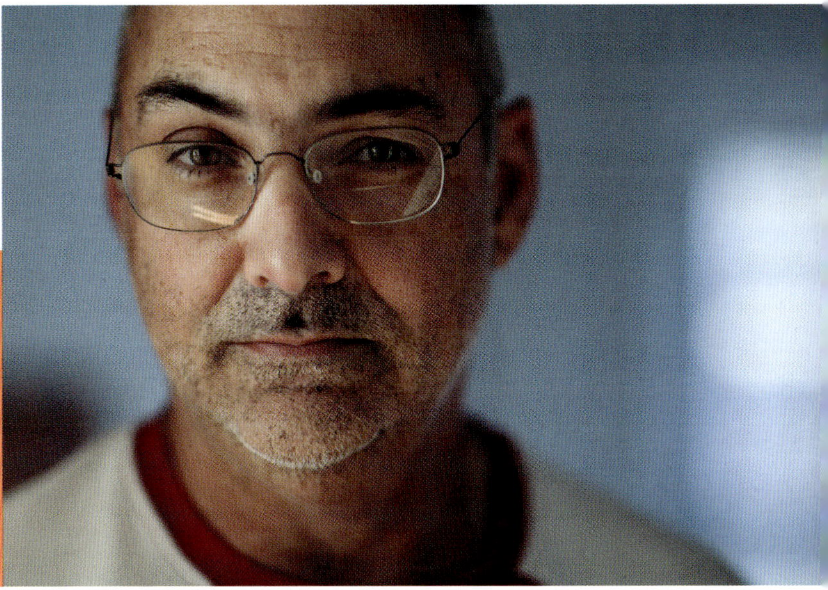

Ein scharfer Fokus befiehlt dem Betrachter: Schau her! Das ist wichtig! Es ist angenehm, auf fokussierte Motive zu blicken. Ein selektiver Fokus eignet sich gut, um Ablenkungen zu minimieren, wie dieses Porträt meines Freundes Paul beweist.

muss. Auch wenn niemand die Beiträge dieser Meister leugnen kann, vermute ich, dass die leidenschaftliche intellektuelle Rechtfertigung für scharfen Fokus mit der Biologie begründet wird: Unschärfe verursacht uns Unbehagen.

Menschen können sich nicht umsehen, ohne den Fokus zu verlagern. Sie können auch ihre Schärfentiefe nicht verändern. Das verschwommene Bild, das Sie aus dem Augenwinkel heraus sehen, ist nicht deshalb vage, weil es unscharf ist, sondern weil es eine niedrige Auflösung besitzt. Es gibt dazu kein exaktes fotografisches Äquivalent.

Ich bin mir nicht sicher, ob der primitive Teil unserer bilderdekodierenden Gehirne wirklich zwischen einer Reproduktion der Welt und einem direkten Blick unterscheidet. Beide lösen das gleiche Gefühl aus. Das Auge des Betrachters streift über das Bild und versucht, Objekte in den Fokus zu holen – kann es aber nicht. Der Fotograf kontrolliert den Fokus.

Unschärfe scheint dem Zuschauer zu sagen: »Hier gibt es nichts zu sehen« – und das ist sicher eine Einsatzmöglichkeit dafür. Fokussiert man auf eine Sache, »springt« diese aus dem sie umgebenden Raum heraus. Unschärfe kann die Bedeutung eines Elements aber auch verschleiern. Sie regt das Auge des Betrachters an, daran vorbeizublicken, anzunehmen, dass die unscharfen Objekte weniger wichtig sind als die scharfen Gebiete.

Der Blick verweilt vor allem auf den scharfen Bereichen, weil es verstörend ist, auf Objekte zu starren, die wir nicht in den Fokus bringen können. Der wachsame Betrachter merkt es jedoch, falls diese unscharfen Elemente wichtig sind. Diese schlagartige Erkenntnis ist der Heilige Gral der Seherfahrung.

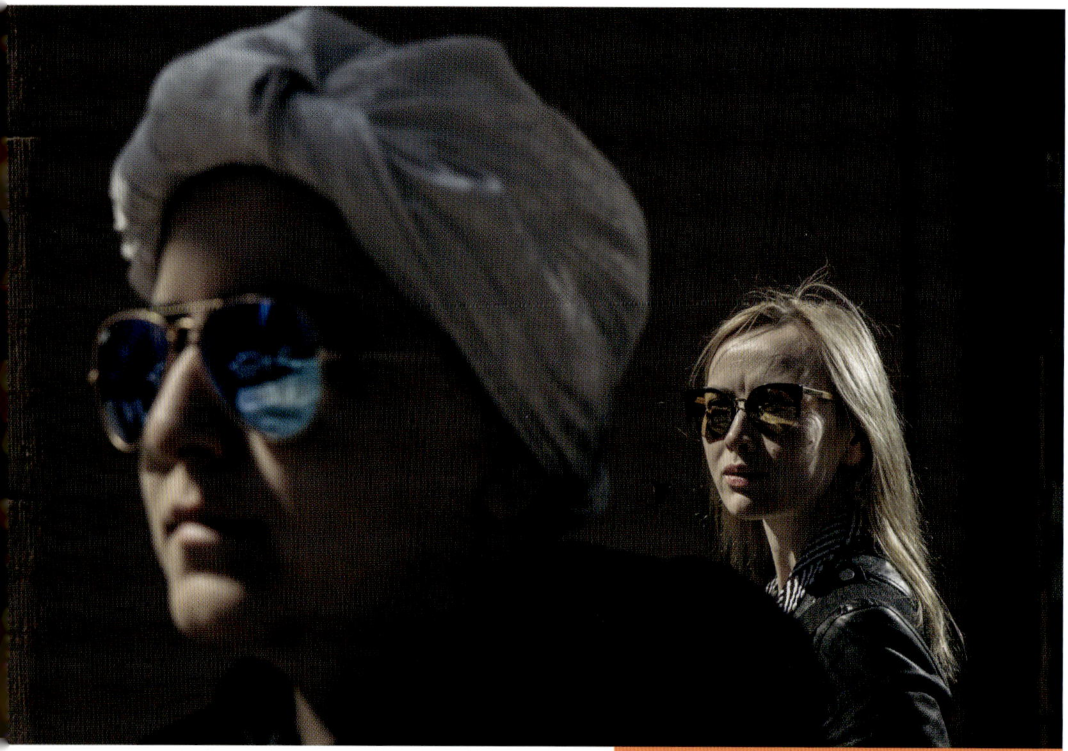

Die Reihenfolge, in der Betrachter die Elemente einer Komposition wahrnehmen, lässt sich vielfältig steuern; Fokus ist nur ein Mittel. Doch wenn man den Fokus nutzt, um das Erlebnis der Wahrnehmung zu verlangsamen, kann man eine rapide Folge von Annahmen erzeugen: »Ich weiß, was hier passiert. Ich weiß, was dieses Bild bedeutet. Moment – was?!« Je weiter der Fotograf diese irreführenden Annahmen treibt, umso stärker ist der Schock, wenn der Betrachter etwas erkennt, das diese Annahmen infrage stellt.

Beide Fotos stammen aus einer Serie über die Vorstellung von Vertrauen und Misstrauen. Im Bild oben suggeriert die Größe des Kopfes der Frau links, dass sie wichtig für die Geschichte ist. Der Fokus jedoch widerspricht dieser Idee. Dieses Element sowie die Art, wie die scharf fokussierte Frau rechts sie mit Argwohn zu betrachten scheint, bringt das Auge dazu, zwischen beiden hin- und herzuspringen. Misstrauen und Unbehagen sind selbst sowohl Thema als auch Erfahrung beim Betrachten des Bildes.

Elemente werden meist aus einfachen Gründen defokussiert: um die visuelle Aufmerksamkeit auf ein anderes Motiv im Bild zu konzentrieren, um eine belebte Szene zu vereinfachen oder weil diese Elemente für die Idee hinter dem Bild unwichtig sind. Manchmal jedoch soll die absichtliche Unschärfe den Blick des Betrachters verführen, die defokussierten Elemente zunächst zu überspringen – nur damit einige der in diesem Kapitel beschriebenen visuellen Attraktoren es dann wieder dorthin zurückzwingen, um ihre Bedeutung für das Thema zu überdenken. Es ist eine weitere Methode, um das Erlebnis des Zuschauers zu verlangsamen und zu verlängern.

Wieder habe ich eine große Figur in den Vordergrund gesetzt, nutzte diese jedoch, um das zu verdecken, was wir eigentlich lieber sehen würden - das Gesicht der Frau. Die Schwierigkeit, ihre Augen zu finden und deutlich zu sehen, verstärkt die Spannung in dem Blick zwischen ihr und uns und verleiht dem Bild damit ein Gefühl von Argwohn oder Verstohlenheit.

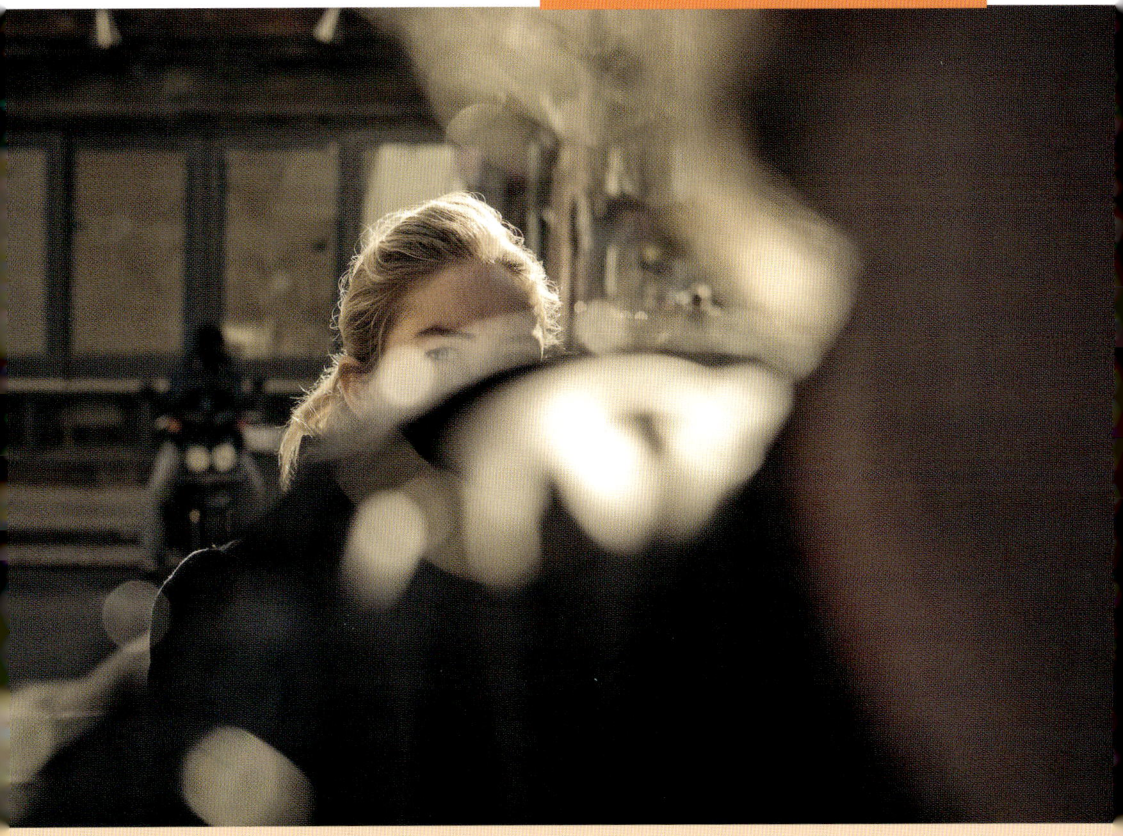

LINIEN, REALE & IMPLIZITE

Unser bemerkenswertes Gleichgewichtssystem erlaubt uns erstaunliche körperliche Leistungen, während wir den Kräften der Gravitation trotzen und auf den Füßen bleiben. Es hat jedoch auch eine überraschende Wirkung darauf, wie wir Fotografien sehen: Wir sind alle Experten für Horizontale und Vertikale. Wir verbringen unsere wachen Stunden meist aufrecht und sind daher vertraut mit einem waagerechten Horizont, aus dem Bäume und Häuser senkrecht aufragen.

Sie spüren das selbst: Hat sich der Fotograf bemüht, in seinen Bildern unserer normalen aufrechten Sicht zu folgen, wirkt die Geradheit des Horizonts stabilisierend auf uns. Ein schiefer Horizont beunruhigt uns. Der Blick

In dem Foto unten betont die strenge Geradheit des Horizonts und der senkrechten Masten das Vorhandensein der Linien in diesem Bild.

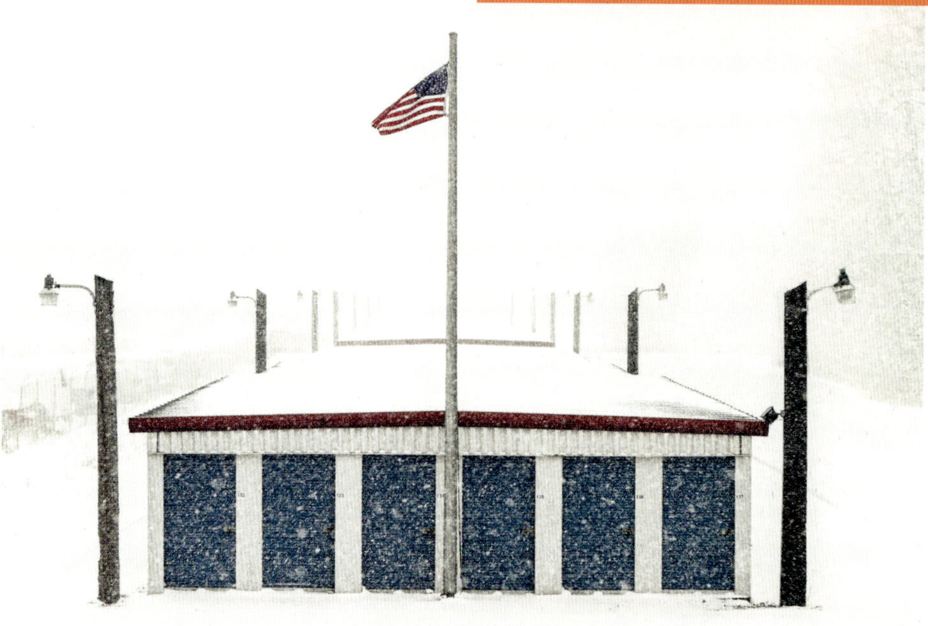

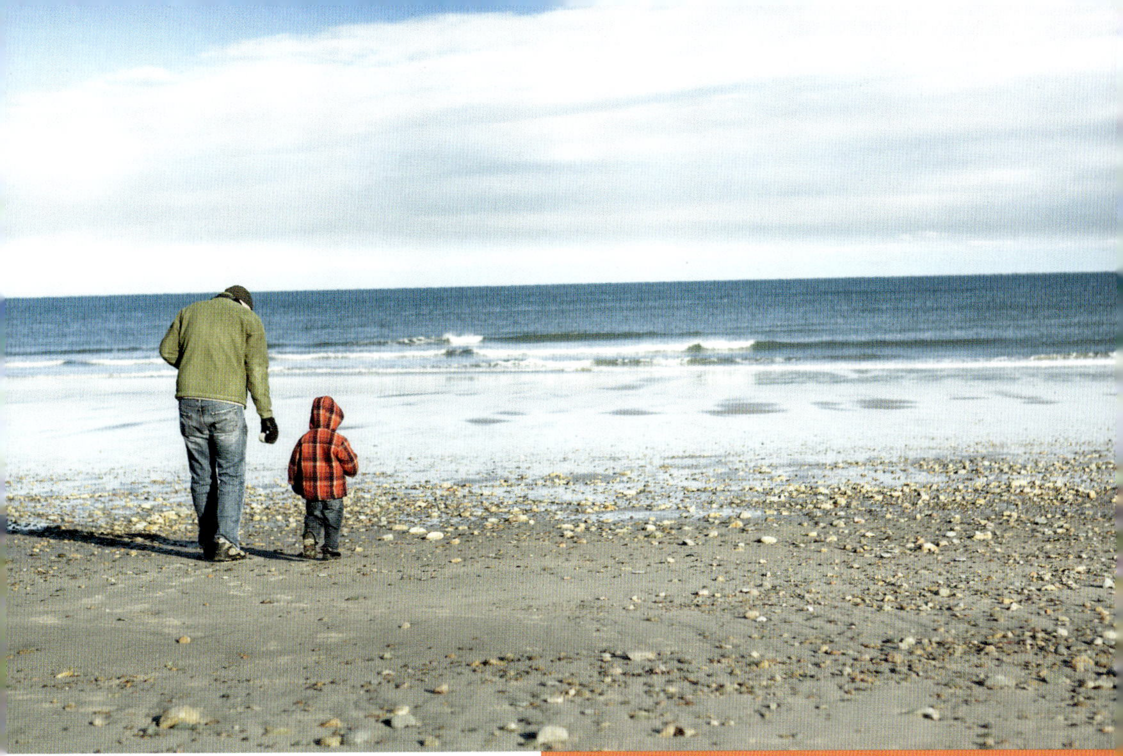

Ich habe dieses Bild lange dafür benutzt, um meinen Schülern zu zeigen, wie man es nicht machen soll. Hier ist nicht nur der Horizont schräg, ich hätte außerdem die Kamera senken müssen, um zu vermeiden, dass der Kopf des Mannes so nahe an der Horizontlinie liegt. Beide Fehler schwächen die Komposition ganz beträchtlich.

streift über das Bild und sucht nach einer angenehmen Stelle zum Verweilen. Wir merken, wenn die Welt auch nur leicht geneigt ist.

Angesichts der Herausforderungen beim Umgang mit einer Kamera übersieht man leicht, ob die Kamera gerade ist – wie oben in meinem Strandfoto. Ein versehentlicher oder zaghafter Schritt in eine stilistische oder unkonventionelle Richtung wirkt oft unentschlossen oder falsch. Als Betrachter wollen wir gewiss sein, dass man uns ein Bild zeigt, das bewusst und bestimmt konstruiert wurde, eines, das die Investition unserer Zeit lohnt.

Viele Bilder werden von Ideen geschwächt, die überzeugender wirken würden, hätte man sie weiter vorangetrieben. Der Jazzmusiker Miles Davis beschrieb, wie sich ein Fehler in eine Chance verwandeln lässt: »Wenn du die falsche Note spielst, dann bestimmt die nächste Note, ob das gut oder schlecht ist.«

Wie einfach ist es, eine Kamera unabsichtlich schräg zu halten. Sie in ungewöhnliche Winkel zu neigen, verlangt dagegen bewusste Mühe. Natürlich bergen kühne Entscheidungen auch Risiken: Ein radikal geneigter Horizont zieht die Aufmerksamkeit auf sich selbst und kann eine Ablenkung oder eine Spielerei sein, wenn er nicht dazu dient, eine Idee zu unterstreichen.

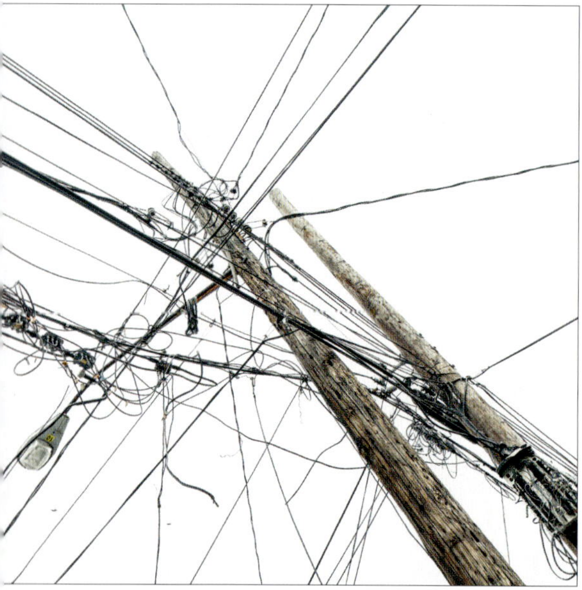

In diesem Bild mit den völlig verrückten Drähten neigte ich ganz radikal alle Linien – auch die senkrechten Masten, um das Gefühl einer seltsamen Welt zu vermitteln, die ein bisschen irre sein muss, um in einer Wohngegend einen solchen Anblick zu schaffen, ohne dessen Wirkung auf uns zu bedenken.

Unser Blick bewegt sich oft entlang von Diagonalen, vielleicht getrieben von dem Empfinden, das Gleichgewicht zu verlieren. Fotografen nutzen diagonale Linien aus, um die Aufmerksamkeit des Betrachters zu erregen. Diese sogenannten »Führungslinien« leiten das Auge auf stabilere (und hoffentlich interessantere) Stellen. Unten in dem schönen Beispiel positionierte sich David Burnett so, dass die Kabellinie das Bild und die Düsternis darum herum diagonal durchschnitt und unsere Aufmerksamkeit direkt auf den Jungen lenkte.

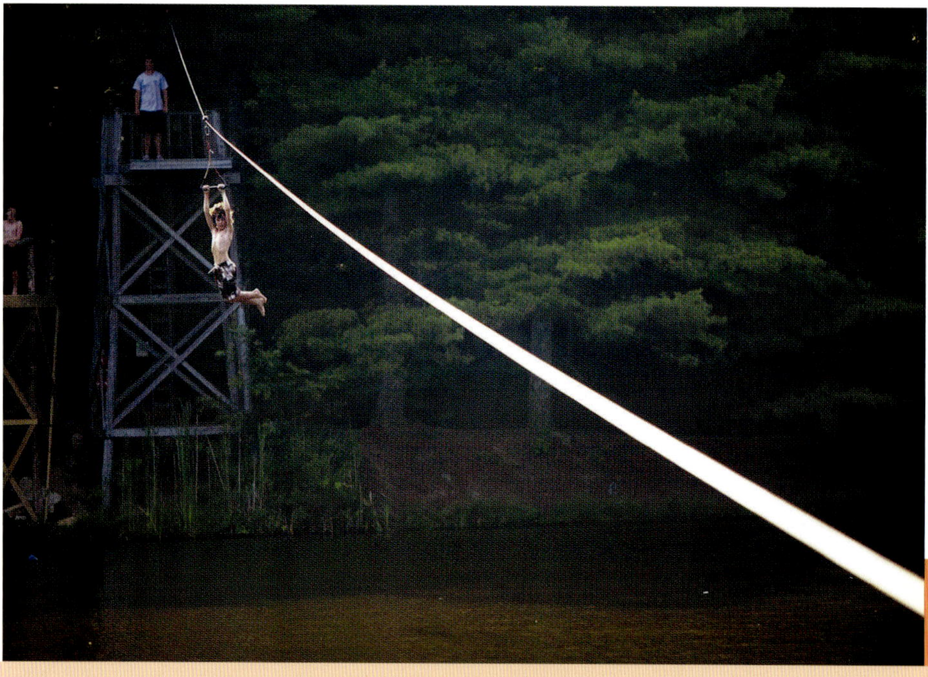

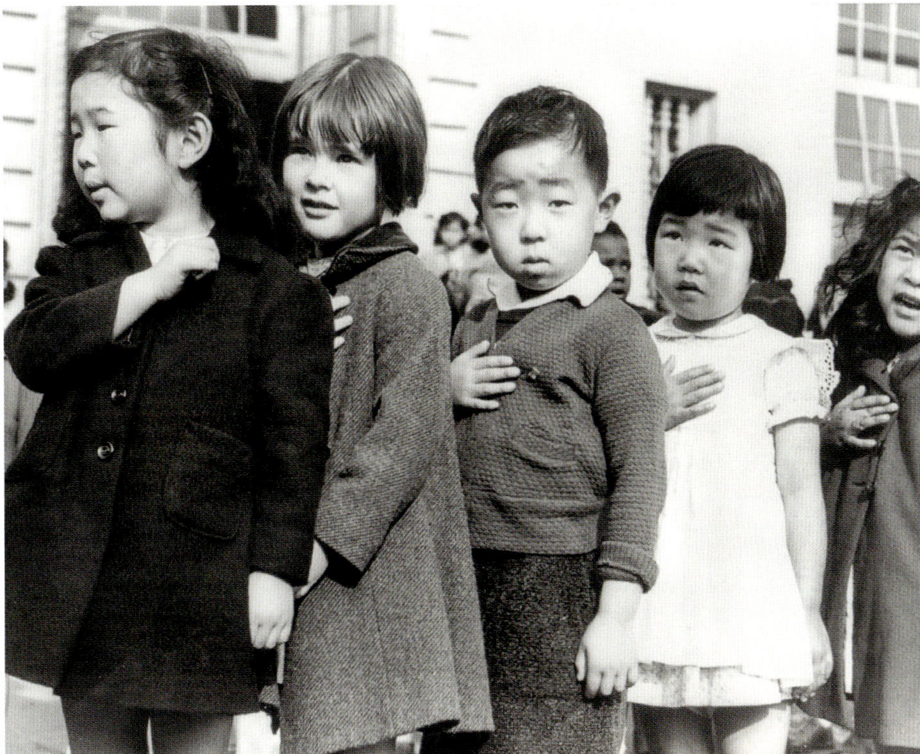

Japanische Kinder schwören den Treueeid auf die US-amerikanische Flagge, 1942.

REALE VS. IMPLIZITE LINIEN

Wir bemerken nicht nur echte Linien in einem Foto, sondern auch Vektoren, die besonders wichtige Elemente verbinden. Gestaltpsychologen nennen dieses Phänomen Kontinuität. Man erkennt es an der Art, wie der Blick in Dorothea Langes Bild von japanischstämmigen amerikanischen Kindern, die in einem Internierungscamp den Treueeid schwören, von Kopf zu Kopf und über die auf die Herzen gehaltenen Hände springt. Unsere Tendenz, »die Punkte zu verbinden«, beruht auf einer verinnerlichten Interessenshierarchie. Wenn unsere Augen über ein Bild springen, verdeutlichen sie diese Hierarchie, indem sie bei dem anhalten, was für uns am meisten hervorsticht. Typischerweise interessieren uns Menschen, vor allem ihre Gesichter, am meisten. Da wir auf besonderen Ausprägungen verharren und für einen blauen Himmel nicht ebenso viel Zeit aufwenden wie für ein Gesicht, ziehen wir durch die sakkadischen (ruckartigen) Augenbewegungen gedachte Linien zwischen den am höchsten eingeordneten Objekten in einem Bild.

Ferienlager, NC.

AUSDRUCK & GESTIK

Wir suchen in Fotos vor allem nach uns selbst, nach Menschen und menschlichen Eigenschaften. Selbst wenn das kaum vorstellbar ist, stellen wir uns vor, wie es wäre, die Leute in dem Foto zu sein. Fotos sind ein stilles Medium, frei von Stimmen, doch Körpersprache und Gesichtsausdruck sind ebenso vielsagend in Bezug auf Geschichte und Wesen.

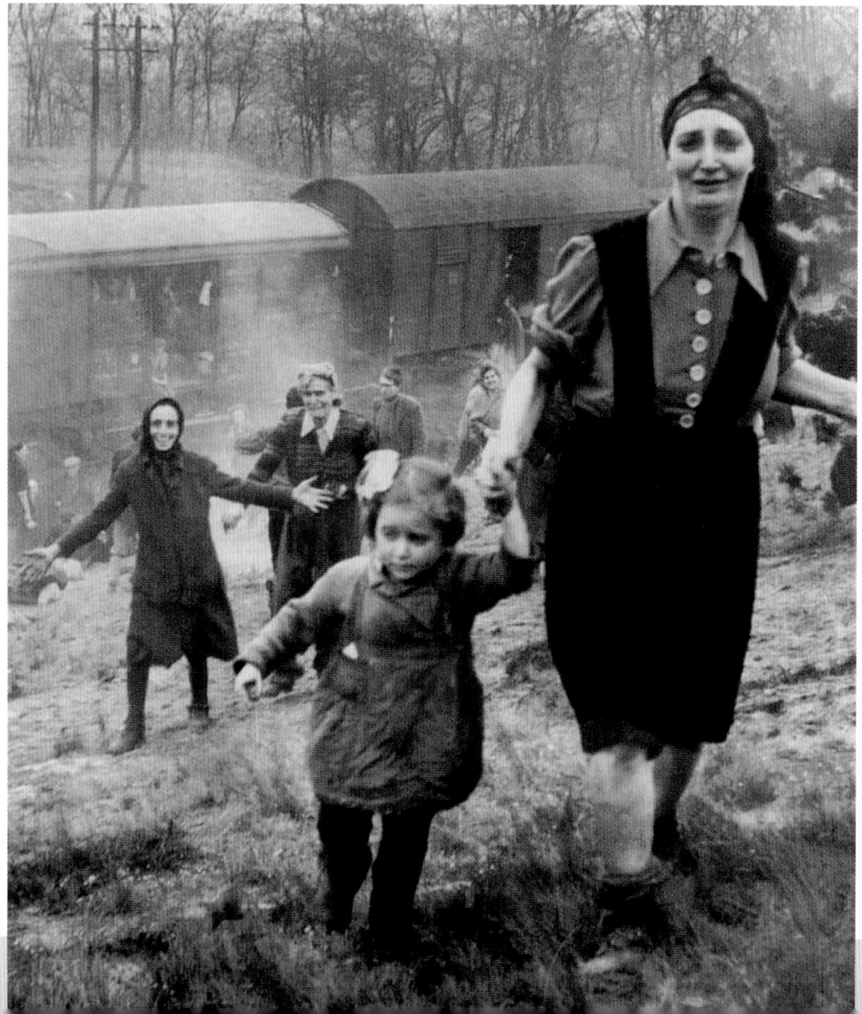

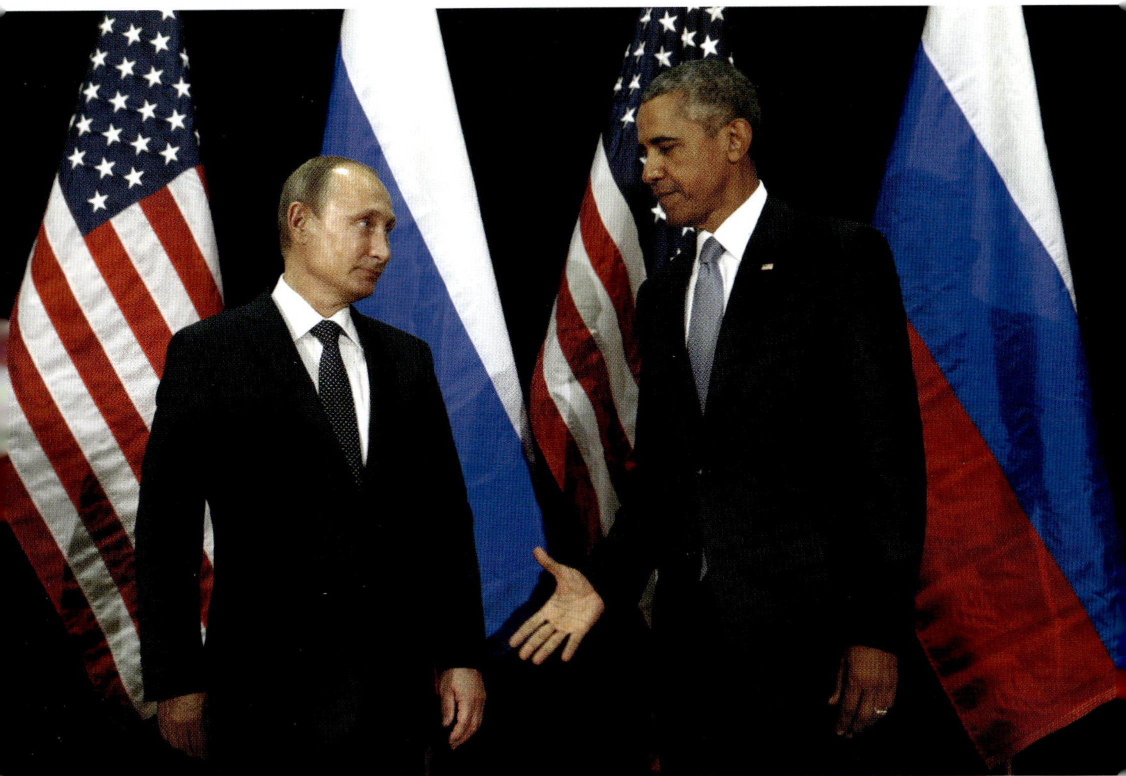

Präsident Barack Obama reicht dem russischen Präsidenten Wladimir Putin die Hand, 2015.

Fotojournalist Kevin Lamarque hielt auf geniale Weise exakt den Augenblick fest, in dem Gesten und Gesichtsausdrücke uns alles darüber erzählen, dass zwei Politiker bereit sind, zusammenzuarbeiten.

Auch ohne Bildunterschrift weiß sicher jeder, der einigermaßen mit der Geschichte des 20. Jahrhunderts vertraut ist, wann und unter welchen Umständen das herzzerreißende Bild gegenüber entstanden ist. Am 13. April 1945 porträtierte Major Clarence L. Benjamin frühere Insassen des KZ Bergen-Belsen in dem Moment, in dem sie erkennen, dass die amerikanischen Soldaten gekommen sind, um sie zu befreien. Der Ausdruck aufkeimender Hoffnung und Emotionen auf dem Gesicht der Frau im Vordergrund und die offenen Arme und die Freude im Blick der Frau links fangen unsere Aufmerksamkeit ein und kommunizieren mehr, als Worte sagen könnten.

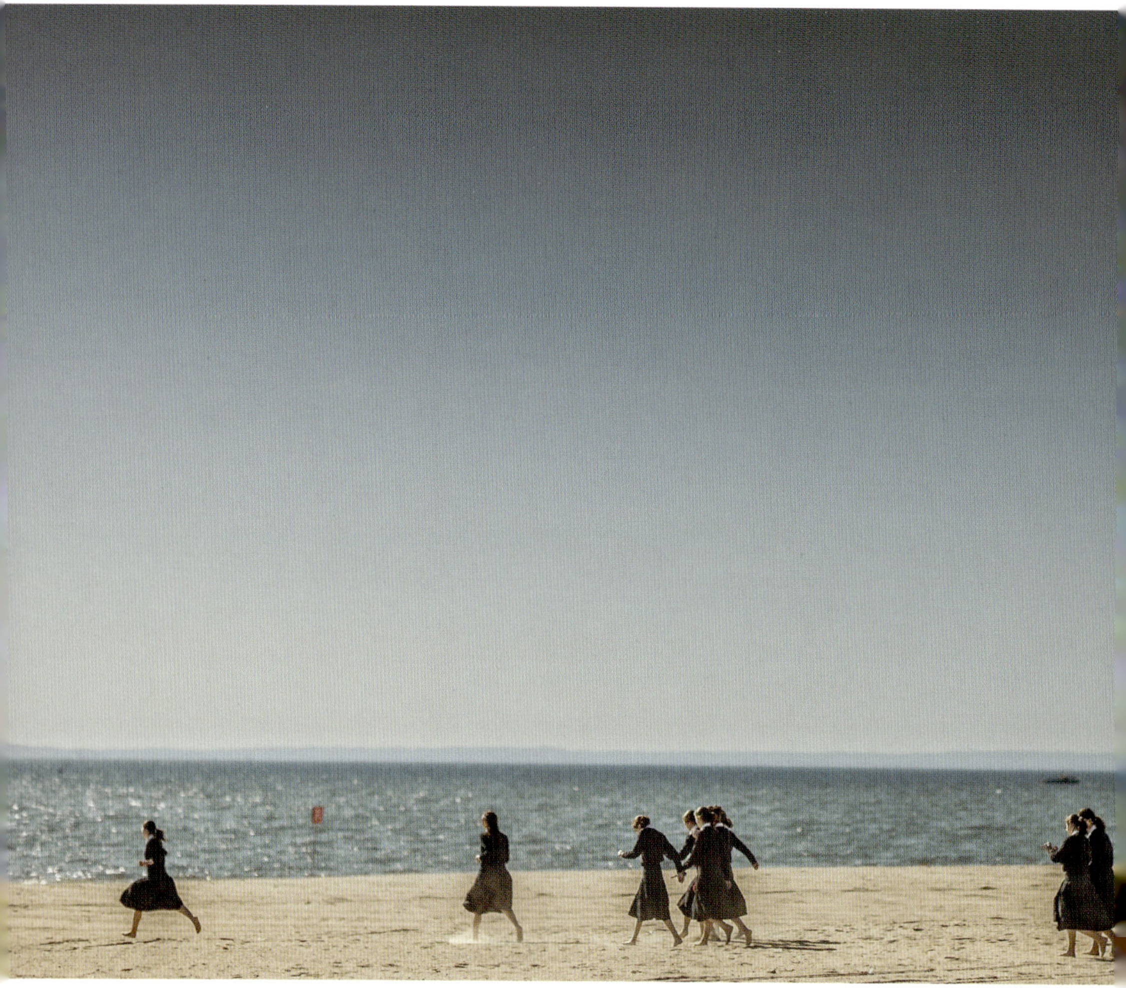

Ich fand es sehr rührend, wie diese jüdisch-orthodoxen Schulmädchen aus New York an einem ungewöhnlich warmen Novembertag ohne Schuhe über den Strand von Coney Island rannten.

Der Psychologe Paul Ekman untersucht seit Jahrzehnten menschliche Gesichtsausdrücke und entdeckte nicht nur, dass echte Emotionen sich durch unwillkürliche Bewegungen der Gesichtsmuskeln äußern, sondern auch, dass sie universell und kulturübergreifend sind.

Am interessantesten im Hinblick auf die Fotografie ist, dass diese Mikroausdrücke flüchtig sind und nur Sekundenbruchteile

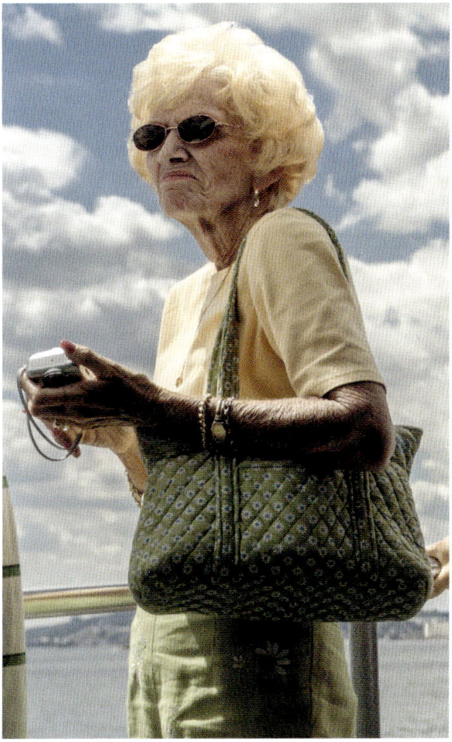

FOTOS KÖNNEN DIE EMOTIONEN ENTHÜLLEN, DIE WIR ZU VERSTECKEN VERSUCHEN

andauern. Das ist vielleicht zu kurz für uns, um sie bewusst wahrzunehmen, doch Fotos können diese Emotionen enthüllen. Ich vermute, dass die Intuition von Fotografen, wann sie den Auslöser drücken sollen, auf ihrer unbewussten Wahrnehmung dieser Mikroausdrücke beruht.

SUBSTITUTION

Die These dieses Buches lautet, dass die hochgradig selektive Natur unserer eigenen Echtzeitwahrnehmung dazu führt, dass wir von Fotos überrascht sind. Unsere vorhandenen Erwartungen sind so umfassend, dass wir eigentlich nur wenig sehen, obwohl wir ironischerweise glauben, sehr genau sehen zu können. Je höher etwas in der Hierarchie unserer Aufmerksamkeit rangiert, umso lebhafter ist unser Schock, wenn es nicht so ist wie erwartet. Wird etwas Erwartetes und Wichtiges durch etwas Ähnliches ersetzt, lässt uns das Prinzip der Substitution aufschrecken.

Wären wir nicht so sicher, dass über den Beinen dieses Hundebesitzers ein menschliches Gesicht thronen müsste, dann wären wir nicht so überrascht und amüsiert, dass der berüchtigt-aufmerksame und schelmische Fotograf Elliott Erwitt eine Bulldogge erwischt hat, die uns anschaut. Es hilft, dass die Köpfe von Hund und Mensch fast gleich groß sind und der Besitzer exakt verdeckt wird. Die Schwarz-Weiß-Palette minimiert die Unterschiede zwischen Mensch und auf ihm sitzenden Hund zusätzlich.

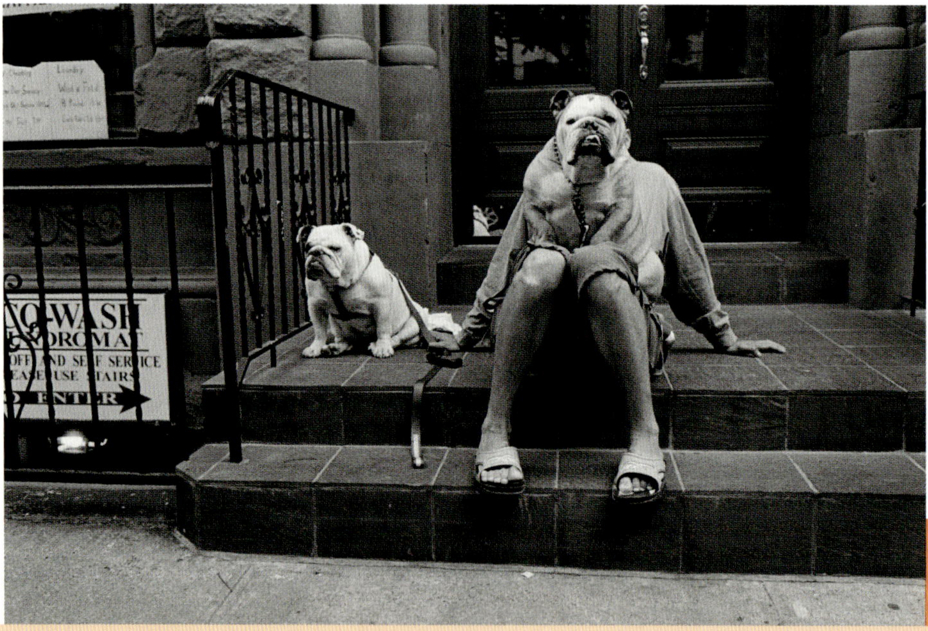

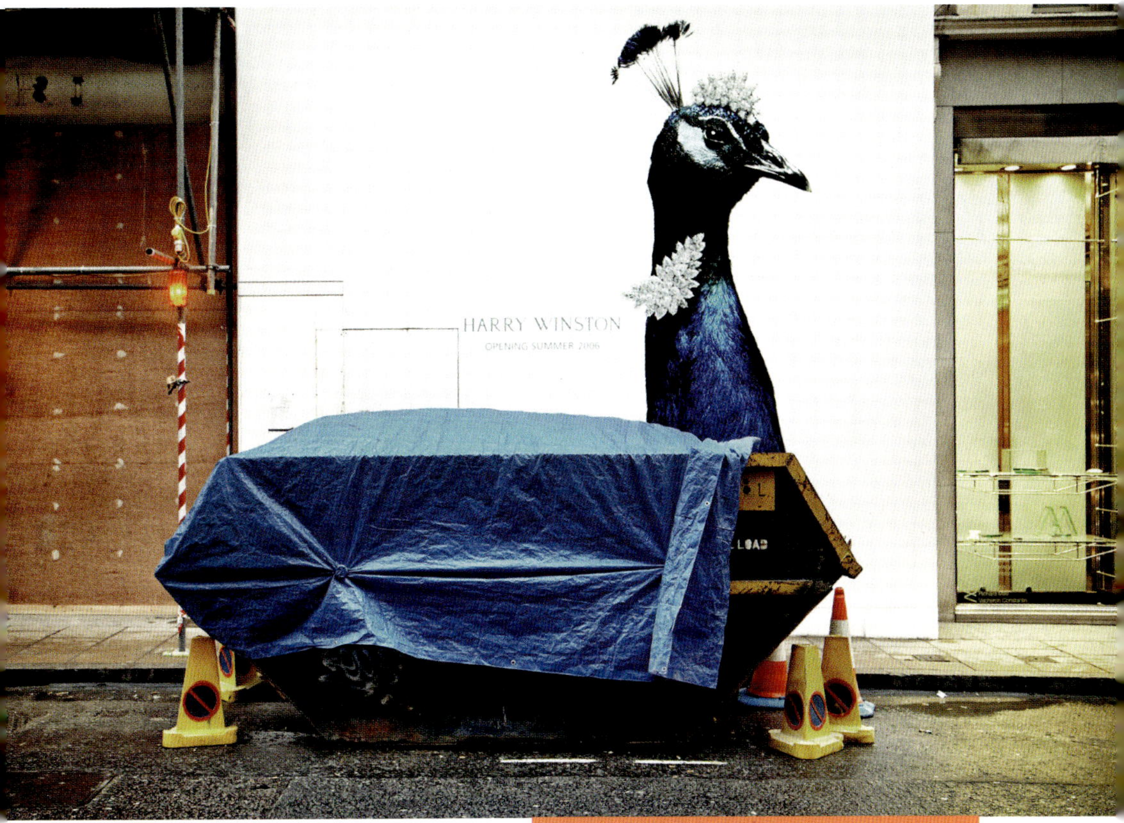

Auch wenn Gesichtssubstitutionen für uns wahrscheinlich am faszinierendsten sind, kann fast alles mit vergleichbarer Form und Größe substituiert werden und eine interessante Wirkung erzielen. Überraschung und Gelächter überkommen uns ähnlich wie bei einem guten Witz: Sie sind sich sicher, was Sie sehen werden, bis Sie mit dem Absurden konfrontiert werden.

New Bond Street, London, 2006.

Hier stand für den Street-Fotografen Matt Stuart eine mit einer Plane bedeckte Schuttwanne genau an der passenden Stelle, um als Körper des Pfaus zu dienen – komplett mit Füßen aus Verkehrshütchen.

New York City, USA, 2000. Elliott Erwitt.

AUFMERKSAMKEIT

DIE PERSÖNLICHE HIERARCHIE

Nicht alle Dinge werden gleich beobachtet. Wenn unsere Augen über eine Szene huschen, zeichnen sie eine verborgene, persönliche Hierarchie der Bedeutung auf. Sie folgt unserem Denkprozess, während wir versuchen, ein Bild zu entschlüsseln.

Wir bemerken Dinge, die wir benennen können, solche, die Fragen aufwerfen, Dinge, die wir physisch greifen können. Dinge, die für uns den höchsten Wert haben, treten aus dem Bild hervor. Der Himmel dient oft als negativer Raum, als »Nichts«, anders als etwa ein Baum, ein »Ding«. Menschen und menschliche Formen erhalten unsere größte Aufmerksamkeit. Wir scheinen die Welt außerdem genauso durch unseren physischen Kontakt zu verstehen wie durch unser Sehen. Unsere Gehirne katalogisieren umfassend: Werkzeuge, Essen, Steine, Bäume, Tiere, andere Menschen, Häuser. Objekte mit Grenzen, die wir erfahren haben, scheinen uns stärker zu interessieren: Ein Boot bekommt mehr Sakkadezeit als der Ozean, auf dem es treibt.

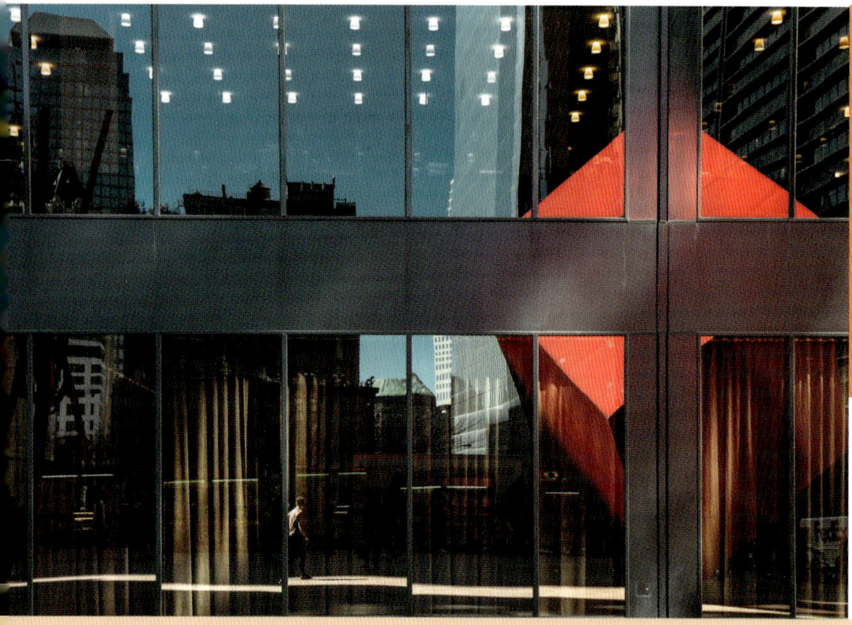

Lassen Sie Ihre Augen eine Minute lang über dieses Foto streifen. Es ist komplex. Wohin kehrt Ihr Blick am häufigsten zurück? Roter Würfel, Himmel, Fußgänger, Vorhänge? Was ist mit der Oberfläche des Gebäudes selbst? Dem FedEx-Logo?

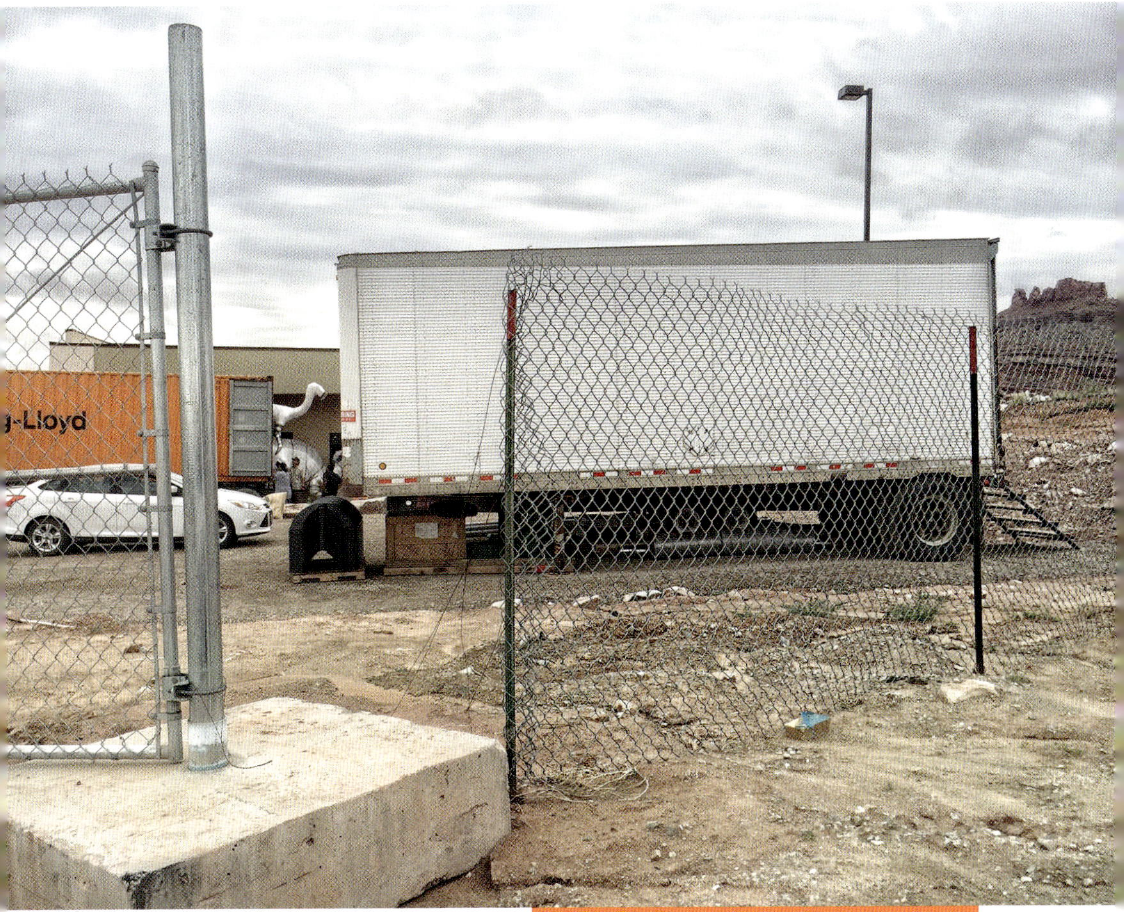

Obwohl dieses Kapitel viele Gründe für die visuelle Aufmerksamkeit zeigt, beruht Ihre eigene Aufmerksamkeit am Ende auf sehr persönliche Weise auf Ihren eigenen Erfahrungen und Interessen.

Es gibt in diesem Bild viele Stellen, auf die man schauen kann. Wenn Sie beruflich Zäune bauen oder LKW fahren, wird Ihre Aufmerksamkeit vielleicht dorthin gelenkt. Hatten Sie auch einmal so ein weißes Auto? Vielleicht erkennen Sie die Landschaft des amerikanischen Südwestens oder sogar den Canyonlands National Park von Utah. Oder Sie rätseln über das weiße Objekt, das aus dem orange LKW ragt, obwohl es im Bild nur winzig ist. Sie könnten es als Dinosaurier erkennen – Dinoknochen wurden unweit des Ortes gefunden, an dem dieses Foto entstand.

EXPERTEN-KOMMENTAR

DR. JAY FRIEDENBERG, PSYCHOLOGE

Dr. Jay Friedenberg ist Experimentalpsychologe und Professor am Psychology Department des Manhattan College in New York, wo er Kurse zu Empfindung und Wahrnehmung, künstlicher Intelligenz und biologischer Psychologie gibt. Er hat mehrere Lehrbücher zur Kognitionsforschung geschrieben.

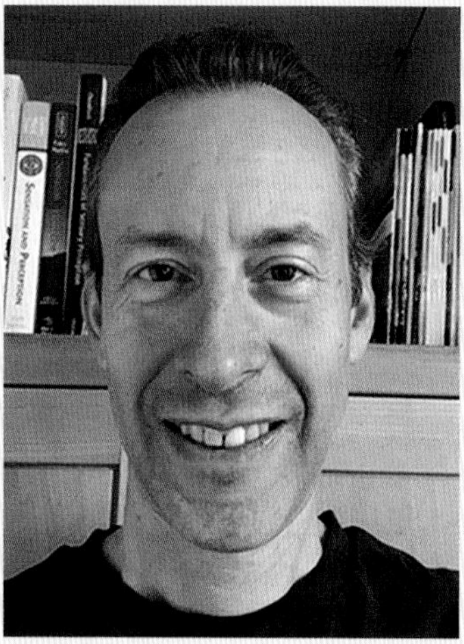

Wir diskutierten zuerst die Unterschiede zwischen Empfindung, Wahrnehmung und Bewusstsein. Er stellte klar, dass wir Dinge wahrnehmen, uns ihrer aber nicht bewusst sein können; wir können etwas sogar direkt anschauen, während es für uns unbewusst bleibt – als Unaufmerksamkeitsblindheit bezeichnet. Er sprach darüber, dass Erwartungen einen physiologischen Effekt auf unsere Neuronen haben:

»Neuronen haben eine Grundfeuerungsrate. Priming (Bahnung) ändert diese Feuerungsrate und bereitet eine Reaktion vor. Wenn Sie darauf eingestellt sind, etwas zu sehen, erhöhen Sie das Ansprechvermögen. Sie vergrößern die Wahrscheinlichkeit, dass Sie ein Neuron aktivieren.«

WIR GLAUBEN, WIR WÜRDEN ALLES AUFNEHMEN, DABEI KOMMT NUR EINE KLEINE MENGE ZUM BEWUSSTSEIN

Er sprach dann darüber, welches geringen Teils unseres sensorischen Inputs wir uns bewusst sind:

»Wir glauben, wir würden alles aufnehmen, dabei kommt nur eine kleine Menge zum Bewusstsein. Man nennt dies Aufmerksamkeitsengpass. Das ist aber auch sinnvoll. Sie wollen nicht alles aufnehmen, das würde Sie überwältigen. Sie müssen sich nur der Dinge bewusst sein, die wichtig für Sie sind, die beeinflussen, was Sie als Nächstes tun. Die Wahrnehmung ist quasi im Dienst der Aktion.«

Er diskutierte den berühmten Fall des als TN bekannten Patienten: Nach einer Reihe von Schlaganfällen konnte er nichts mehr sehen – nicht wegen seiner Augen, sondern weil er keinen mentalen Zugang mehr zu dem hatte, was er sah, sogenanntes »Blindsehen«. Tests (https://youtu.be/4x0HXC59Huw) zeigten jedoch, dass er aufgrund von Wahrnehmungen handelte, die ihm gar nicht bewusst waren. Dr. Friedenberg erklärte:

»Der Teil des visuellen Systems, der die Augenbewegungen steuert, liegt unter dem Aufmerksamkeitsbewusstsein. Sie strengen sich nicht bewusst an, hierher oder dorthin zu schauen. Müssten Sie dies, wäre alles so sehr verlangsamt, dass Sie nicht mehr funktionieren könnten.«

Er erläuterte, dass Wahrnehmung visuellen Input und gerichtetes Denken kombiniert:

»Bei der Bottom-Up-Wahrnehmung werden Ihre Wahrnehmungsbilder von dem getrieben, was es 'da draußen' gibt. Top-Down-Wahrnehmung beruht auf dem, was Sie bereits wissen, wofür Sie empfänglich sind und was Sie im Laufe der Zeit gelernt haben – Gedächtnis. Normale Wahrnehmung umfasst beides: Sie ist wahrnehmungs- und konzeptgesteuert. Was Sie wissen, beeinflusst, was Sie sehen.«

Ich fand es besonders interessant, dies dahingehend zu betrachten, wie Fotografen von einer Idee ausgehen müssen, aber dennoch ein externes Motiv brauchen, das vor die Kamera gesetzt wird, um diese Idee auszudrücken. Dr. Friedenberg fasste zusammen, was etwas »Salienz« gibt – die Neigung, sich von allem anderen abzuheben:

»Salienz wirkt anhand der Unterschiede zwischen einem Objekt und seiner Umgebung: Farbe, Kontrast. Eine plötzliche Bewegung löst einen Orientierungsreflex aus, weil sie wichtig für Ihr Überleben sein könnte. Auch wenn es viele Hintergrundgeräusche gibt, hören Sie Ihren Namen fast sofort. Es gibt bestimmte Eigenschaften, auf die wir eingestellt sind. Sie befinden sich sozusagen auf der Überholspur.«

Schließlich wies er auf einen interessanten Punkt hin: Eine erhöhte Wahrnehmung ist zwar notwendig für die Kreativität, sie seien jedoch nicht identisch:

»Ihre rechte Hirnhälfte ist eher räumlich orientiert, während die linke eher verbal und analytisch agiert. Sie nutzen aber beide Hälften. Entsprechend einer Theorie hemmt die linke die rechte Hälfte, doch bei manchen Autisten ist diese Hemmung aufgehoben, was ihre Zeichenfähigkeiten erklärt. Allerdings geben sie nur das wieder, was sie sehen. Kreativität erfordert auf jedem Gebiet beide Gehirnhälften.«

HELLIGKEIT & KONTRAST

Licht macht nicht nur Dinge sichtbar; es lässt sie uns wahrnehmen. Im Zusammenspiel mit dunkleren Bereichen gleicht Licht einem Scheinwerfer, der auf eine dunkle Bühne strahlt: Es lässt uns nicht im Zweifel darüber, was wir zuerst wahrnehmen sollen, während Dunkelheit die Wahrnehmung des Betrachters verzögern kann.

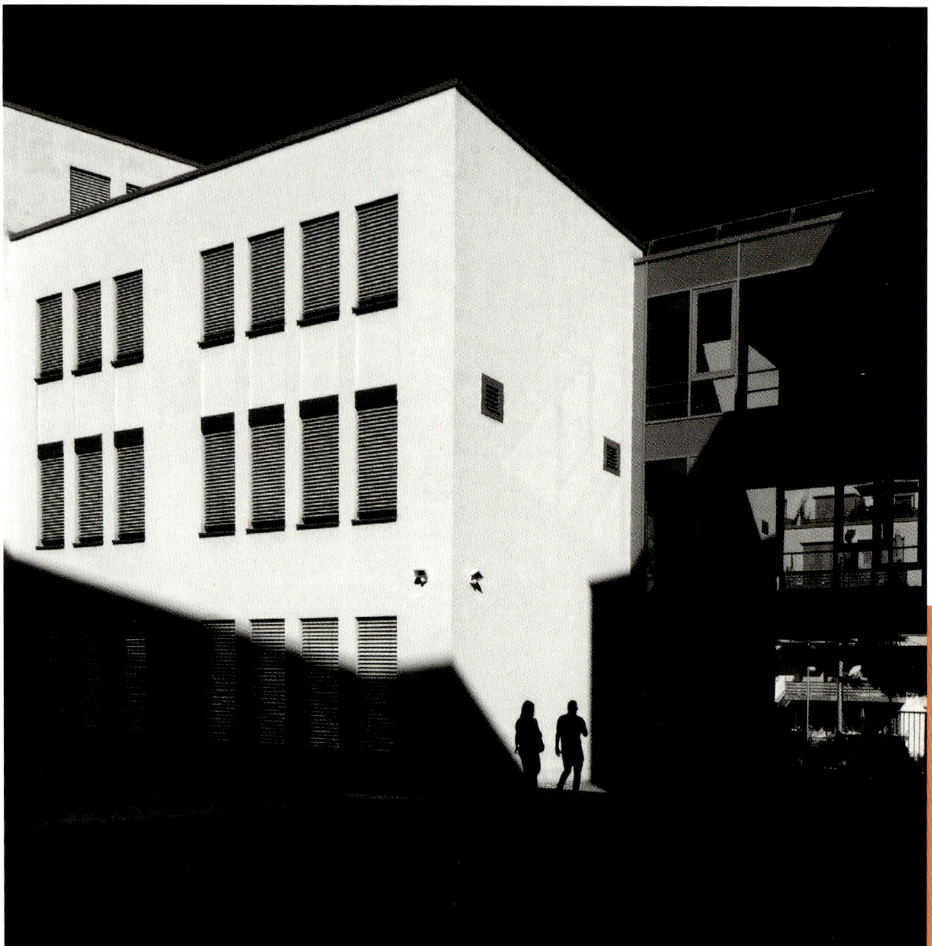

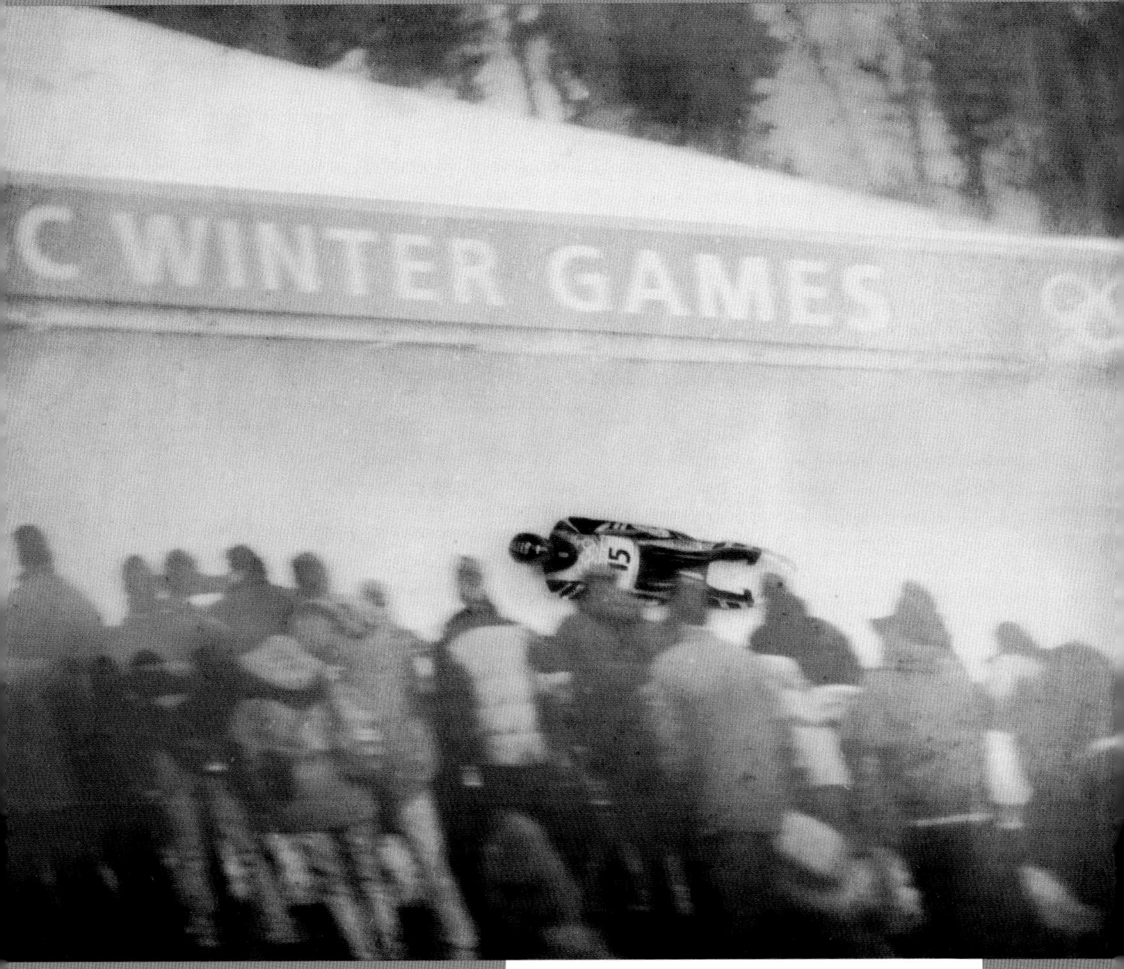

Mit meiner Handykamera nahm ich an einem klaren Herbsttag die links gezeigte, kontraststarke Studie auf; ich wartete, bis die Figuren die Stelle betreten, an der die großen Schattenbereiche zusammentreffen.

DUNKELHEIT KANN DIE WAHRNEHMUNG DES BETRACHTERS VERZÖGERN

Rennrodeln (Olympische Winterspiele 2002).

Wenn das gesamte Bild gleichmäßig innerhalb eines engen Tonwertbereichs beleuchtet ist, dann dient das Licht weniger dazu, die Aufmerksamkeit zu lenken. Stattdessen soll es einfach nur erhellen. Die Bewegung der Blicke beruht auf anderen Kriterien. Kontrast erregt ebenfalls unsere Aufmerksamkeit. Raymond Meeks zeigt, dass ihm dies deutlich bewusst ist, indem er den Kontrast speziell auf dem Rennrodler stark erhöht.

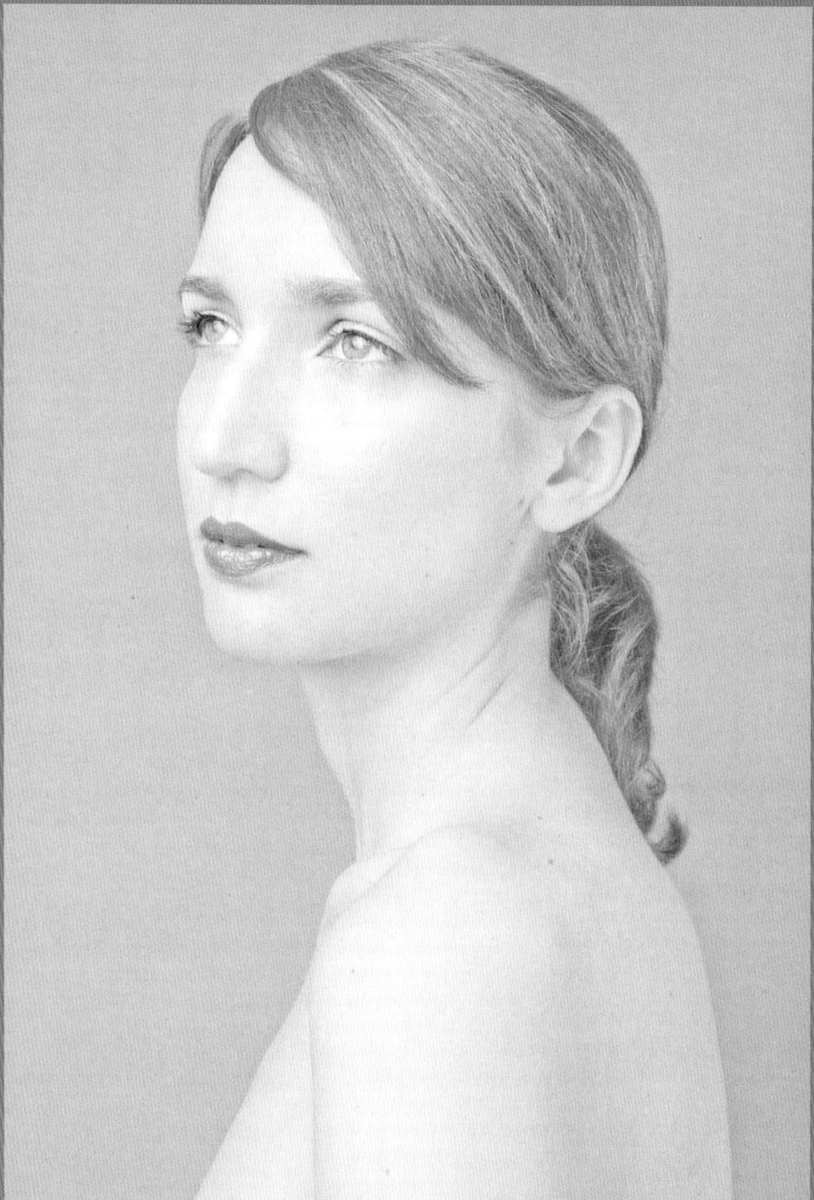

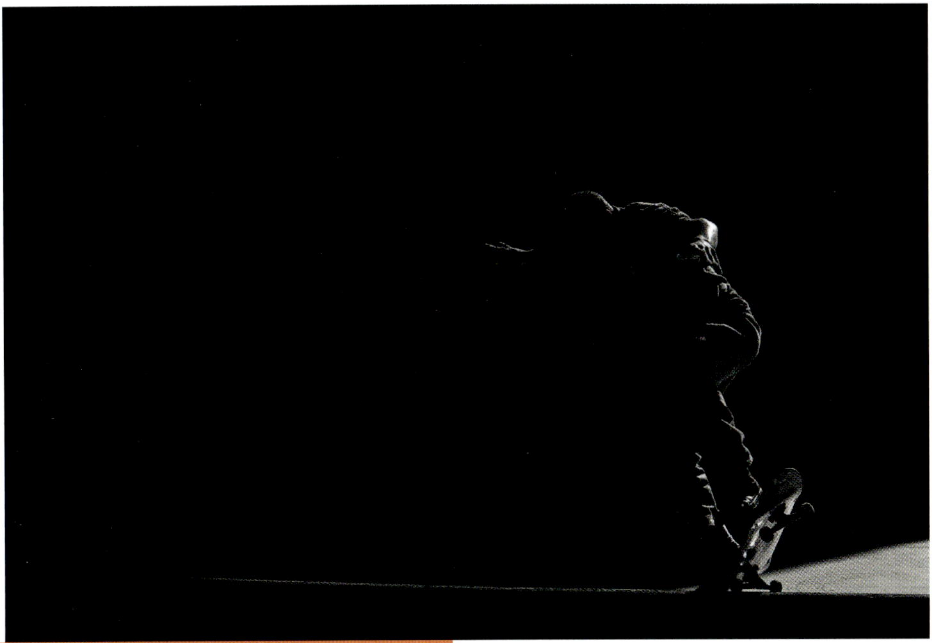

Trang Tran schuf dieses meisterhafte High-Key-Porträt (gegenüber), als ich das Glück hatte, sie zu unterrichten, während mein Bild eines New Yorker Skateboarders (oben) eine Low-Key-Palette nutzt.

BELICHTUNG: KREATIV VS. KORREKT

Zu den lohnendsten Seiten der Fotografie gehört, wie sehr sie uns die Kontrolle über visuelle Aspekte erlaubt, die wir mit unseren Augen nicht kontrollieren können. Hierbei wird die Belichtung oft am meisten vernachlässigt. Es erfordert eine gewisse Mühe zu lernen, wie weit man es treiben kann, ohne dass das Ergebnis unrealistisch oder künstlich aussieht.

Bilder mit einem eng begrenzten hellen (High-Key) oder dunklen (Low-Key) tonalen Bereich sind eigentlich immer faszinierend, weil unsere Augen uns sonst nur normalisierte Belichtungen zeigen.

Bewegt man sich jenseits der »normalen« Belichtung, setzt man sich über die Idee hinweg, dass die Fotografie sich so nah wie möglich am menschlichen Seherleben bewegen sollte. Für Fotojournalisten mag das zutreffen, dabei bietet die Fotografie unzählige Möglichkeiten, Bilder zu schaffen, die das menschliche Auge nicht sehen kann.

Die Art und Weise, wie die Fotografie gleichzeitig Lichter hell und Schatten dunkel halten kann, während unsere Augen die Belichtung schnell optimieren, egal, wohin wir schauen, ist einer der verlockenden Aspekte des Mediums.

TONWERTKONZEPT

Auch wenn viele Fotografen von immer noch besserer Ausrüstung besessen sind, ist das Spielfeld heute doch recht ausgeglichen. Digitaltechnik egalisiert die Beschränkungen unserer Werkzeuge noch weiter: Ein 8-Bit-Bild kann genau 16.777.216 Farben enthalten, nicht mehr. Doch warum wirken die Bilder mancher Fotografen magisch? Warum sehen ihre Farben so außergewöhnlich aus?

Es liegt nicht daran, dass sie geheime Spezialwerkzeuge haben, sondern dass sie geschickt Dinge nebeneinanderstellen und sich in Zurückhaltung üben. Kontext ist alles. Wenn Sie wollen, dass etwas ganz besonders strahlt, umgeben Sie es mit Dunkelheit. Möchten Sie Rot betonen, stellen Sie ihm eine kühle Farbe zur Seite. George DeWolfe verdeutlicht dies perfekt in seinem hinreißenden Bild eines kanadischen Hartriegels (gegenüber).

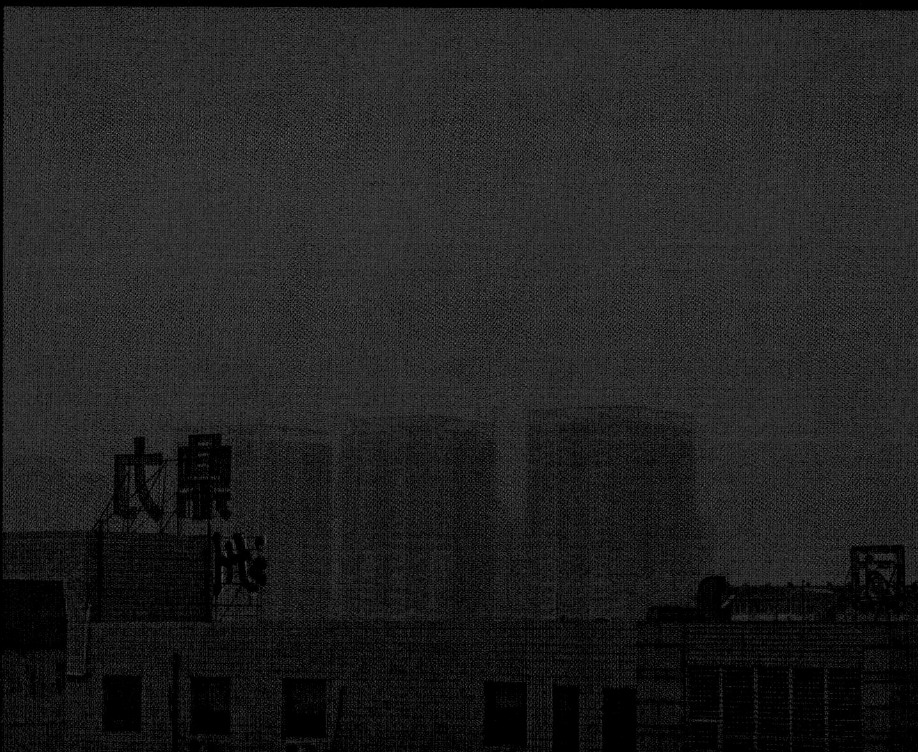

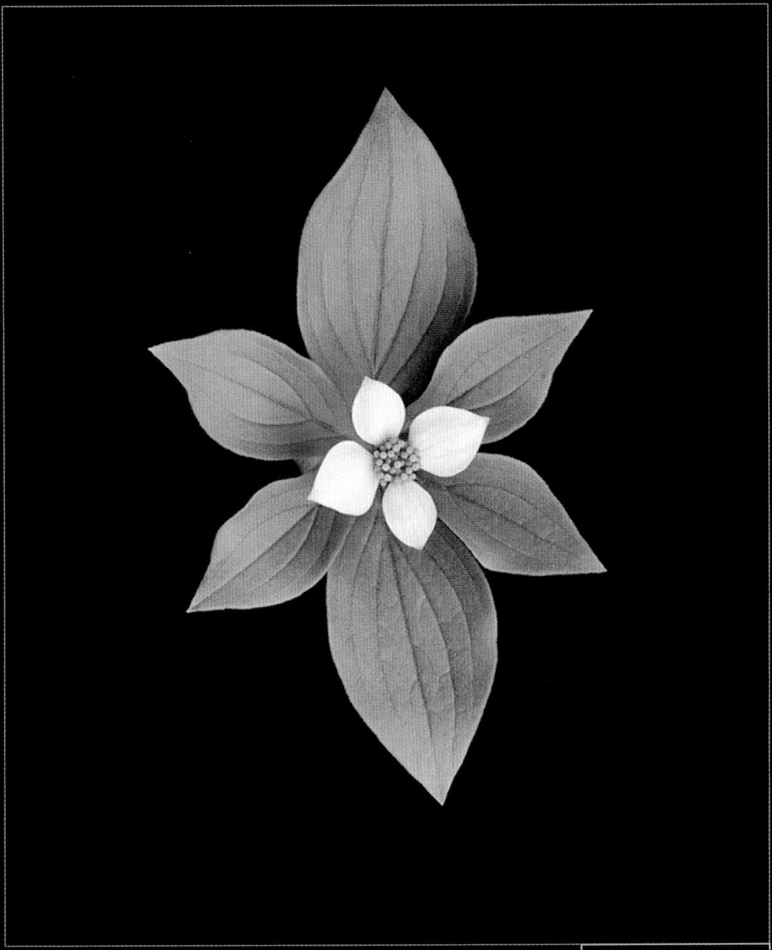

Ein Tonwertkonzept nutzt eng miteinander verwandte Tonwerte. Ein eingeschränkter Tonwertbereich liefert einen dramatischeren Kontext für Details, die außerhalb dieses engen Bereichs liegen, als eine volle Tonwertbreite. Es gibt auch Bilder, die nur aus sehr begrenzten Mitteltönen bestehen, wie das Foto eines vernebelten Morgens in Peking auf der linken Seite. Das rote Neonzeichen ist das auffälligste Detail. Gibt man den Augen Zeit, sich anzupassen, erkennen wir feine Unterschiede in den dunklen Tönen, allerdings nicht so leicht wie in hellen Bereichen.

Kanadischer Hartriegel, George DeWolfe.

FARBE

Farbe ist persönlich. Viele Fotografen lassen sich ebenso über ihre konsistente Farbpalette identifizieren wie über ihre bevorzugten Motive. Manche arbeiten ganz und gar nur monochrom, andere mögen eine niedrigere Sättigung oder intensive, strahlende Farben. Wissenschaftler haben herausgefunden, dass Ihr Wohnort, Ihre Erfahrungen, ja sogar Ihre Sprache beeinflussen, wie Sie auf Farben reagieren.

Alle erfolgreichen Farbfotografen müssen die Beziehungen ihrer Farben zueinander abstimmen, indem sie festlegen, welche und wie viele Farbtöne mit welcher Helligkeit und Sättigung sie nutzen wollen. Es gibt unendlich viele Möglichkeiten, und wir reagieren alle anders auf sie. Bestimmte Prinzipien gelten jedoch immer.

FARBKONTRAST: ÄHNLICHKEIT & UNÄHNLICHKEIT

Wenn sowohl Farbton als auch Helligkeit sehr unterschiedlich wirken, nehmen wir einen hohen Kontrast wahr. Farb- und Tonwertkontrast helfen uns, Dinge voneinander zu trennen. Kontrast jeder Art erregt unsere Aufmerksamkeit.

Üblicherweise wird die Wellenlänge des Lichts nicht auf einer linearen Skala dargestellt, sondern in einem Kreis, dem Farbkreis. So zeigen sich die Farbverhältnisse sehr deutlich.

FARBVERHÄLTNISSE

Der Kontrast zwischen Farben ähnlicher Wellenlänge (Farbtöne) erscheint meist gering. Sie werden als analoge Farben bezeichnet: Rot und Orange, Grün und Blau usw. Auf dem Farbkreis sind sie Nachbarn. Ein großer Helligkeitsunterschied kann sogar analoge Farben stark kontrastieren lassen.

Farben, die sich im Farbkreis gegenüberliegen, sind komplementär; sie zeigen zueinander einen sehr hohen farblichen Kontrast. Ein Fastkomplementär ist eine der Nachbarfarben, die ein exaktes Gegenteil einschließt: Rot und Grün oder Magenta und Cyan sind Fastkomplementäre. (Rot und Grün sind die Komponenten von Gelb.) Fastkomplementäre besitzen ebenfalls ein angenehmes Maß an Kontrast.

Beide Farbstudien sind klassische Zweifarbenentwürfe. Das Bild mit der gestreiften Wand und dem Schlauch baut auf den analogen Farben Rot und Gelb auf (mit einem starken Tonwertkontrast), während das Bild mit dem Sonnenlicht auf der Jalousie die Komplementärfarben Gelb-Orange und Blau nutzt.

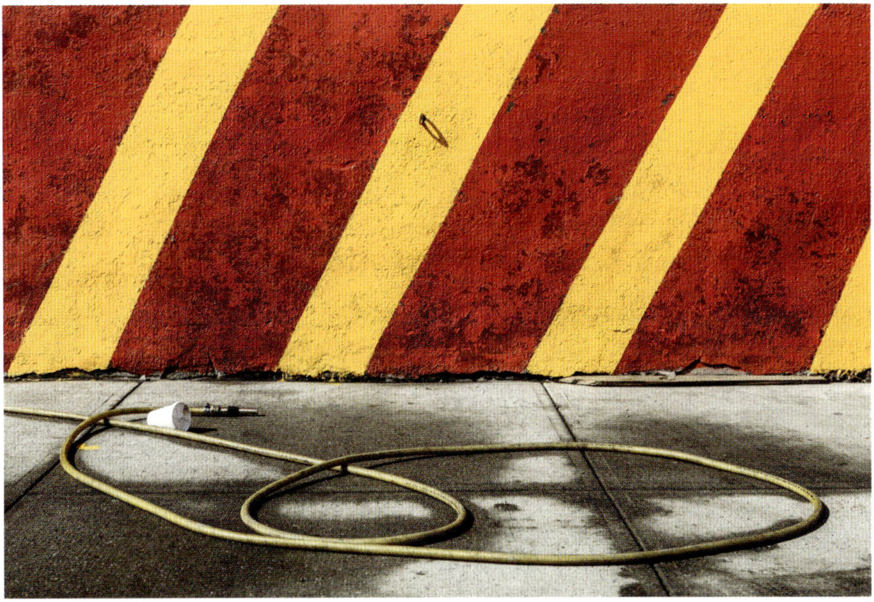

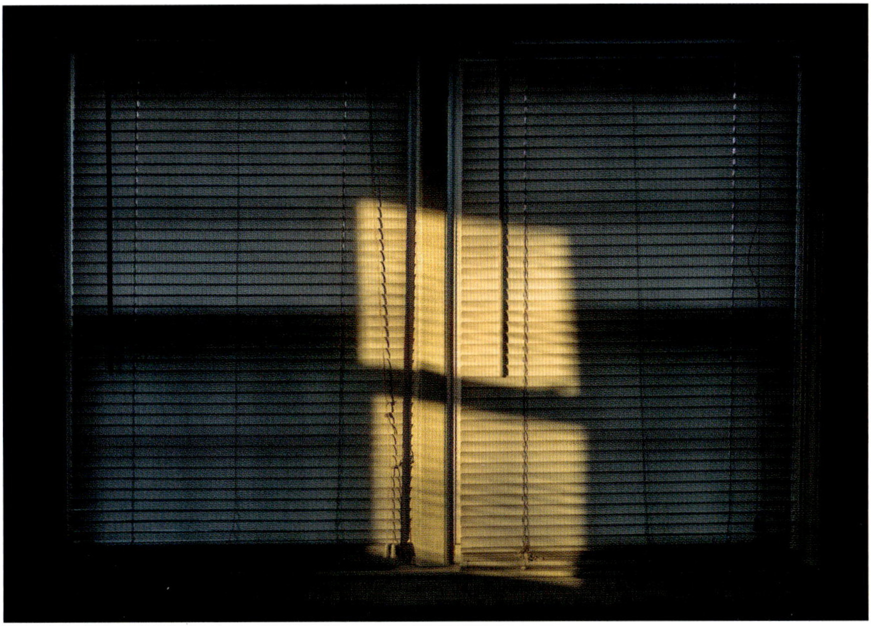

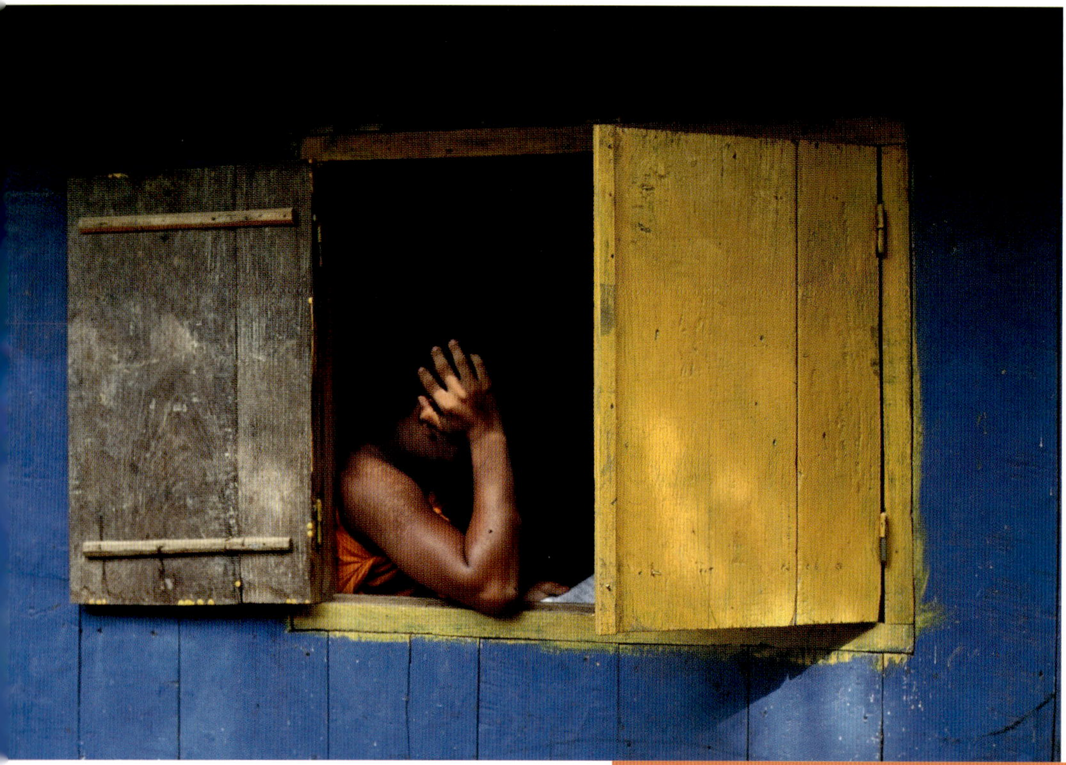

Steve McCurry ist zu Recht für seinen Farbeinsatz bekannt, den er gekonnt wie ein Künstler handhabt, wenn er entscheidet, was im Bild zu sehen sein soll. Er nutzt häufig starke Komplementärfarben, oft gemeinsam mit einer dritten, analogen Farbe.

FARBTÖNE

Es gibt sicher mehr Farben, als wir eindeutig mit Worten beschreiben können. Und auch unser Gefühl, was zusammenpasst und was »sich beißt«, lässt sich kaum in Zahlen ausdrücken. Doch wir können uns bestimmt darauf einigen, dass es visuell angenehm ist, wenn man die Anzahl der dominanten Farbtöne in einem Bild beschränkt. Zahllose erfolgreiche Fotos basieren auf zwei dominanten Farben. Bilder mit drei Farben verwenden oft ein Paar Komplementärfarben zusammen mit einer dritten Farbe, die analog zu einem der Komplementäre ist, wie das obige Beispiel eines wahren Meisters der Farben, des Fotojournalisten Steve McCurry zeigt. Das Bild wird von den Komplementären Gelb und Blau dominiert und enthält einen Hauch Orange, eine analoge Farbe zum Gelb. Alle Farben des Regenbogens darf man gern in einem Foto der Waren des lokalen Supermarktes verwenden, es kann aber auch einfach zu viel sein.

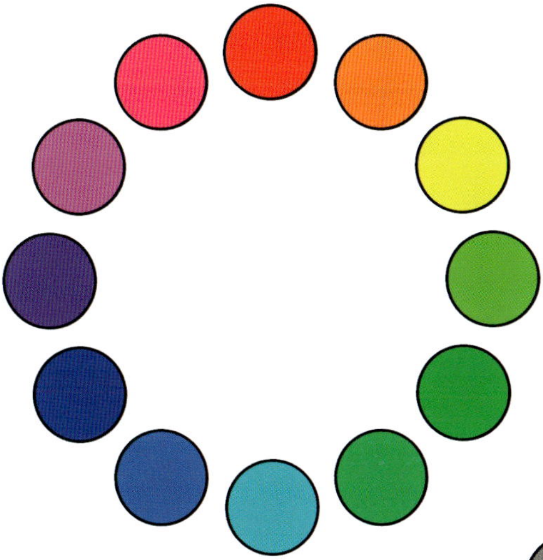

ES IST VISUELL ANGENEHM, WENN MAN DIE ANZAHL DER DOMINANTEN FARBTÖNE IN EINEM BILD BESCHRÄNKT

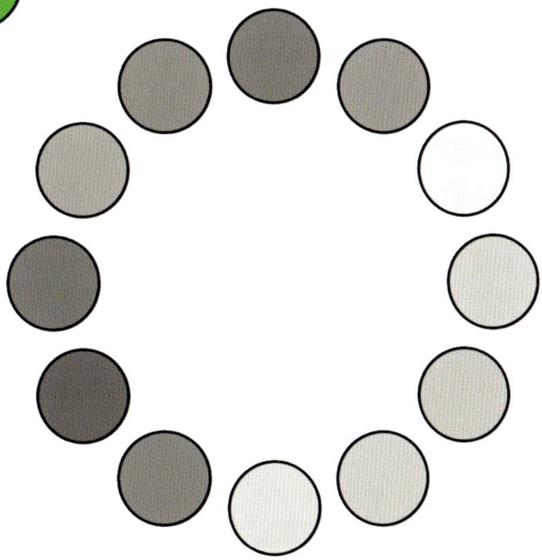

FARBLEUCHTKRAFT

Die drei Zapfentypen in unseren Augen sind nicht gleichermaßen farbempfindlich. Dieses Diagramm zeigt, wie leuchtend verschiedene Farben dem Auge erscheinen. Die Helligkeit der einzelnen grauen Kreise gibt an, wie hell wir den entsprechenden Farbklecks wahrnehmen. Sie werden bemerken, dass warme Farben – Gelb, Orange, Rot – die meiste Leuchtkraft haben. Warme Farben scheinen uns aus der Bildebene entgegenzukommen, während wir kühle Farben – Blau- und Lilatöne – als weniger leuchtend empfinden und sie zurückzuweichen scheinen. Je leuchtender eine Farbe wirkt, umso eher »springt« sie aus dem Bild, selbst wenn sie nur einen kleinen Bereich füllt.

Fotografen hören oft: »Pack einen Tupfer Rot in jedes Bild.« Diese Technik bezieht sich direkt auf die Tatsache, dass wir warme Farben heller wahrnehmen als kühle. Die »Farbtupfer«-Richtlinie lautet, dass die Größe der Farbbereiche umgekehrt proportional zu ihrer scheinbaren Leuchtkraft sein kann. Selbst kleine Stellen mit hellen Farben (Gelb, Orange, Rot) fangen den Blick des Betrachters ein, weil sie so leuchtend erscheinen, während kleine Stellen mit weniger leuchtenden Farben (Blau, Violett) nicht so klar hervortreten.

MOTIVE

Unsere Gehirne sind außerordentlich gut auf Muster eingestellt. Wir erkennen Wiederholungen und nutzen sie, um die Zukunft vorherzusagen – in der Hoffnung, negative Konsequenzen zu vermeiden und Freude zu finden. Wir sind bereit, »die Punkte zu verbinden«, um verwandte Gesten, Formen, Farben usw. zu erkennen. Wir sind neugierig, lösen gern Rätsel und spüren dem Thema nach, das sich in den Elementen eines Bildes verbirgt.

Was ist nötig, damit ein Muster entsteht? Schon eine einzige Wiederholung erzeugt reflexhaft die Erwartung in unserem Gehirn, ein Muster entdeckt zu haben. Wir gehen sofort davon aus, dass das nächste, das dritte Auftreten identisch mit den ersten beiden ist. Wir können nichts dafür. Ohne diesen Tick des Gehirns würden wir nie über Witze lachen oder überhaupt über etwas überrascht sein. Alle Kunstformen nutzen das Prinzip Herstellen – Wiederholen – Variieren, um das Publikum zu überraschen. In Fotografien sind visuelle Wiederholungen üblich und lösen noch größere Überraschungen aus, wenn das Muster unterbrochen wird.

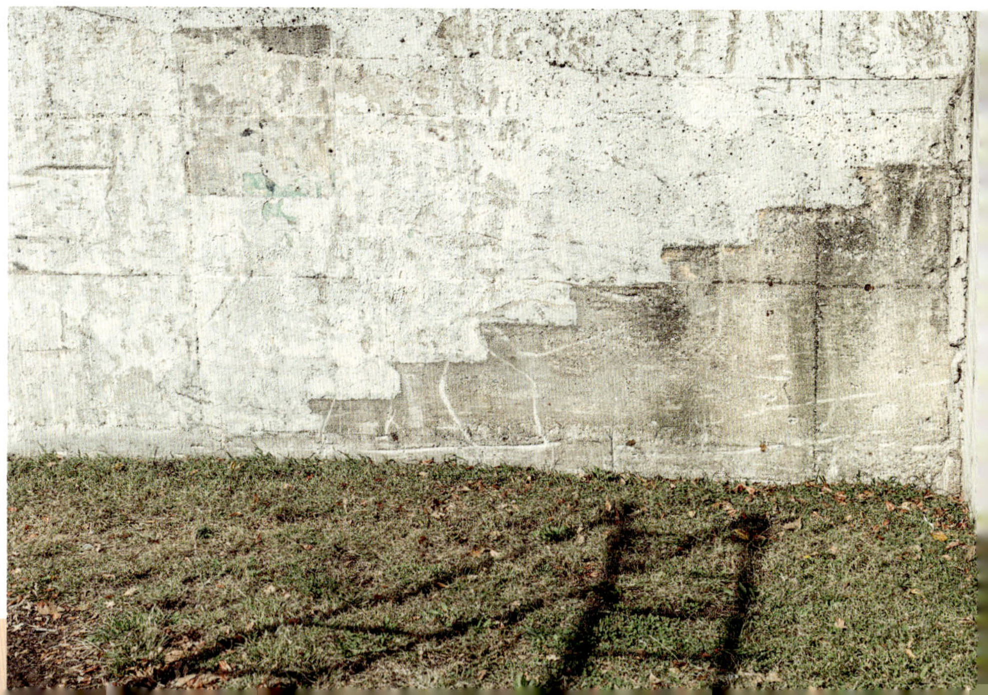

WIR SIND BEREIT, »DIE PUNKTE ZU VERBINDEN«, UM VERWANDTE GESTEN, FORMEN, FARBEN USW. ZU ERKENNEN.

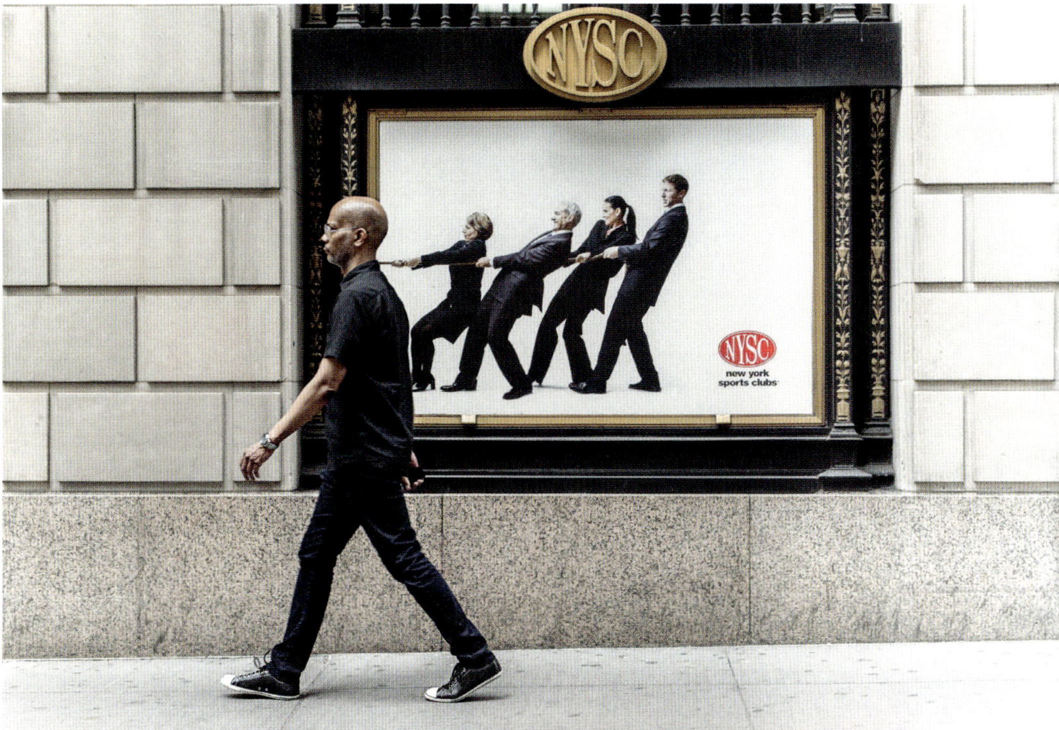

Es liegt etwas von Natur aus Befriedigendes in dem mentalen Akt, Ideen zu verbinden und Beziehungen oder Muster zu erkennen, wie diese geisterhaften Andeutungen der Methoden von Aufstieg und Abstieg. Wir fühlen uns fast schon gezwungen, Ursache und Wirkung zu erkunden, Beziehungen zu identifizieren und unserem Erleben Bedeutung zu verleihen, egal, ob wir es über unsere Sinne aufnehmen oder die Ideen bereits in unseren Köpfen vorhanden sind.

Stretch.

Hier hielt der Fotograf Nipun Nayyar exakt den Augenblick fest, als das Plakat mit einem Passanten zu interagieren schien. Unterstützt wird die überraschende Szene durch die konsistente Farbe der Kleidung.

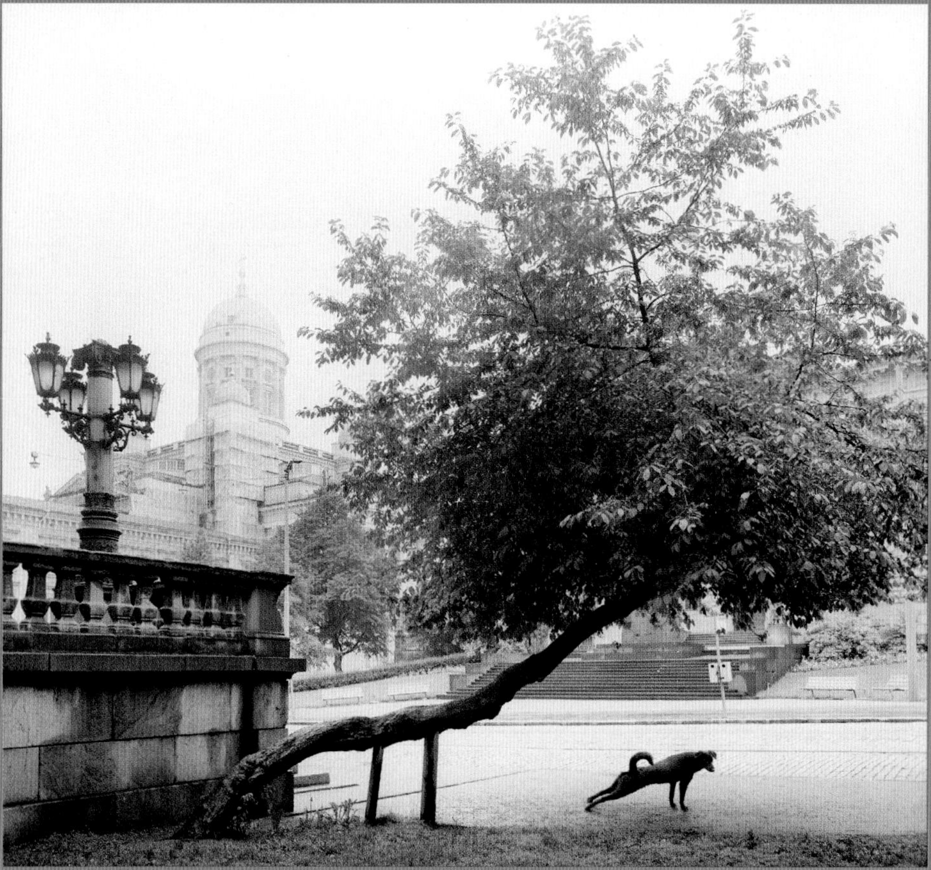

Helsinki, Finnland (Hunde-Stretching), 1982.

Der finnische Fotograf Pentti Sammallahti schaffte es, zur richtigen Zeit am richtigen Ort zu sein, um einen lustigen Widerhall zwischen einem Baum und einem sich streckenden Hund festzuhalten.

UNSERE GEHIRNE SIND AUSSERORDENTLICH GUT AUF MUSTER EINGESTELLT. WIR ERKENNEN WIEDERHOLUNGEN

Tasche, November 2007.

Motive können auch aus der Geschichte geholt werden. Der Fotograf Hendrik Kerstens hat Bilder geschaffen, die berühmte niederländische Porträts aus dem 17. Jahrhundert zitieren, allerdings mit überraschenden modernen Wendungen – wie einer Einkaufstüte aus Plastik.

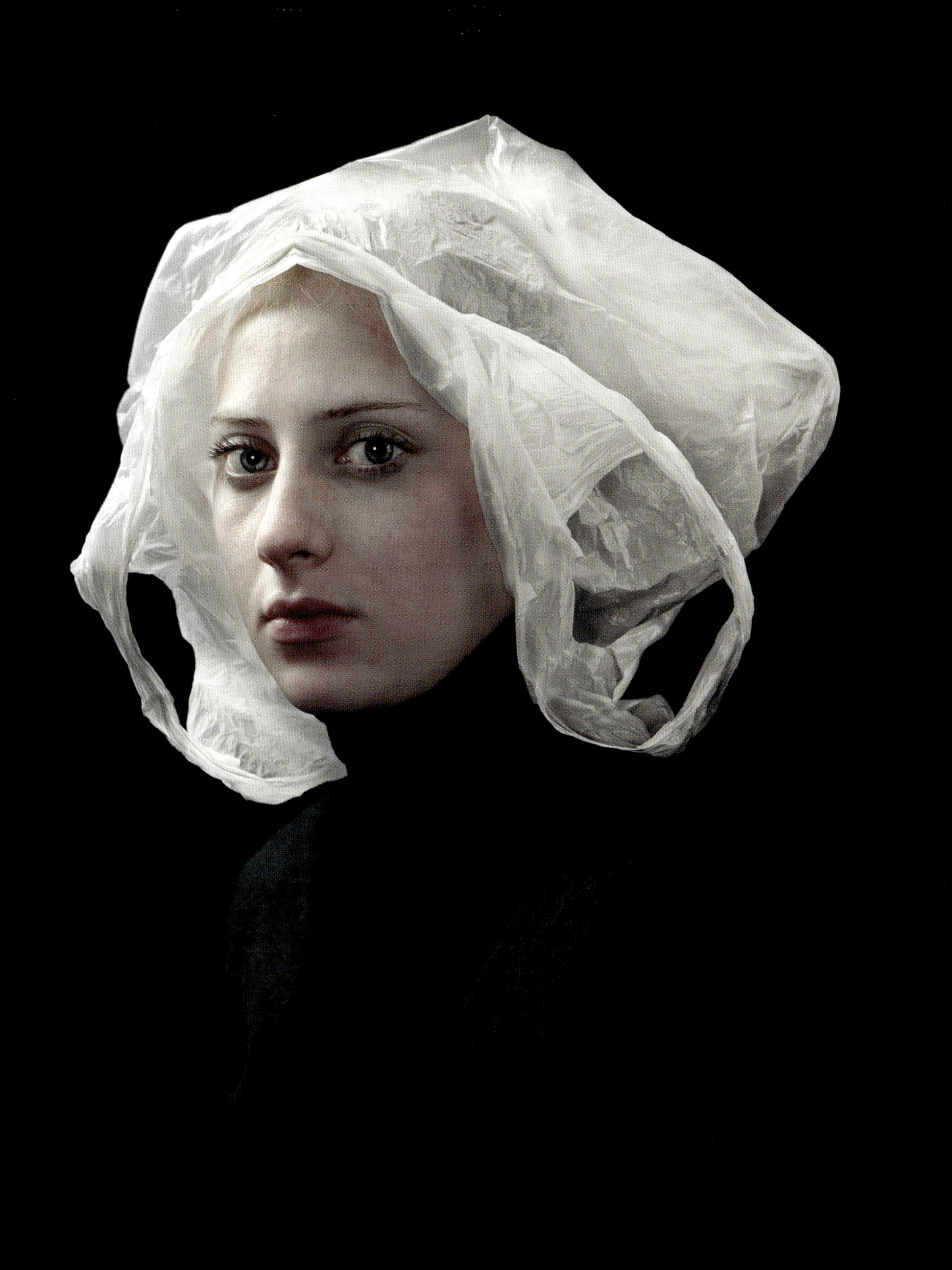

ÜBERRASCHUNG & VERZÖGERUNG

ERWARTUNGEN AUSNUTZEN

Ist man einmal mit den Elementen vertraut, die Aufmerksamkeit erregen, könnte man versucht sein, sie alle einzusetzen. Studenten der Kunstgeschichte wissen jedoch, dass nur Bilder überdauern, die das Erlebnis des Sehens verlangsamen. Solche Bilder belohnen ein genaues, anhaltendes, wiederholtes Betrachten. Sie bereiten Freude dabei, Hinweise zu finden, Themen zu entziffern, die Gedanken des Fotografen zu entschlüsseln und vielleicht sogar etwas über sich selbst zu lernen, wenn die sich wandelnde Bedeutung eines Bildes die eigenen Änderungen widerspiegelt.

DAS VIELSAGENDE DETAIL

Unsere auf das Überleben ausgerichteten Gehirne sind darauf ausgelegt, so schnell wie möglich zu entscheiden, was wir sehen. Daher kann selbst ein kurzes Zögern in der mentalen Verarbeitung signifikant sein. Werden unerwartete Elemente enthüllt, nachdem wir unbewusst entschieden haben, was ein Bild bedeutet, erfahren wir eine Überraschung, ein Aha-Erlebnis. Die hier gezeigten Prinzipien der visuellen Aufmerksamkeit *nicht* zu nutzen, ist ein einfacher Weg, das Erkennen zu verzögern und solche Überraschungen auszulösen.

Von John Szarkowski, dem dritten Kurator für Fotografie am New Yorker Museum of Modern Art und Verfechter der Anerkennung der Fotografie als Kunstform, stammt ein kleines, aber wegweisendes Buch: *The Photographer's Eye*. Darin nennt er fünf Elemente, auf die man in einem Foto achten sollte. Zwei sind hier relevant: die unvermeidlichen Grenzen des Fotos und die Idee vom vielsagenden Detail.

Wenn wir ein Bild zum ersten Mal sehen, scannen unsere Augen es auf der Stelle. Unsere Gehirne analysieren es rasend schnell und vergleichen das Gesehene mit unserem mentalen Modell von der Welt. Unsere Erfahrungen, Vorurteile, Neigungen und Erwartungen rufen eine instinktive, unmittelbare Reaktion hervor. Wir ziehen Schlüsse, bevor uns das überhaupt bewusst wird.

Und dann sehen wir etwas anderes. Etwas Kleines. Etwas Stilles in einer dunklen Ecke, unauffällig, verheerend. Wir sehen ein vielsagendes Detail nicht sofort, aber wenn wir es tun, ändert oder vollendet es die Bedeutung des Bildes. Wir wurden überrumpelt.

In dem meisterhaften Beispiel gegenüber von Garry Winogrand (einem Favoriten von Szarkowski) bemerken wir sofort die modisch gekleideten jungen Frauen. Sie sind relativ groß, zentral angeordnet und strahlend von hinten

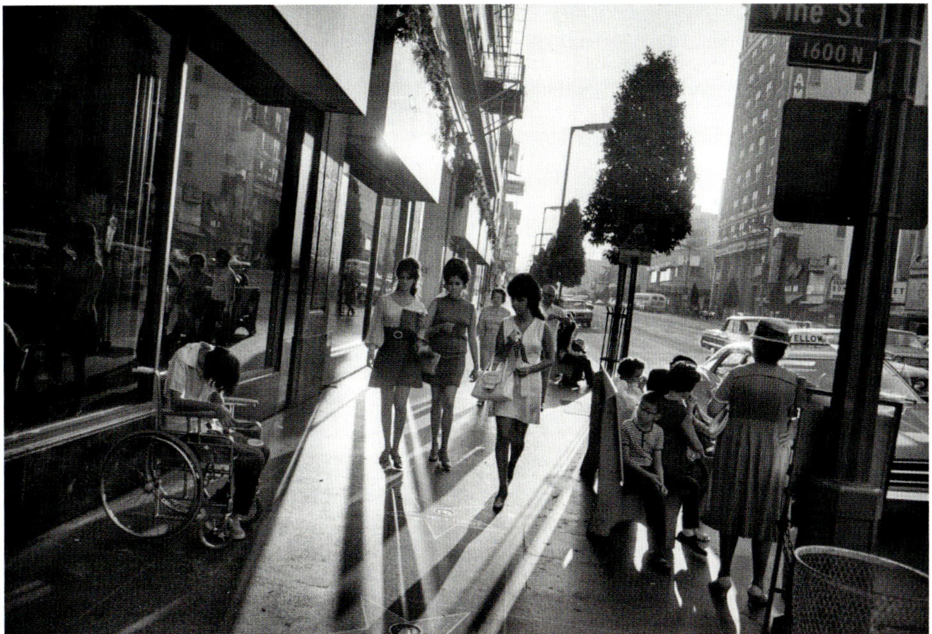

Los Angeles, 1969. Garry Winogrand.

beleuchtet. Sie verkörpern Jugend, Schönheit, Mode. Das ist aber nicht der Inhalt des Fotos. Jedes Gespräch ist verstummt. Sie schauen nicht zueinander, sondern blicken nach links, wo wir schließlich den Mann in seinem Rollstuhl kauern sehen. Er ist im Schatten, die Antithese zu Jugend, Schönheit, Fröhlichkeit oder Erfolg.

Bei weiterem Hinsehen entdecken Sie überall brisante Details: Der Horizont ist schief. Etwas stimmt hier nicht. Dies ist keine Kleinstadt; es ist Los Angeles, Ecke Hollywood Boulevard und Vine, wo Ruhm und Erfolg von Filmstars quasi ins Pflaster geätzt sind. Ein Junge beobachtet das Ganze. Eine der Frauen greift zu ihrer Handtasche, wir wissen nicht, ob sie ein Almosen geben oder sie einfach sicherer packen möchte. Das Sonnenlicht hinter den Frauen kommt nicht von einer, sondern von zwei Stellen. Es wird von der Hausfront reflektiert und wirft eigene Schatten. Zwei ganz verschiedene Realitäten prallen aufeinander.

Auch nachdem wir die Geheimnisse eines Bildes aufgedeckt haben, erleben wir diese Verzögerung und Überraschung jedes Mal aufs Neue. Wie wir schauen, ist so tief in uns verankert, dass es fast unmöglich ist, Dinge nicht so zu sehen, wie wir es tun.

Wie bei einem guten Witz hängt die Pointe von der Vorbereitung ab. Ein cleveres Bild spielt mit den Annahmen der Betrachter und nutzt ihre Erwartungen aus, nur um sie dann umzukehren.

ANGEWANDTE WAHRNEHMUNG

MEISTER AM WERK

Fotografen denken ebenso wenig über Linien, ISO oder Maßstäbe nach wie Sie über Substantive und Verben. Sie sind Meister in der Sprache des Mediums, mit dem sie ihre Geschichten erzählen. Letztlich formen diese Werkzeuge unverwechselbare Porträts der Personen hinter den Kameras. Hier ist ein Blick auf die Werke dreier Künstler, die Fotos für ganz verschiedene Zwecke schaffen.

ELINOR CARUCCI ISRAELIN, LEBT IN NEW YORK, GEB. 1971

Elinor Caruccis Thema waren immer sie selbst und ihre Familie bei den kleinen und großen Herausforderungen, die uns allen vertraut sind. Doch nur wenige haben das menschliche Befinden jemals mit so viel Offenheit und Intimität fotografiert. Heirat. Elternschaft. Ein Schnitt. Die Tränen der Kinder über kleine Dramen wie einen Haarschnitt und der Erwachsenen über riesige wie einen Betrug.

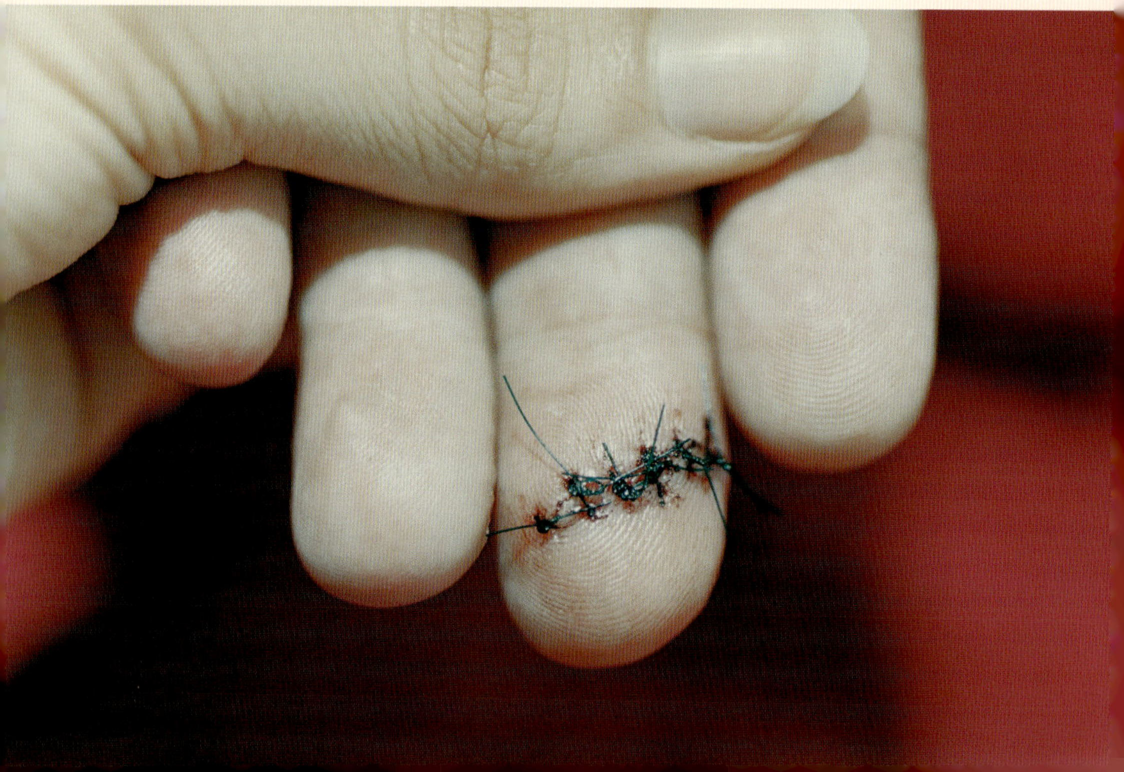

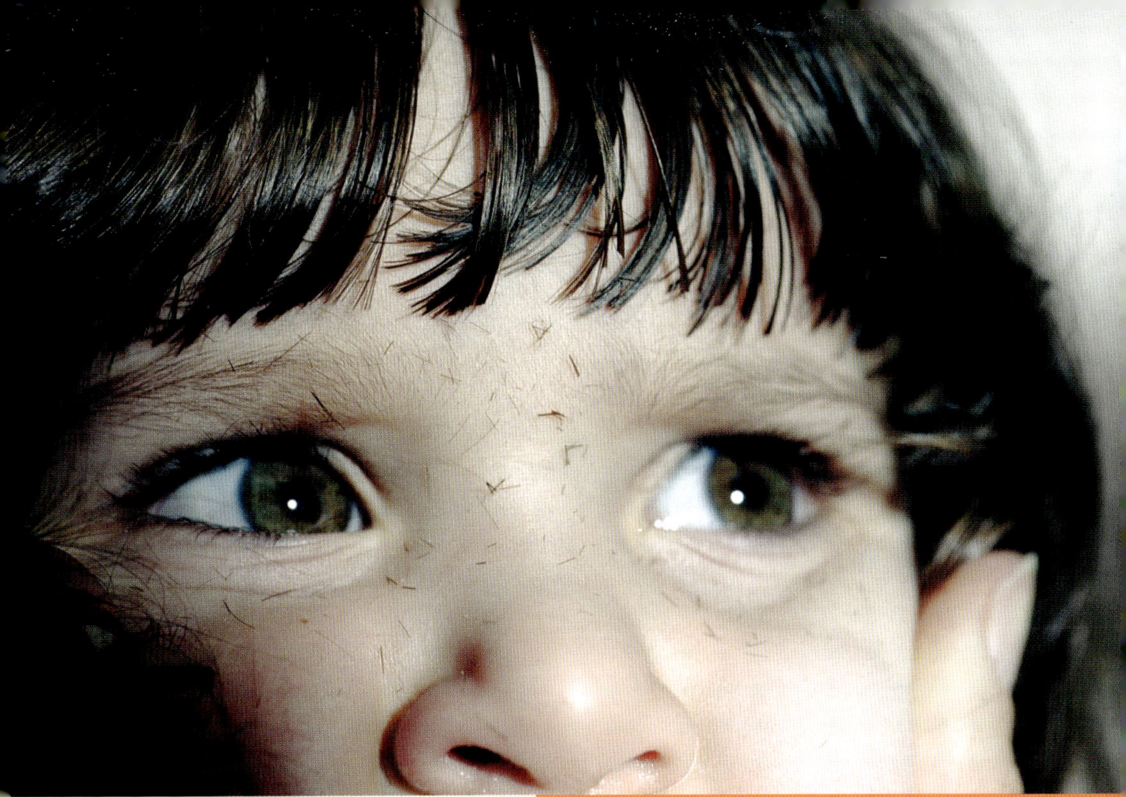

Das Leben hinterlässt Spuren. Immer, wenn wir mit uns im Reinen sind, zeigt es uns unsere Unfähigkeit, Änderungen, auch den Tod, zu kontrollieren. Carucci sieht alles, lässt nichts aus, egal wie schmerzlich. Ihre oft sehr nackte Inszenierung betont unsere Fragilität: Ich war hier. Ich war schön, aber auch voller Fehler. Die Wunder und Schrecken des Lebens haben mich verändert. Sie lässt uns das nicht vergessen.

Emmanuelle beim Haareschneiden, 2007.

Erwachsene, die selbst keine Kinder haben, haben vielleicht schon lange vergessen, wie riesig die banalsten Dramen ihrer Kindheit gewirkt haben. Der erste Schultag. Eine irrationale Schwärmerei. Die Haare geschnitten bekommen. Carucci bringt uns ganz nah heran an die rohen Emotionen dieser Ereignisse in ihrer Familie – manchmal ist es genauso schwierig hinzuschauen wie wegzusehen.

Ich halte Erans verletzte Hand, 1998.

Die grundsätzliche Entscheidung jedes Fotografen lautet »Was soll ich fotografieren?« Überraschend ist, wie weit Menschen gehen, um etwas zu finden, das sie fotografieren können. Eine spektakuläre Landschaft. Ein fremdes Volk. Tragische Ereignisse. Carucci geht nicht weiter als bis zu den Menschen, die ihr am nächsten stehen, und findet in ihren täglichen Kämpfen, Siegen und Leiden die ganze Welt der universellen menschlichen Erfahrungen. Eindringlich hebt sie die Dramen hervor, die die meisten von uns nie fotografieren würden – oder bei denen wir es nicht wagen.

ICH WAR HIER. ICH WAR SCHÖN, ABER AUCH VOLLER FEHLER

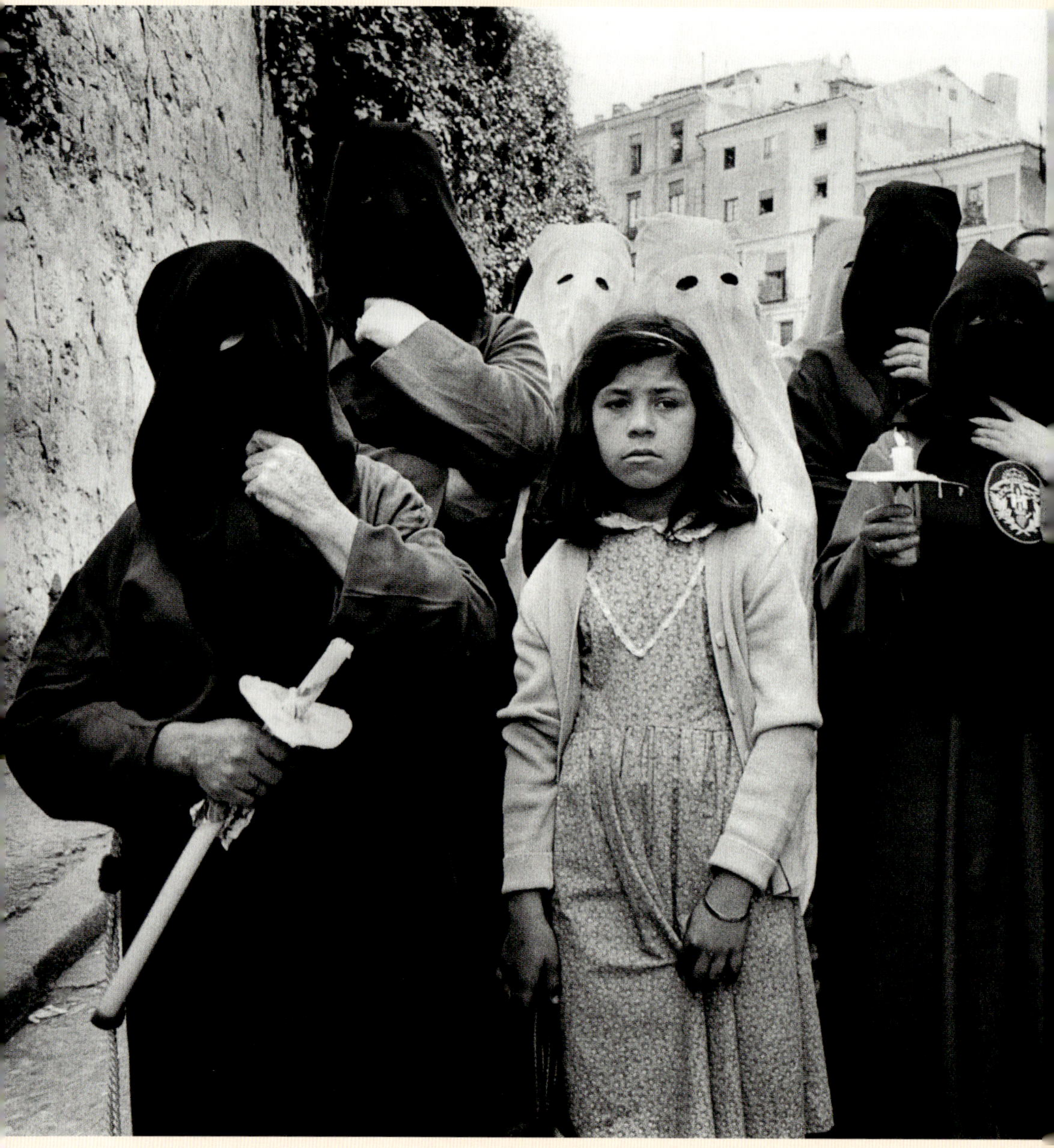

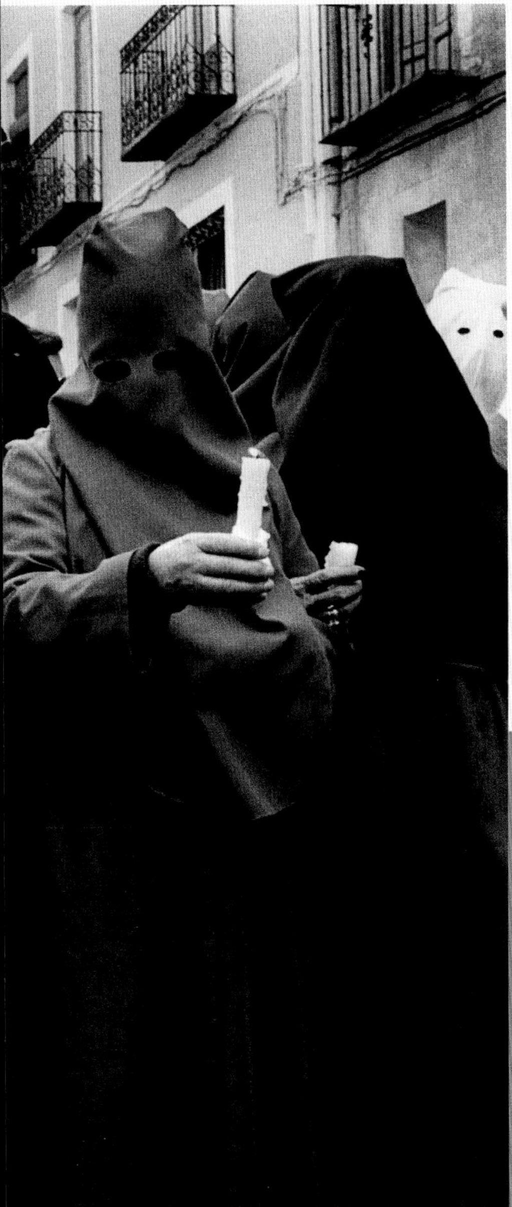

CRISTINA GARCÍA RODERO

SPANIERIN, GEB. 1949

Roderos Werk, das dokumentarischen Charakter aufweist, bleibt den Wurzeln der Fotografie treu: Zeige die Welt ganz ehrlich so, wie sie ist. Ihre Arbeit, ein trockener Katalog der ausgeklügelten religiösen und heidnischen Rituale, mit denen Menschen versuchen, sich zu reinigen oder zufriedenzustellen, zeichnet sich durch urtümliche Elemente aus: Feuer, Wasser, Blut und extreme Emotionen. Dies ist Fotografie als Zeugnis, aktionsgeladene Bilder, die ganze Welten enthalten. Doch die Augenblicke, die sie wählt, formen auch ein ganz spezielles Porträt der Fotografin selbst. Diese Bilder sind keine Werbung für Religionen oder Rituale. Es sind Fragen, keine Antworten.

Spanien. 1982. Cuenca. Das bußfertige Mädchen.

Kinder spielen in Cristina García Roderos Bildern eine herausragende Rolle. Sie starren. Sie weinen. In ihrer Welt ist Magie nicht nur möglich, sondern wahrscheinlich und nicht von Mythen zu unterscheiden. Sie blicken – unzensiert – und wundern sich über das eigenartige Verhalten der Erwachsenen um sie herum.

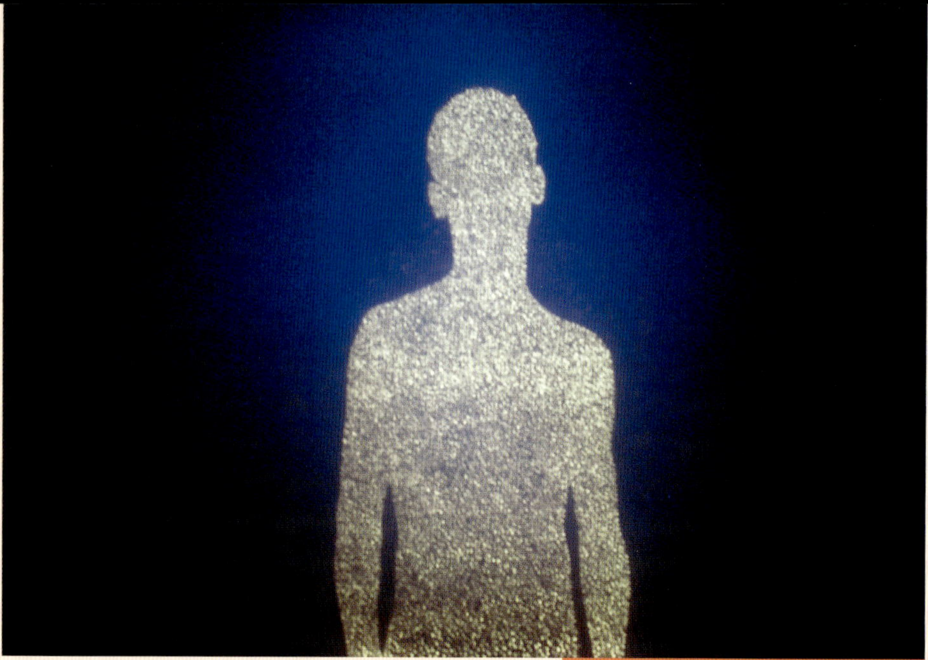

Tetrarch 16.19 Uhr, 23. Januar 2008.

CHRISTOPHER BUCKLOW BRITE, GEB. 1957

In der Ära der allgegenwärtigen Digitalkamera ist es nicht einfach, Bilder zu machen, die nicht wie alle anderen aussehen. Christopher Bucklow hat es jedoch in seiner »Guest«-Serie geschafft – nur mit Sonne, Alufolie und lichtempfindlichem Papier. Eine Kamera als solche wurde nicht benutzt.

Erfolgreiche Kunstwerke verbinden den Inhalt mit einer Form, die perfekt zu den erkundeten Ideen passt. Diese geisterhaften Figuren sind keine Porträts im traditionellen Sinne und dennoch bilden ihre Form und ihr Motiv ein Abbild ihres Schöpfers und seiner Einflüsse als komplexe, vielschichtige, vielleicht unerkennbare Wesen.

Zuerst werden Personen anhand eines einfachen Kriteriums gesucht: Es sind Leute, die in seinen Träumen erschienen sind. Schatten der Figuren werden auf Alufolie nachgezogen, in die dann Zehntausende kleine Löcher gestochen werden. Durch die vielen kleinen Blenden entstehen Darstellungen der Sonne, wenn das Ganze auf das Fotopapier projiziert wird. Das gespenstische und spektrale Wesen der resultierenden Bilder scheint absolut passend zu sein – schließlich haben sie ihren Ausgang in Träumen genommen.

Bucklow bezeichnet diesen Teil seines Werks als Selbstporträts, wodurch er andeutet, dass Menschen, mit Eigenschaften, die wir sowohl bewundern als auch verabscheuen, etwas in uns selbst widerspiegeln. Seine einzigartigen Fotogramme sind im wahrsten Sinne des Wortes ein Porträt des Lichts, durch das wir einander offenbaren. Sie spielen außerdem auf die Art genialer Energie hin, durch die alle Materie gemacht wurde und zu uns wurde – ein Vorgang, der so mysteriös ist, wie wir zueinander und vielleicht sogar zu uns selbst sind.

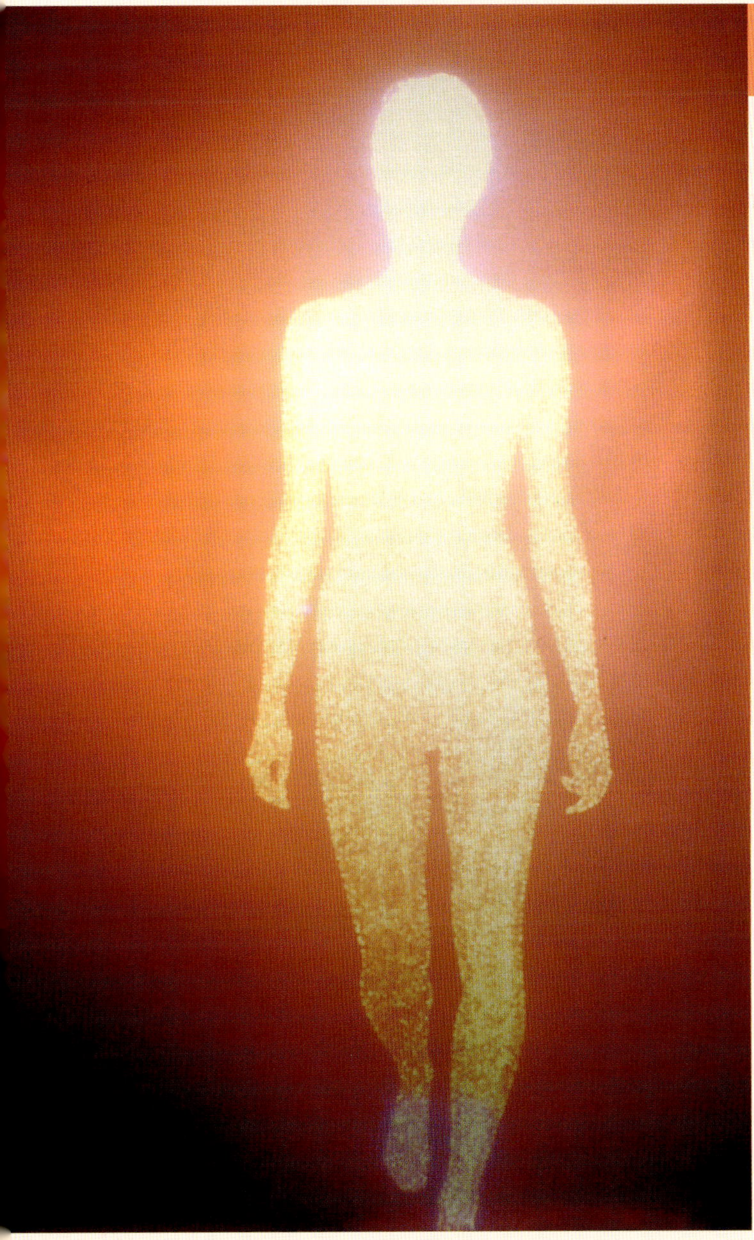

Tetrarch 14.29 Uhr, 23. Januar 2008.

3

WIE WIR DENKEN

FOTOS ENTZIFFERN

THEORY OF MIND

Ich schrieb bereits, dass Kameras keine Gedanken aufzeichnen, nur Licht. Obwohl das auf einer mechanischen Ebene stimmt, ist die Fähigkeit, erraten zu können, was andere denken, und zu verstehen, dass ihre Gedanken sich von unseren unterscheiden, einer der wundersamen Aspekte des menschlichen Wesens. Psychologen nennen dies »Theory of Mind«. Täglich spielen wir dieses Spiel, im Beruf, in Beziehungen: Wie können wir andere Menschen zufriedenstellen (oder ärgern). Wir lieben es, herauszubekommen, »was wirklich los ist«, uns die Gedanken des Fotografen und der Fotografierten vorzustellen.

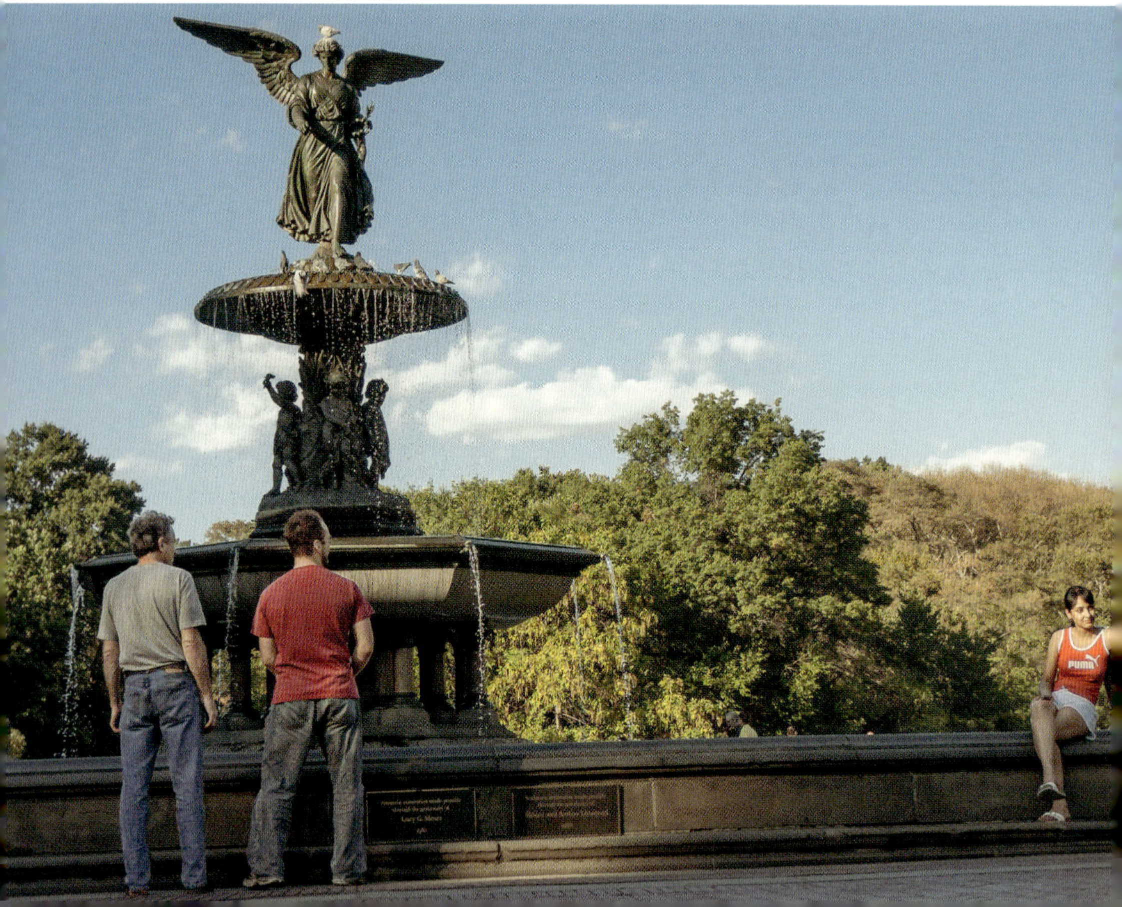

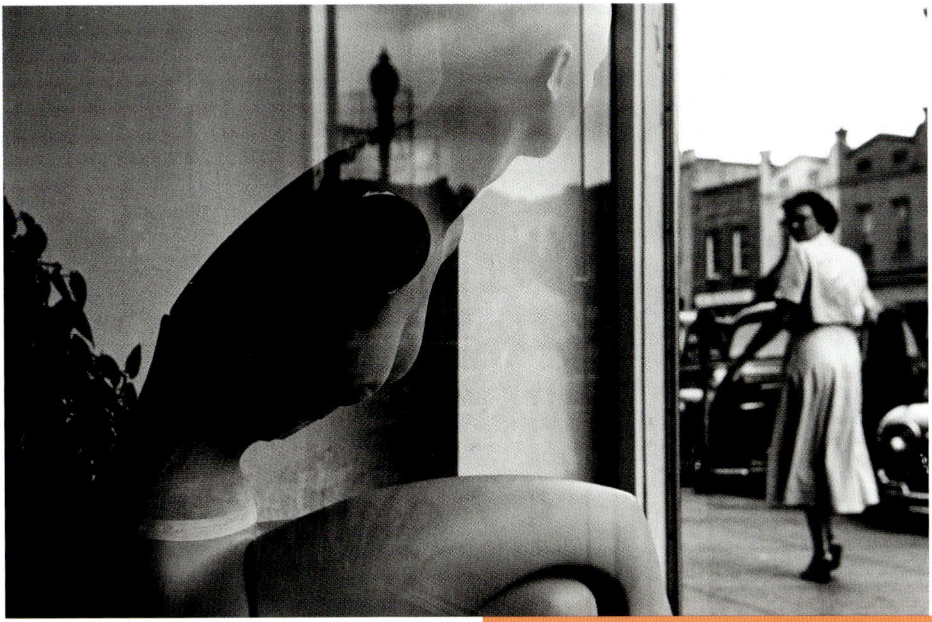

Wilmington, North Carolina, 1950, Elliott Erwitt.

GAZE-FOLLOWING

Subtile Körpersprache deutet – auch ohne Bewegung – Gedanken an. Bereits als Kinder erkennen wir erstaunlich schnell, wenn jemand nicht nur in eine bestimmte Richtung schaut, sondern aufmerksam *auf* etwas blickt (statt z.B. einfach nur sinnierend ins Leere zu starren). Dies wird als Gaze-Following bezeichnet.

Wenn wir z.B. bemerken, dass diese beiden Männer damit beschäftigt sind, die junge Frau anzuschauen (links), dann folgen wir ihrem Blick zum Objekt ihrer Aufmerksamkeit und stellen uns vor, was sie denken. Wir überlegen uns vielleicht sogar, dass der Engel, der auf sie herabblickt, ein Urteil über die Männer fällt, die in den Central Park gekommen sind, um sie, diese berühmte Statue zu sehen, deren Aufmerksamkeit aber abgedriftet ist. Wir folgen den Blicken von allem, was annähernd menschlich wirkt, wie das Mannequin oben in Elliott Erwitts raffiniertem Beispiel, das vorwurfsvoll der Frau hinterherzustarren scheint, die aussieht, als hätte sie sich mit dessen Armen und Kleidung aus dem Staub gemacht.

Auf unserer Gedankenleserei basieren auch die meisten Missverständnisse. Wir raten oft falsch, weil wir annehmen, dass andere genauso denken wie wir. Wenn wir Fotos anschauen und erkennen, dass es ganz verschiedene Möglichkeiten gibt, die Welt zu sehen, bereichern wir unser Leben und erweitern unsere Perspektive.

SPIEGELN: KUNST ALS SELBSTPORTRÄT

Ob wir uns nun vorstellen, was ein Fotograf gedacht haben könnte, oder nicht – Kunst hat die großartige Eigenschaft, ihren Schöpfern und Betrachtern zur Selbsterkenntnis zu verhelfen. Vielleicht glauben Sie nicht, dass ein Fotograf von seinen eigenen Bildern überrascht sein könnte, doch ich behaupte hier, dass das meiste, was in unseren Gehirnen vor sich geht, für unser Bewusstsein unzugänglich ist.

Fotos können prägende Erfahrungen enthüllen, die einen Fotografen auf eine Art beeinflussen, die er unterschätzt oder die ihm nicht bewusst ist. Der Künstler James Fee schrieb seine stets dunklen, grüblerischen Bilder zunächst der Ernüchterung über das gebrochene Versprechen des amerikanischen Traums zu. Als er einige seiner Ansichten darauf zurückführte, in seiner Kindheit von den Erlebnissen seines Vaters in einer grausamen, langwierigen Schlacht auf der kleinen Pazifik-Insel Peleliu erfahren zu haben, die diesen bis zu seinem Selbstmord im Jahre 1972 belasteten, bemerkte er, dass das Unterbewusstsein sehr tief reicht und wir uns immer daran erinnern, was wir als Kinder gesehen haben.

DENKEN IST DER FEIND DER ORIGINALITÄT IN DER KUNST

MARTIN RITT

Das Gehirn schützt uns vor schmerzhaften Erlebnissen, indem es Erinnerungen im Unterbewusstsein vergräbt. Daher überrascht es nicht, dass Künstler nicht immer wissen, wonach sie suchen, wenn sie bewusst darüber nachdenken. Die Bilder selbst weisen den Weg.

DEN BETRACHTER WIDERSPIEGELN

Wenn Zuschauer schauen, dann interpretieren sie. Sie konstruieren eine Bedeutung. Ihre Schlüsse werden durch ihre unbewussten Überzeugungen gefiltert. Die Tatsache, dass dasselbe Foto unterschiedlich interpretiert wird, sagt etwas über die Rolle des Zuschauers aus. Wie Sie Hans Palmbooms Bild eines widerstrebenden Windhunds interpretieren, hängt zweifellos davon ab, was Sie von der Autonomie von Hunden und unserer Beziehung zu ihnen halten.

Ein gewisser Grad an Mehrdeutigkeit und provokative Fragen statt eindeutiger Antworten bieten dem Betrachter die Freiheit, seine eigenen Schlüsse zu ziehen und zur Erkenntnis über sich selbst zu gelangen. Ein bleibendes Bild überdauert seinen Schöpfer.

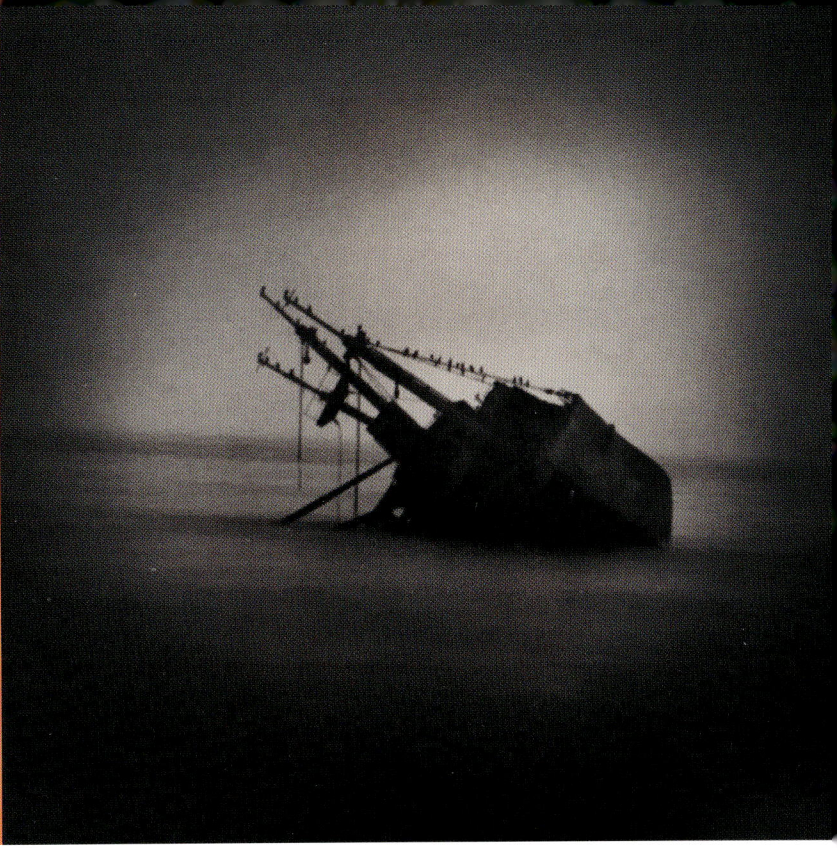

Nachtfrachter, Baja, New Mexico.

James Fees unverwechselbar dunkle, oft gebrochene Bilder stehen sinnbildlich für eine gemeinsame Erfahrung der Künstler. Hochgradig persönlich in ihrer Darstellung von amerikanischen Ikonen in Trümmern führten sie ihn auf eine Reise in Eindrücke aus seiner eigenen Kindheit, die er durch seinen eigenen Vater erhalten und unbewusst unterdrückt hatte, nur damit sie Jahrzehnte später durch seine Werke wieder zutage treten.

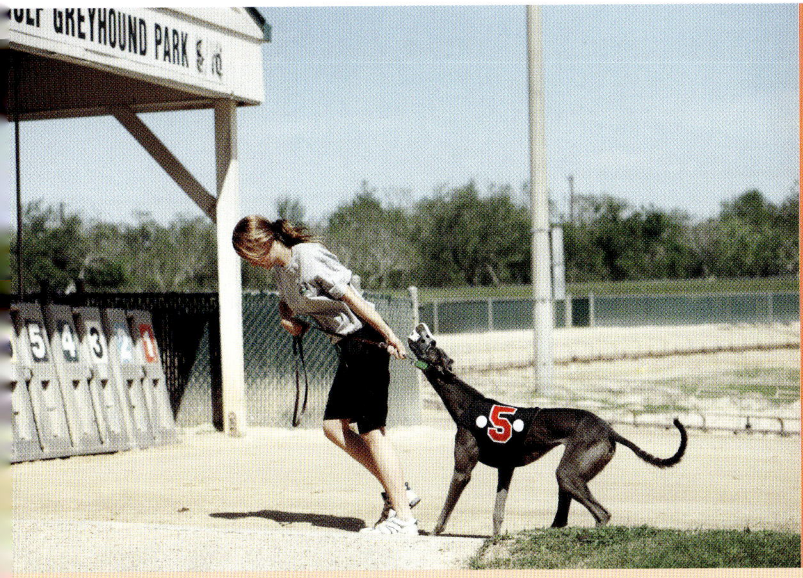

Mädchen, das im Gulf Greyhound Racing Park, Texas einen Windhund an der Leine zieht.

Ein Markenzeichen wirksamer Bilder ist, dass sie eine Geschichte andeuten, ohne endgültige Erklärungen zu bieten. Lässt man Raum für erzählerische und emotionale Mehrdeutigkeit, lädt man die Betrachter ein, eine eigene Interpretation zu finden, die ihre Erfahrungen mit dem Inhalt des Bildes kombiniert, sie widerspiegelt und sich mit ihnen als Person ändert.

AUSLASSUNG & FANTASIE

IM BILD UND AUSSERHALB

Es lässt sich schwer schätzen, doch es gibt nur zwei Autoren fiktionaler Werke, deren Buchverkäufe in die Milliarden gehen: Agatha Christie und William Shakespeare. Shakespeares Genius macht ihn zur Pflichtlektüre für die meisten Englischstudenten, doch was ist so faszinierend an Christies Detektivgeschichten?

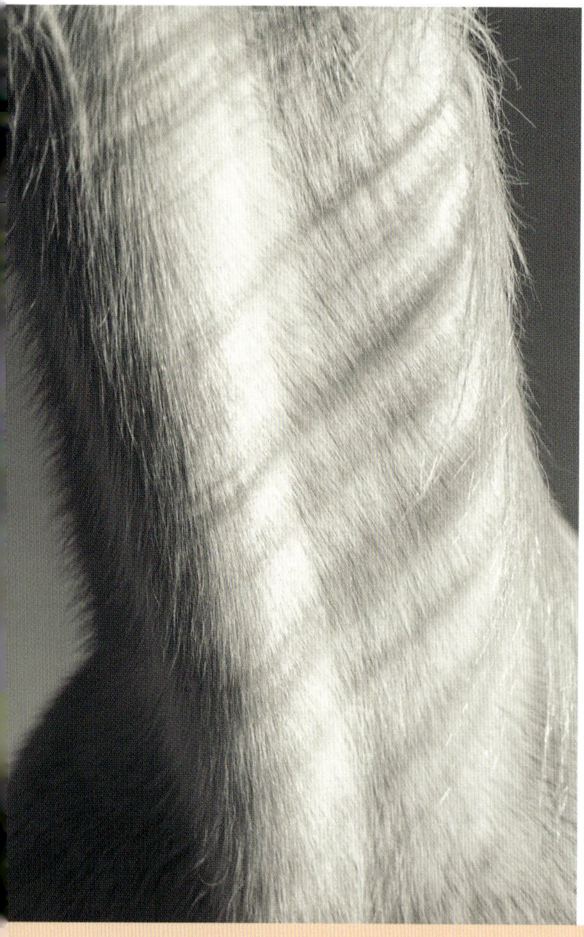

Kurzum, wir lieben Mysterien. Wir lieben es, Hinweise zusammenzusetzen, zu raten, was wirklich los ist, und überrascht zu werden. Jeder Autor wird Ihnen sagen, dass es für Leser viel ansprechender ist, wenn man sie zum Denken, Analysieren und Raten anregt, als wenn man ihnen alles fertig vorsetzt.

Dennoch überschütten viele Fotografen ihre Zuschauer mit Bildern, in denen alles mit maximaler Klarheit, Schärfe, Kontrast, Farbe und Aufmerksamkeit dargestellt wird. Nichts wird der Vorstellung überlassen. Digitale Bearbeitungssoftware ermöglicht heutzutage Manipulationen nach der Belichtung, die zweifellos die Versuchung erhöhen, nach dem »perfekten« Bild zu streben.

Eine der überraschendsten und hintergründigsten Methoden für ein lohnenswertes Seherlebnis ist die Auslassung. Wenn etwas angedeutet, aber nur vage oder gar nicht gezeigt wird, wird die Fantasie des Betrachters angeregt. Und kein Werkzeug in der Trickkiste eines Fotografen ist so mächtig.

Es ist erstaunlich, wie selbst vertraute Motive überraschen können, wenn man einfach wesentliche Elemente weglässt, wie ich es bei diesem Bild eines Pferdehalses versucht habe.

Der ungarische Meister André Kertész fasziniert uns, indem er uns eine klare Darstellung seines menschlichen Motivs vorenthält, etwas, das der neugierige, aufs Überleben bedachte Teil unseres Selbst liebend gern identifizieren würde. Durch das Verschleiern der Identität oder sogar des Geschlechts des Balkonguckers ist der Zuschauer gezwungen, sich vorzustellen, was das Foto zu zeigen sich weigert. Ermuntert man die aktive Vorstellungskraft des Betrachters, wird man mit einer genauen und länger anhaltenden Prüfung des Bildes belohnt, was das Seherlebnis vertieft.

Balkon, Martinique, Januar 1972.

Wer steht hinter der Milchglasscheibe und was denkt diese Person? Können wir uns sicher sein, welches Geschlecht sie hat? Wohin schaut sie? Kertész' Meisterwerk wirft mehr Fragen auf, als es beantwortet, und verdeutlicht auf einzigartige Weise, wie Zurückhaltung uns dazu anregt, nachzudenken und länger hinzuschauen als bei Bildern, die nichts dem Zufall und der Fantasie überlassen.

EINE 3D-WELT AUS 2D-BILDERN KONSTRUIEREN

Auf unserem Planeten kommt das Licht meist irgendwo von oben aus einer einzigen Quelle und wirft Schatten, die an klaren Tagen scharf und hart und an wolkigen Tagen gestreut und weich sind. Wir haben keine Erfahrung mit dem Leben auf Planeten, auf denen mehrere Sterne nahe genug sind, um Schatten zu werfen. Unsere Vorstellung von »normal« ist einfach ein Produkt unserer Umstände, das, womit wir vertraut sind.

Horrorfilme nutzen aus, dass Unvertrautes uns Unbehagen bereitet, indem sie Gesichter von unten anleuchten. Käme das Licht auf unserem Planeten von unten, würden sie Licht von oben nehmen, um uns zu ängstigen.

Lichter und Schatten helfen unserem Gehirn, die Konturen selbst unvertrauter Objekte zu

Mit diesem Porträt meiner Schülerin Misha möchte ich das klassische Vorgehen beim Ausleuchten eines Gesichts demonstrieren: Zwei Lichtquellen im Winkel von ~45° im Wechsel mit Schatten, um die dreidimensionale Form zu unterstreichen und das Gesicht gleichzeitig schmeichelhaft schmaler zu machen.

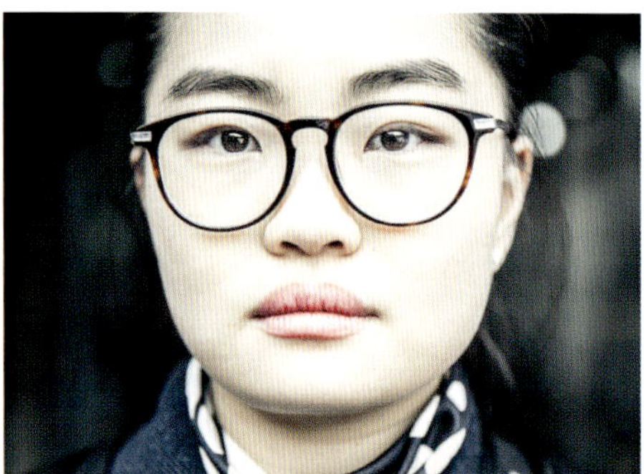

Ich nutzte das weiche Licht eines bedeckten Tages für dieses Porträt meiner Schülerin Meng Meng im flachen, illustrativen, kontraststarken 2D-Stil, der die Form ihres Gesichts breiter erscheinen lässt. Das Licht ist fast richtungslos; nur die weichen Schatten unter Nase, Lippen und Kinn deuten auf die Lichtquelle hin.

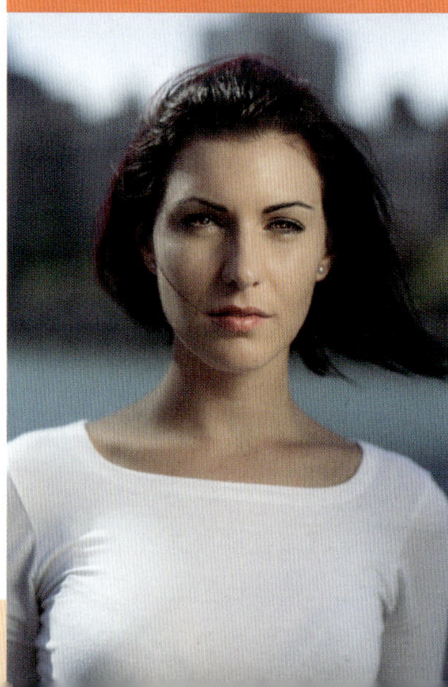

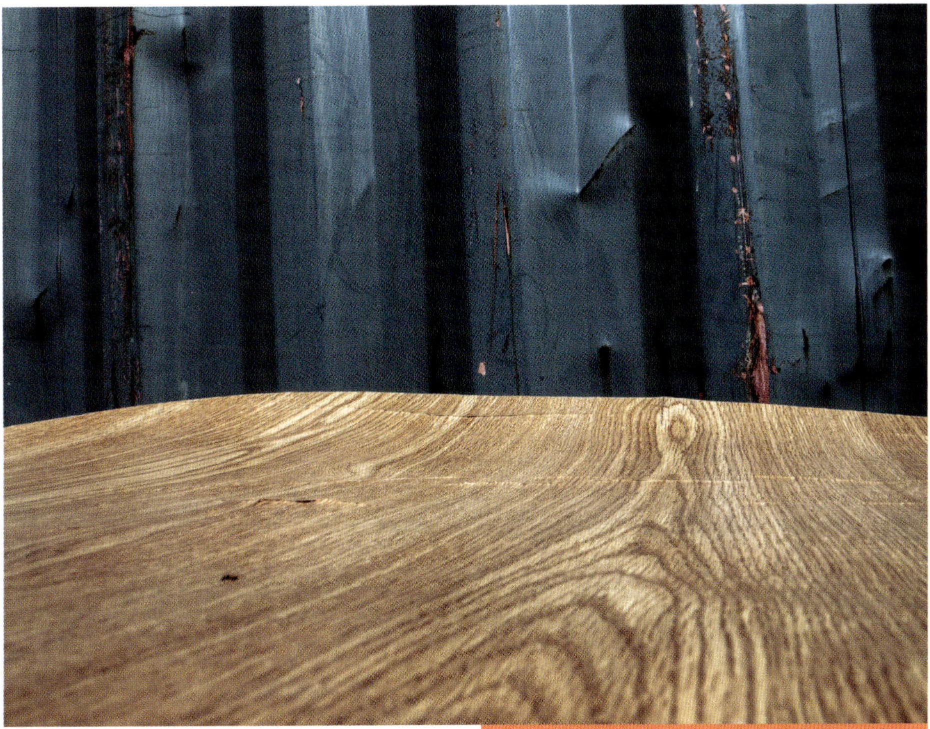

Transportcontainer und Resopaltisch.

James Simpson hat eine Vorliebe für einfache, große Formen und legt enormen Nachdruck auf Flachheit. Da er allen Bereichen den gleichen Stellenwert zumisst, erreicht er eine Balance zwischen den Farben, Texturen und Mustern und lädt uns ein, sie miteinander zu vergleichen.

ermitteln. Wird eine helle Oberfläche dunkel, schließen wir daraus, dass die Oberfläche weg vom Licht weist. Sogar beim Betrachten eines flachen, zweidimensionalen Fotos können wir feststellen, welche Oberflächen normalerweise eben sind und welche sich biegen.

Fotos können Licht und Schatten abwechseln, um das Dreidimensionale zu unterstreichen, wie bei diesem Porträt von Misha (links). Ein minimierter Tonwertbereich erzeugt Flachheit – dazu habe ich Meng Meng mit weichem Licht von vorn beleuchtet (ganz links).

Künstler James Simpson enthüllt den Einfluss von Collagen auf sein Schaffen durch seine Betonung der Zweidimensionalität – mit einer enormen Tiefenschärfe und durch weiches Licht komprimiert er den Raum und lässt ihn flacher aussehen.

Draußen vermitteln Hinweise auf die Tiefe ein Gefühl von Weite und Größe. Entfernte Objekte nehmen Farbe und Tönung der Atmosphäre an. Dies wird dann am deutlichsten, wenn die Luft feucht, dunstig oder verschmutzt ist.

EXPERTEN-KOMMENTAR

JULIE GRAHAME, KURATORIN

Die Kuratorin Julie Grahame ist bekannt für ihren Verstand, ihre Leidenschaft sowie ihren ausgezeichneten Geschmack. Sie gilt als scharfe Verfechterin narrativ und konzeptionell starker Inhalte sowie einer ansprechenden Präsentation und ihre Website aCurator.com ist eine Goldmine der unterschätzten zeitgenössischen Fotografie.

Kleinstadt: Tilney1: die Pornografie der Verzweiflung und die Ideen der Referenz, 2012.

J. A. Mortram verwandelte seine Sorge um seine behinderte Mutter in ein Zehnjahresprojekt und verbrachte unzählige Stunden mit Menschen an den Rändern der britischen Gesellschaft. Mit Empathie, Menschlichkeit und einem Stil in der Tradition der gesellschaftlich bewussten Dokumentarfotografie führt uns sein Projekt »Small Town Inertia« in unmittelbare Nähe von Menschen, deren Leiden oft mit Missdeutung und Isolation einhergeht.

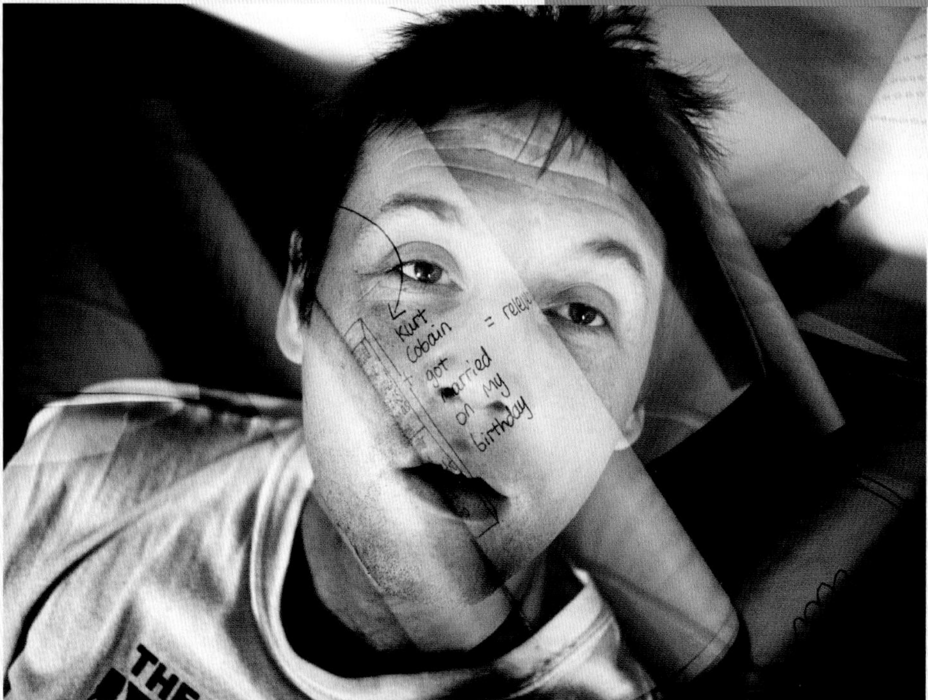

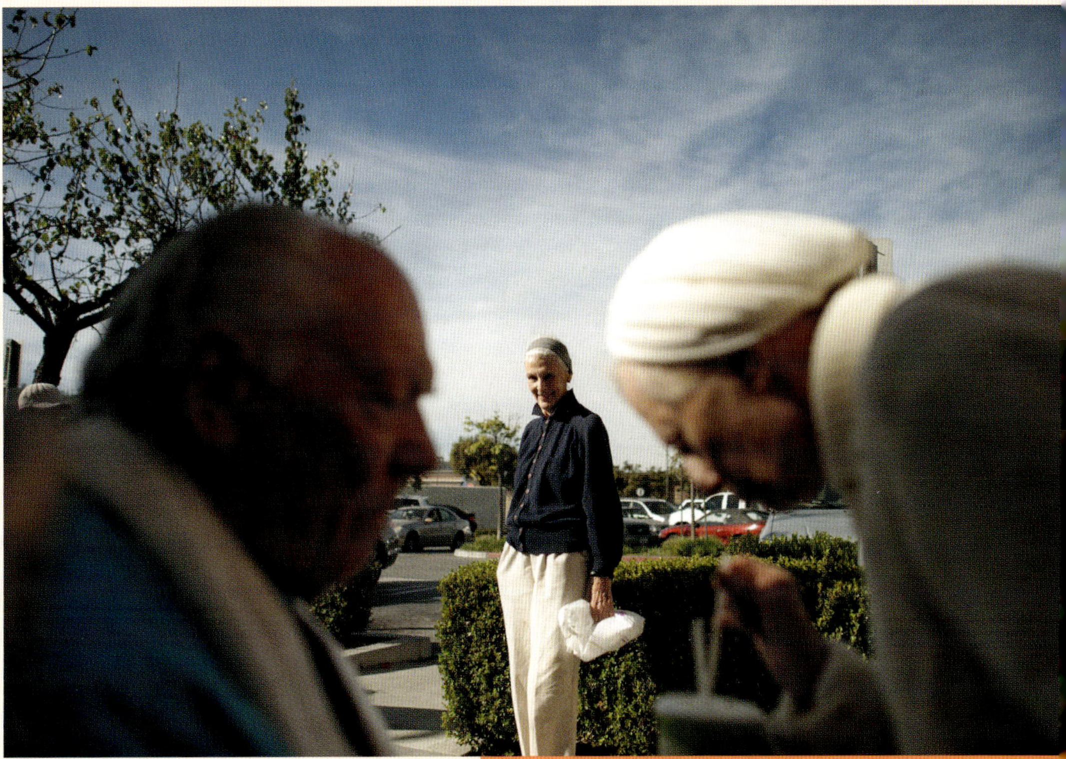

Aus der Serie *Die Drei.*

Die Dokumentarfotografin Isadora Kosofsky erfüllt die höchsten Kriterien eines Dokumentarprojekts: Sie zeigt uns die intimsten und persönlichsten Augenblicke im Leben der Fotografierten – in diesem Fall eine Liebesbeziehung zwischen drei Leuten in ihren 80ern und 90ern –, während sie gleichzeitig das universelle Streben nach Liebe, Verständnis und Gemeinschaft enthüllt.

»Ich hatte nie das Gefühl, es sei mein Job, die Öffentlichkeit in irgendetwas zu unterrichten. Ich denke, Leute, die daran interessiert sind, etwas zu lernen und Bilder besser zu verstehen, werden das schon machen. Ich sitze hier und denke über Leute wie Richard Prince nach oder zum Beispiel die Serie von Sandro Miller, bei der er mit John Malkovich einige der berühmtesten Fotos der Welt nachgestellt hat. Ich verstehe Geschmack nicht, ich verstehe nicht, was Menschen dazu bringt, Dinge zu kaufen, und ich habe aufgegeben, es zu versuchen.

Ich möchte nur tolle Arbeiten veröffentlichen. Ich denke, als Kuratorin ist es nicht meine Aufgabe, viel Zeug herauszubringen. Jeder muss stark sein, und ich freue mich jedes Mal, wenn ich etwas veröffentliche, wirklich. Ich denke, das ist wie Tag und Nacht, großartige Arbeit vs. Arbeit, die ganz okay ist.

DU MUSST EINIGE ERFAHRUNGEN IM LEBEN GEMACHT HABEN, DAMIT DU ETWAS RELEVANTES ZU SAGEN HAST

Ich suche nach Fotografie, die etwas aussagt. Ich möchte, dass etwas eine Botschaft hat, sei es dokumentarisch, persönlich, selbstreflektierend, kathartisch. Einer meiner Lieblingsmenschen ist momentan ein Fotograf [James A. Mortram], der nie weiter als zwei Meilen von zu Hause weggekommen ist und mit Leuten arbeitet, die am Rande der Gesellschaft leben. Der Fotograf selbst hat nichts, keinen Penny, und er ist daran interessiert, anderen Leuten zu helfen, von denen er das Gefühl hat, dass sie noch weniger haben als er. Und seine Arbeiten sind absolut unglaublich. Seine Bilder ragen aus fast allem heraus, was ich ständig so sehe. Und ohne Ausnahme können die Leute sehen, wie relevant und wichtig und gut ausgeführt seine Fotografien und Geschichten sind.

David zu Hause, Anfang 2013 (aus der Serie *Kleinstadt: David: Der lange Abschied*).

J. A. Mortrams Fotografie-Blog über ausgegrenzte Menschen in seinem Heimatstädtchen Dereham und den Missbrauch und Hohn, den sie täglich erleben, hat viel mehr als nur die Fans der dokumentarischen Fotografie beeinflusst. Seine Geduld und Hartnäckigkeit haben wirkliche gesellschaftliche Änderungen bewirkt.

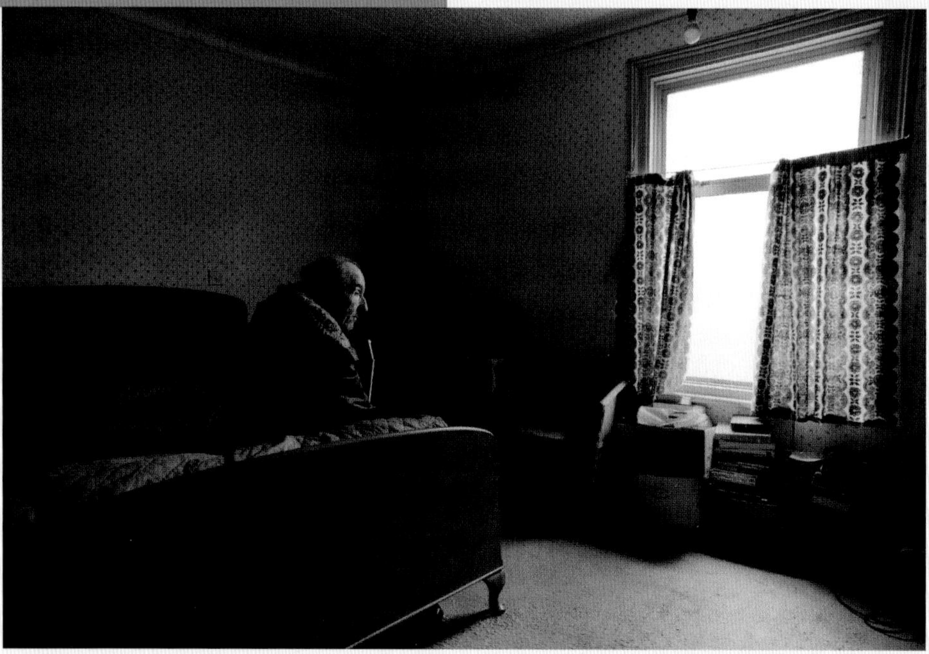

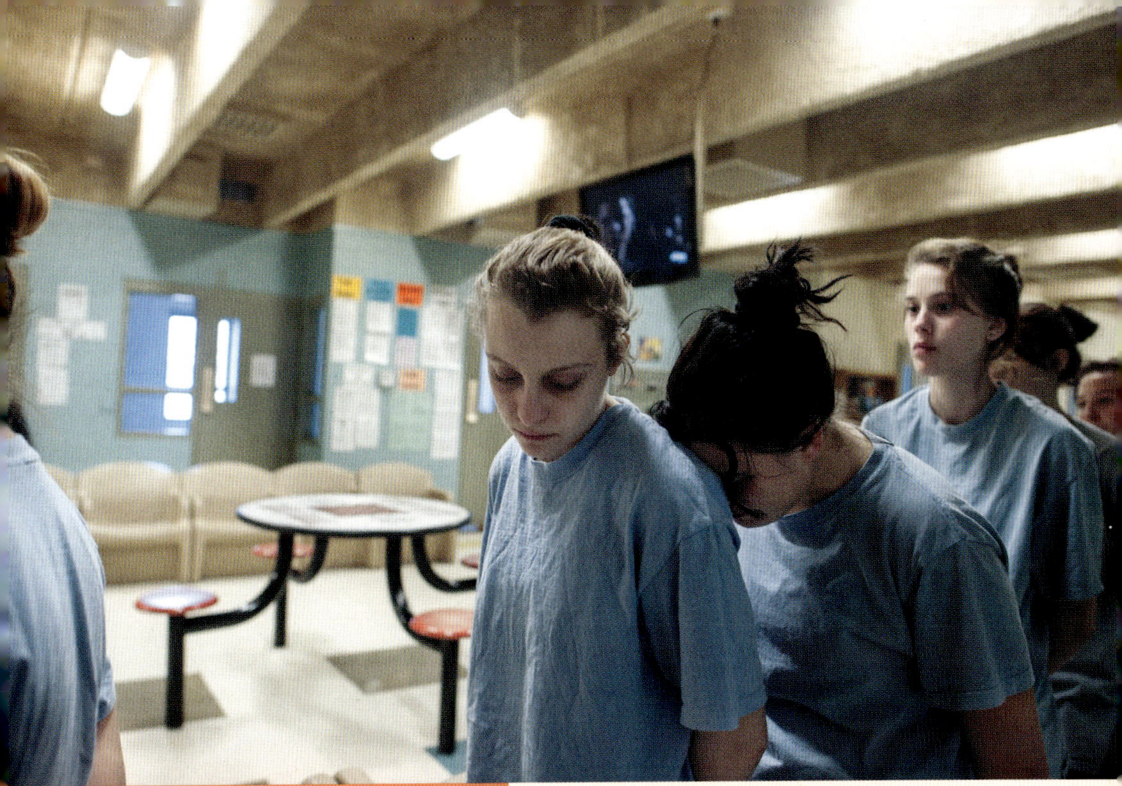

Aus der Serie *Alysia*.

Isadora Kosofsky interessiert sich intensiv für Menschen, die unter ungewöhnlichen Umständen die Liebe suchen. Dieses Bild ist aus einer Serie, die einer jungen Frau aus New Mexico folgt – durch ihre Zeit im Gefängnis mit 16 sowie die spätere Ehe und Mutterschaft.

Ich habe 18-Jährige veröffentlicht, ich habe 70-Jährige veröffentlicht, Profis, Amateure. Es ist mir egal, wer sie sind. Die Bilder sollen eine Geschichte erzählen. Nur selten bringe ich ungleichartige Bilder von einem Fotografen; es muss eine Geschichte dranhängen. Features sind geschlossen, aber die Bilder können auch allein wirken, und die saubere, elegante Plattform eines Kurators unterstützt dies. Das schreckt den Betrachter nicht ab. Ich möchte wirklich entweder jemandem in die Eier treten oder ihr Herz ergreifen. Aber es muss nicht alles eine seriöse Botschaft haben, auf keinen Fall. Ich möchte manchmal auch verschnaufen und in dem Magazin auf eine Reise gehen.

Ich sehe so viel Langweiliges! Und das wird veröffentlicht und gelobt und das kotzt mich an. Es gibt eine Menge Spekulationen über Dinge wie Instagram und andere Plattformen, ob Leute wie ich überhaupt die Zeit haben, sich das anzuschauen und zu sagen 'Huh, ja, das ist interessant.' Es ist mir völlig schnuppe.

Ich glaube immer noch, dass nur einer von vielen Hundert Fotografen wirklich, wirklich, wirklich gut ist. Ich habe keine Ahnung, wie sie das machen. Du musst einige Erfahrungen im Leben gemacht haben, damit du etwas Relevantes zu sagen hast.«

DER SCHOCK DES BEKANNTEN

SCHÖNHEIT & AUFMERKSAMKEIT

Schöne Motive – Blumen, Sonnenuntergänge, Kätzchen, Models – gehören zu den am meisten fotografierten Bildern im Kanon. Sie sind in den sozialen Medien, auf Postkarten, Postern und Kaffeetassen zu finden. Wir lieben sie, und warum auch nicht? Sie sind nicht dazu gedacht, an Museumswänden zu hängen, ihre Funktion ist einfach. Da gibt es nichts zu enthüllen. Sie bekräftigen lediglich, worüber wir uns alle einig sind, obwohl ich befürchte, dass das alte Katzen-gegen-Hunde-Dilemma nie gelöst wird.

ZEIT & AUFMERKSAMKEIT

Trotz des steten Flusses der Zeit ist unsere Wahrnehmung von ihrem Ablauf elastisch. Dies liegt daran, wie neue Erlebnisse das Gehirn anregen, aufmerksamer zu sein, ein hohes Maß an Details aufzunehmen, zu lernen. Jahre voller neuer Erfahrungen scheinen länger zu dauern, weil wir reiche, umfangreiche Erinnerungen an sie haben, statt nur eines unscharfen Haufens unauffälliger, vertrauter Ereignisse.

Es überrascht angesichts der Pflichten des Erwachsenendaseins sicher nicht, dass die Freude, die wir als Kinder über jedes neue Erlebnis empfanden, einer praktischeren Lebensweise gewichen ist. Wenn wir älter werden, achten wir weniger auf die wachsende Liste der Erfahrungen, die wir bereits gemacht haben. Dennoch glauben wir, dass wir immer noch so aufmerksam sind, auch wenn wir immer weniger sehen.

Diese Annahme, gekoppelt mit einem Mangel an genauer Wahrnehmung führt dazu, dass wir nicht von Schönem oder Neuem am meisten überrascht werden, das wir ohnehin mehr beachten, sondern von normalen Alltagsdingen. Wir übersehen sie einfach. Warum besonders auf etwas achten, das wir zu kennen glauben?

Hier ist eine absolut normale »Sache«, die mich fasziniert hat: eine einsame Tür in einer scheinbar endlosen Wand neben einem verlassenen Parkplatz. Ich habe keine Ahnung, was hinter der Tür ist oder wieso der Schatten eines Zaunes in sie eingebrannt zu sein scheint. Es ist eine seltsame Begrenzung, die mich angeregt hat, nach weiteren zu suchen. Mir gefallen die Fragen, die das aufwirft, mehr, als Ihnen zu sagen, was Sie bereits wissen: dass Sonnenuntergänge schön sind, zum Beispiel.

Es ist nicht leicht, ein überraschendes Bild einer Blume aufzunehmen. In gewisser Weise ist sie bereits perfekt und auch schon erschöpfend von vielen anderen untersucht, gemalt und fotografiert worden. Wenn Sie Ihren Betrachter wirklich schockieren wollen, bieten sie ihm einen frischen Blick auf ein Objekt, an dem er jeden Tag vorbeigeht. Vermutlich hat er es noch nie wirklich erfasst.

DAS WAHRE MYSTERIUM DER WELT IST DAS SICHTBARE, NICHT DAS UNSICHTBARE

OSCAR WILDE

Wenn Sie beginnen, auf kleine Details zu achten, zeigen sie sich plötzlich überall. Sie fragen sich, wie Sie sie verpassen konnten. Das Leben präsentiert uns unendliche Ebenen an Komplexität und führt uns zu faszinierenden Geschichten hinter dem Ordinären. Wenn wir bemerken, welche uns besonders ansprechen, bringen sie uns zurück zu unseren persönlichsten und beständigsten Themen.

ES IST KLASSISCH, ABSOLUT BEFRIEDIGEND – EINE PAPRIKA, ABER MEHR ALS EINE PAPRIKA: ABSTRAKT, IN DER BEZIEHUNG, DASS SIE VÖLLIG AUSSERHALB DER THEMATIK LIEGT

EDWARD WESTON ÜBER SEIN BILD PEPPER #30

In diesem Bild aus Detroit sah ich vermutlich die schwierige Vergangenheit der Stadt, die sich im bröckelnden Asphalt und dem bedrohlichen Licht widerspiegelte. Ich hatte aber auch das Gefühl, dass immer irgendwo am Rande – oder hinter der Tür – die Hoffnung auf Veränderung lungerte wie der Geist des Zaunfeldes auf der Tür.

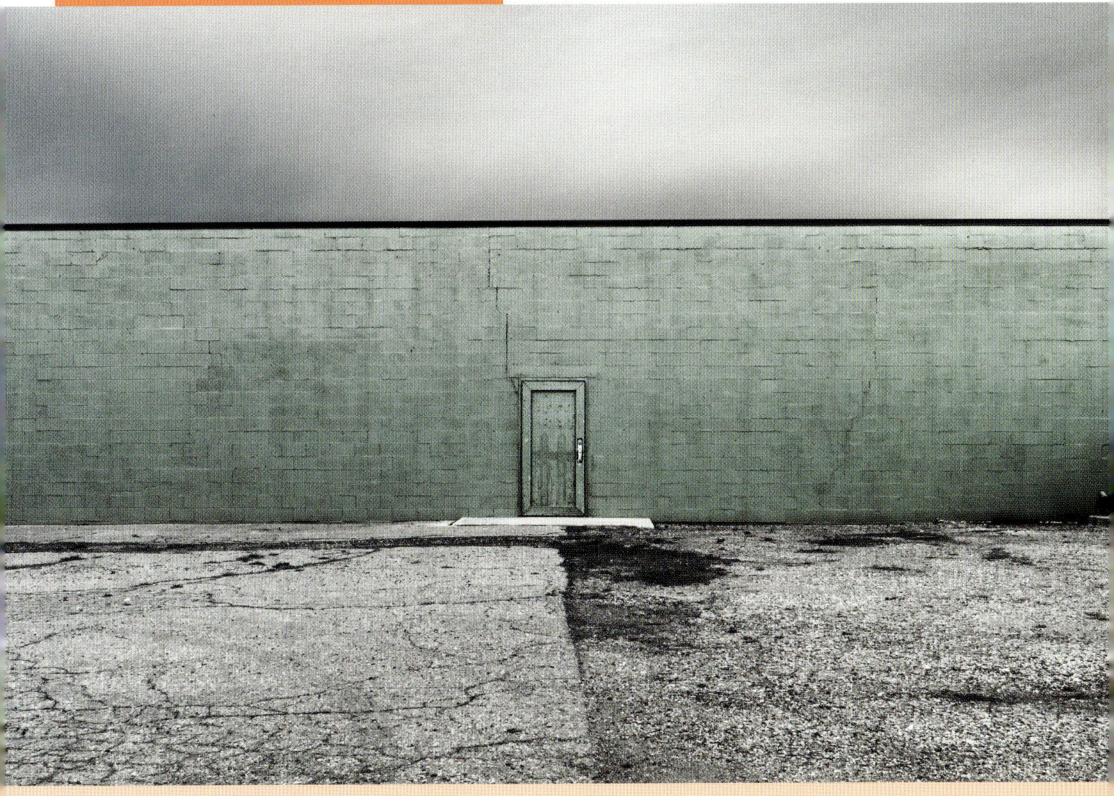

FLUCHTPUNKT & BLICKWINKEL

Fotografen lernen, Elemente im Bild sorgfältig anzuordnen. Wo sie ihre Kameras positionieren, kann ebenso viel über ihre Idee aussagen wie ihre Wahl des Inhalts.

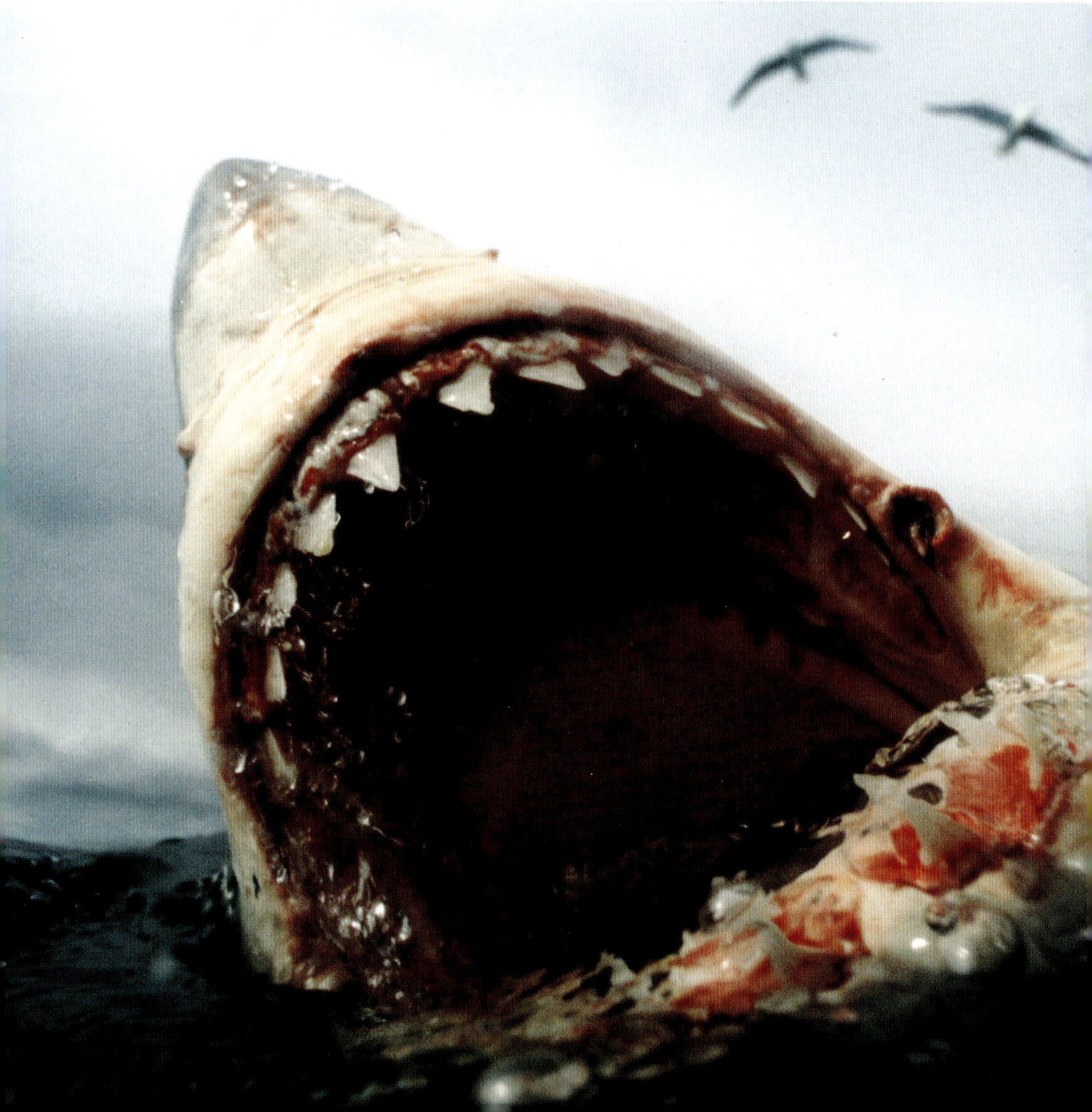

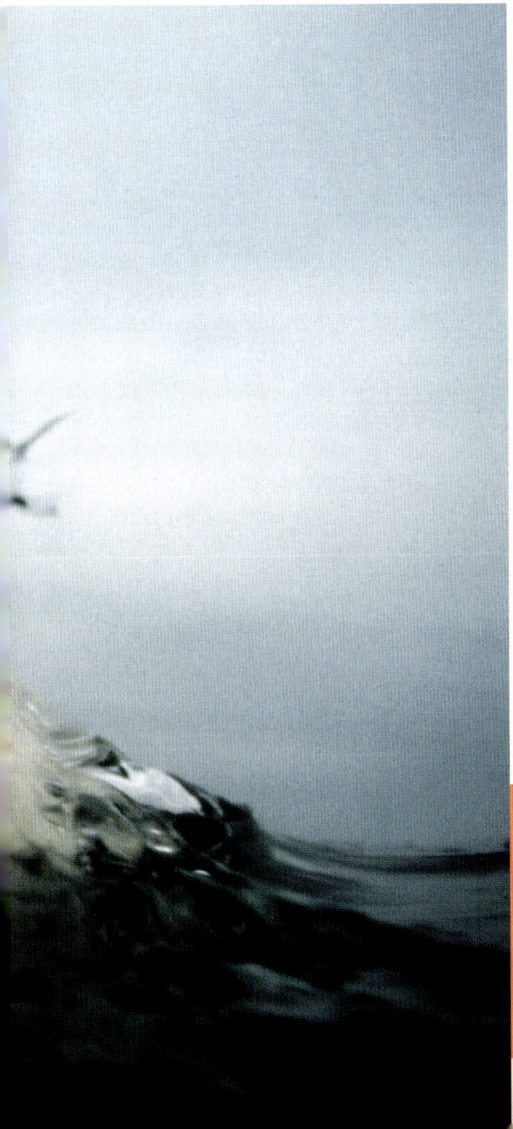

Passen Sie auf und Sie werden bemerken, dass die meisten Fotos von dort aus gemacht wurden, wo der Fotograf zu dieser Zeit gerade stand. Ungewöhnliche Blickwinkel bilden daher eines der einfachsten Mittel, um sich über Erwartungen hinwegzusetzen und die Aufmerksamkeit des Betrachters zu packen.

Es überrascht, wie tief verankert unsere Erwartungen hinsichtlich des Blickwinkels sind. Wir gehen unbewusst davon aus, dass ein Bild uns den beruhigenden Blick auf Augenhöhe bietet, an den wir gewöhnt sind. Finden wir uns untypischen Perspektiven gegenüber, erhöht sich unsere Aufmerksamkeit und wir bemühen uns aktiver zu verstehen, was wir sehen.

Die besten Beispiele lösen einen Aha!-Effekt aus, wenn der Betrachter endlich merkt, was er sieht. Das menschliche Gehirn versucht reflexartig, sich zusammenzureimen, was es sieht. Dieser Weg von Desorientierung zu Klarheit vermittelt das Gefühl, belohnt zu werden, das sich auch bei wiederholtem Anschauen wieder einstellt.

***Auf Augenhöhe mit dem Weißen Hai, (Carchardon Carcharias),* Stephen Frink.**

Ich kann mir nur wenige Beispiele für einen so starken Blickwinkel vorstellen wie Stephen Frinks erstaunliche Aufnahme dieses Weißen Hais. Die Position der Kamera auf Wasserhöhe in so unmittelbarer Nähe zu diesem furchteinflößenden Tier vermittelt uns eine Erfahrung, die nur wenige von uns jemals haben werden – oder möchten!

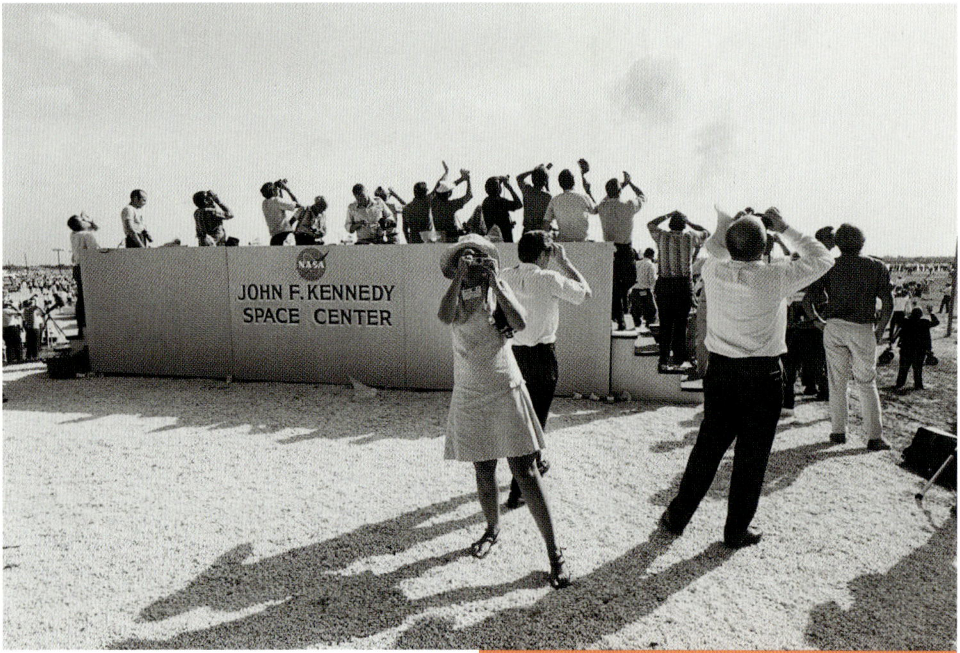

Cape Kennedy, Florida, 1969.

Der berühmte Streetfotograf Garry Winogrand begab sich 1969 nach Cape Kennedy, Florida, zum Start von Apollo 11 (oben). Doch anders als alle anderen Fotografen in diesem Bild wollte er nicht das Abheben der Rakete festhalten. Seine Fotos sind ein Ausdruck seines permanenten Interesses an menschlichen Verhaltensweisen – wie bei dieser ungewöhnlichen Frau, die möglicherweise seine eigene unkonventionelle Neugier widerspiegelt, als sie ihre Kamera von dem Spektakel ab- und einer unbekannten Sehenswürdigkeit zuwendet.

Der Blickwinkel ändert mehr als nur die Komposition. Er sagt etwas über die Idee und die Persönlichkeit des Fotografen aus und verrät etwas über seine Gefühle für das Motiv. Er beeinflusst auch unsere Gefühle. Todd Heislers Porträt des Serienmörders David Berkowitz (rechts) vermittelt alles andere als den Wunsch nach Nähe; selbst die Kamera bleibt auf Abstand.

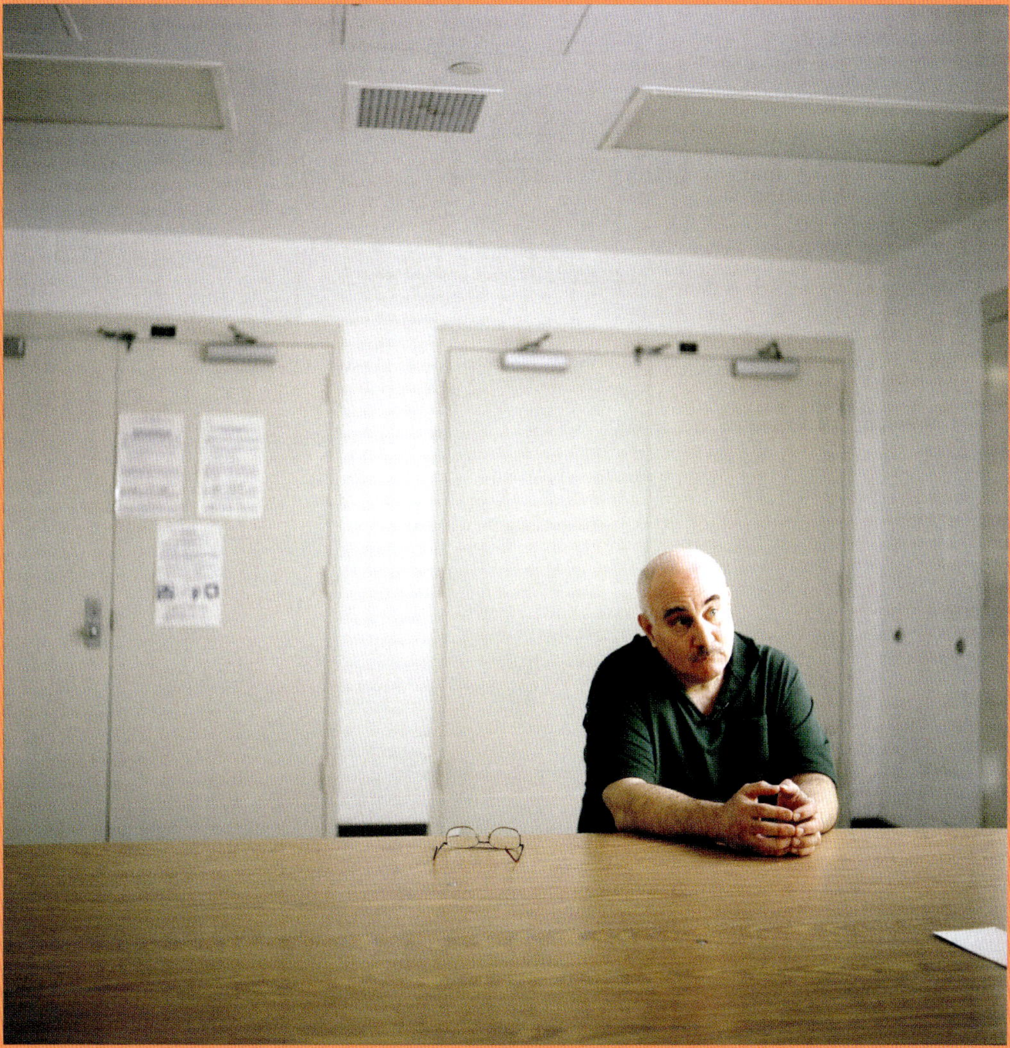

IMPLIZITE BEZIEHUNGEN

Fotografen laden uns ein, aktiv die Bedeutung von Bildern zu erkunden, indem sie Elemente hervorheben und eine Verbindung zwischen ihnen andeuten – selbst wenn diese nur in den Gedanken des Betrachters existiert. Wenn Sie an mein Bild der Verkehrskegel auf S. 59 zurückdenken, dann merken Sie, dass ich sie mit einem gewissen Humor aufgenommen habe – man soll sich Gedanken darüber machen, wie erfolgreich sie jeweils den Stress der Straße verkraftet haben.

An diesem Tag lief ich mit meiner Freundin, der Malerin Lorrie McClanahan, durch New York. Als ich dieses Foto aufnahm, merkte ich, dass sie vorgelaufen war. Gerade als ich abdrückte und mich wegdrehte, sprang sie vor und nahm dieses Foto auf. Sie erkennen einige der Kegel aus meinem Bild – aber sie wollte etwas anderes. Sie hatte mich beobachtet, die Kegel gesehen und ahnte in diesen Sekunden ein Foto vorher, das nur entstehen konnte, wenn sie an der richtigen Stelle war, die Tiefenschärfe stimmte und sie den Auslöser in exakt dem

Lorrie McClanahan konstruierte dieses Bild bereits in ihren Gedanken, positionierte sich präzise und drückte mit exaktem Timing ab. Sie besitzt eine starke Vorliebe für Bilder, die den Betrachter zum Nachdenken zwingen – um etwa wie in diesem Fall ein Element von Ursache und Wirkung oder von Absicht zu finden, das eigentlich nur in unserem anthropomorphen mentalen Modell der Welt existiert.

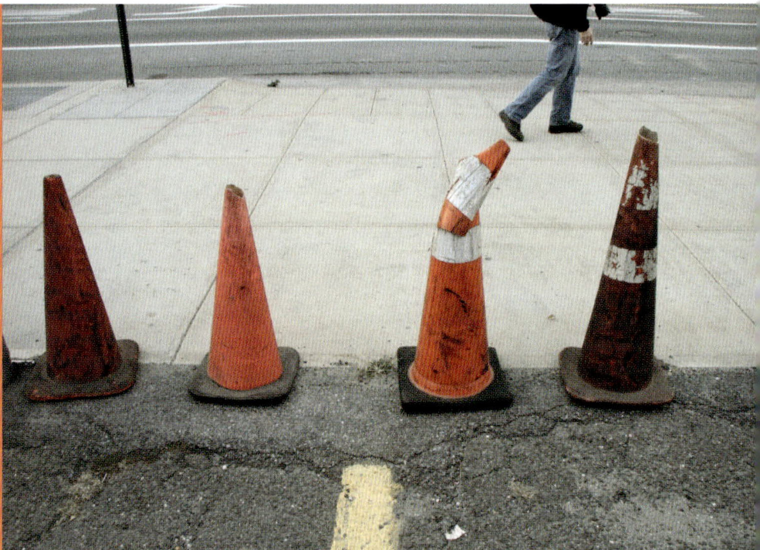

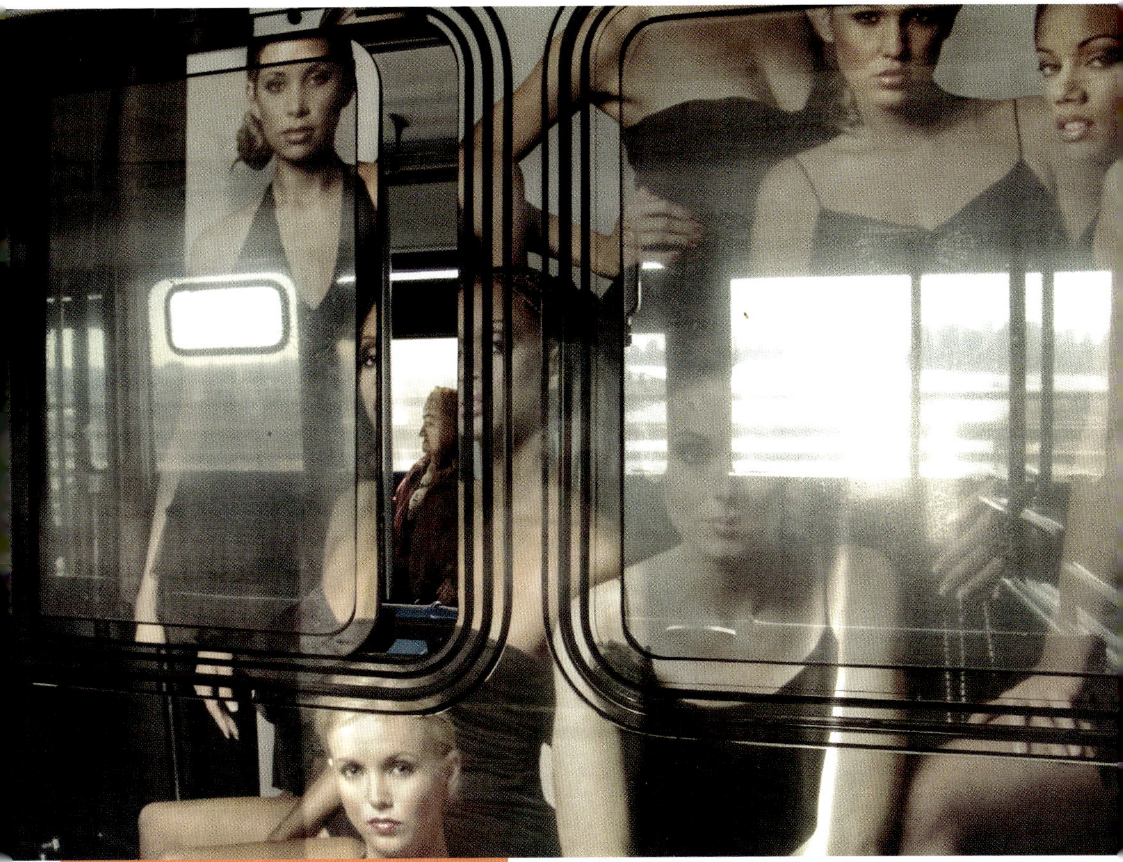

Wirksame Bilder hinterlassen Hinweise und fordern uns auf, unsere eigene erfinderische Kreativität einzusetzen, um die Punkte zu verbinden, die Geschichte zu vervollständigen oder die Bedeutung zu finden, die im Bild angedeutet wird. Ich versuchte hier zu zeigen, wie Jugend und Schönheit gefeiert werden, das Altern dagegen nicht.

Augenblick drückte, wenn es aussah, als würde der Kegel sich nach vorn neigen, um mir zu folgen oder mich zurückzuziehen, so als würde er mich vermissen, wenn ich weg wäre.

Ich war verblüfft, als ich sah, wie exakt sie nicht nur dieses Bild ausgeführt, sondern wie meisterhaft sie es bereits im Kopf visualisiert hatte. Noch demütigender für mich ist, dass all ihre Werke gleichermaßen komplex und raffiniert sind.

VISZERALE EIGENSCHAFTEN

Obwohl das Gehirn den Hauptteil seiner Ressourcen auf die Verarbeitung visueller Informationen und weniger auf die vier anderen Sinne verwendet, sehen wir Lebewesen nicht nur. Wir sind zwar nicht so empfänglich für Gerüche und Töne wie andere Tiere, doch das, was wir berühren, riechen, hören und schmecken, ist ein wesentlicher Bestandteil unserer menschlichen Erfahrungen.

Die Verarbeitung sensorischer Eingaben ist in unseren Gehirnen auf unterschiedliche Areale verteilt. Bei der äußeren Stimulation eines Sinnes werden allerdings durchaus Reaktionen in verwandten Bereichen des Gehirns ausgelöst. Was wir in Fotos sehen, kann machtvolle sensorische Assoziationen verursachen, die die Wirkung des Bildes über das Visuelle hinaus ausdehnen. Gute Bilder nutzen diese Tatsache für sich aus.

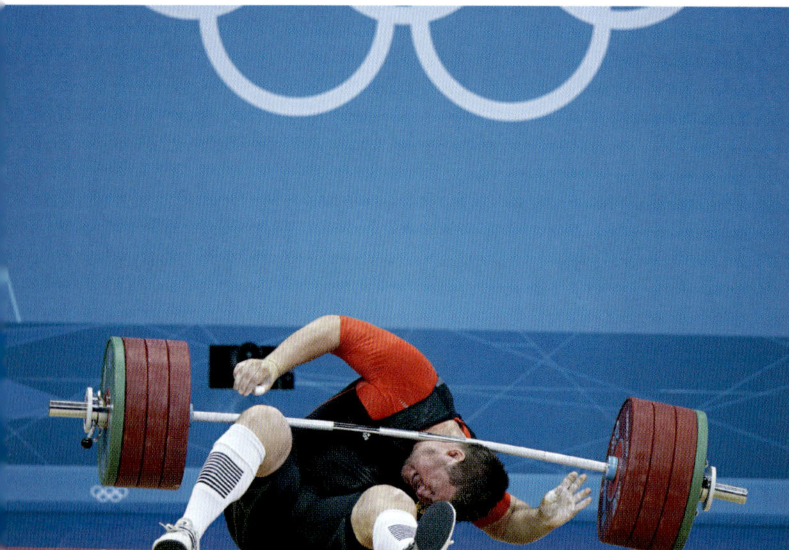

Gewichtheben: Sommerolympiade 2012: Der Deutsche Matthias Steiner stürzt beim zweiten Versuch im Reißen von 196 kg und wird von der Hantelstange im Genick getroffen (Männer +105 kg, Gruppe A im ExCeL London).

Wir können zwar nicht in fremde Gedanken blicken, doch die Theory of Mind besagt, dass wir fähig sind, uns vorzustellen, dass andere Menschen andere mentale Erfahrungen als wir machen. Viszerale Bilder könnten eine ähnliche Theorie für den Körper vermuten lassen, eine Vorstellung davon, wie es ist, derjenige auf dem Bild zu sein.

Wenn Sie das nächste Mal Leute sehen, die ein Geschehnis auf der Straße (oder im Theater) betrachten, dann wenden Sie sich von dem Spektakel ab und beobachten Sie, wie die Gesichter der Zuschauer das widerspiegeln, was sie anschauen (ein Trick, den Eisenstadt oft eingesetzt hat - mit unvergesslichen Ergebnissen). Die Art, wie Fotos ein körperliches Erleben von fünf Sinnen auf einen reduzieren, scheint uns aufzufordern, das zu ergänzen, was fehlt: etwa der Klang der kreischenden Kinder.

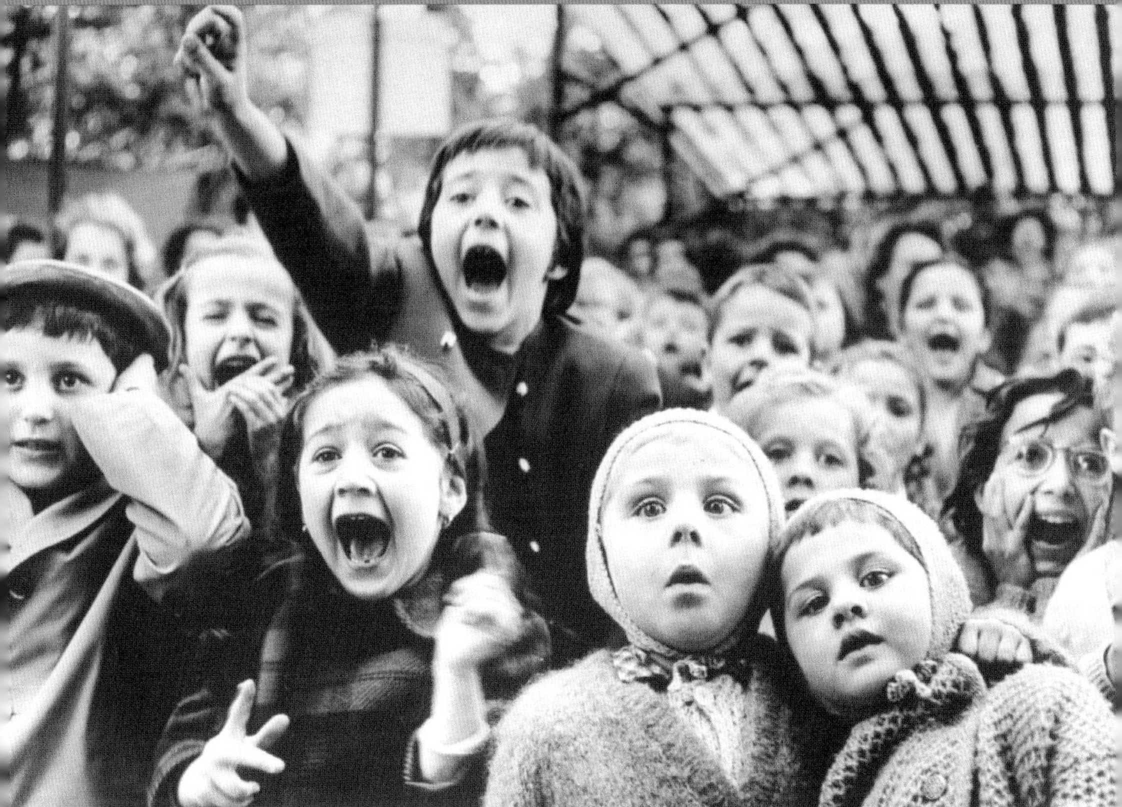

Kinder mit ganz unterschiedlichen Ausdrücken, die im Puppentheater in den Tuilerien die Geschichte von St. Georg und dem Drachen anschauen, 1963.

Ich bin mir sicher, Sie können Simon Brutys perfekt abgepasstes Bild des unglücklichen olympischen Gewichthebers (links) nicht anschauen, ohne zusammenzuzucken.

Alfred Eisenstadts zeitloses Bild der französischen Kinder zeigt zwar nicht das Puppenspiel, das sie anschauen, doch Sie können sich anhand des extremen Spektrums an Emotionen und Gesten das Kreischen und Schreien der Kinder sicher gut vorstellen.

Wind, Wetter, üble Gerüche, Töne, taktile Empfindungen – ein Foto, das unsere anderen Sinne anspricht, verstärkt seine Wirkung auf uns.

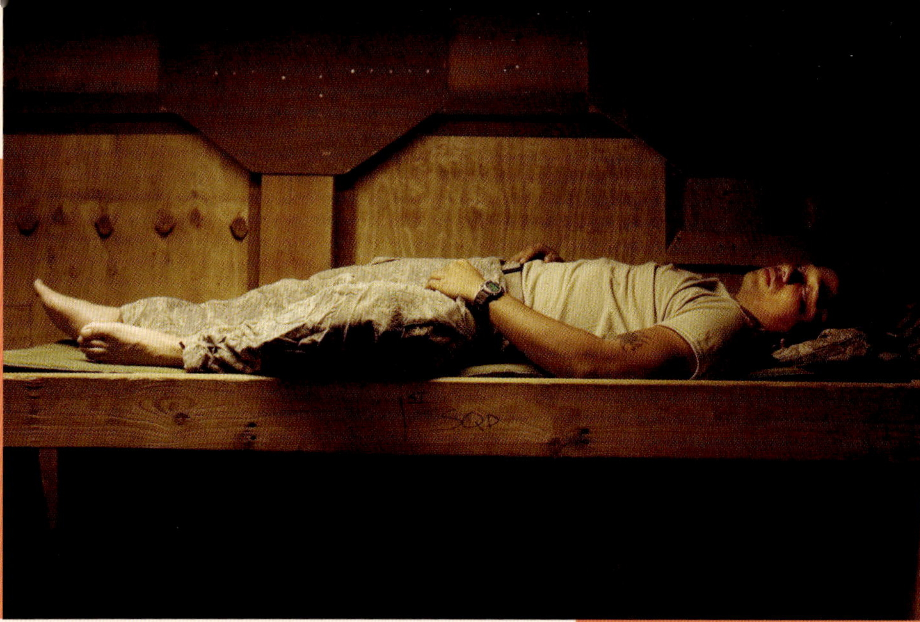

Korengal-Tal, Provinz Kunar, Afghanistan.
Lizama, schlafend, 2008.

EXPERTEN-KOMMENTAR

MARC PRÜST, PHOTO CONSULTANT & KURATOR

»Ich interessiere mich für nichtfiktionale Fotografie, quasi zwischen Fotojournalismus und Dokumentation. Sie beruht auf der Realität, die Geschichte zeigt aber auch die Perspektive des Fotografen. Es ist nicht die ganze Wahrheit, weil ich nicht glaube, dass das mit der Fotografie überhaupt möglich ist.«

Wie ist es, ein Foto zu »lesen«?

»Wenn man sich ein Foto anschaut, wird man leicht von seiner Schönheit abgelenkt. Ein Foto zu lesen, heißt, nach Hinweisen zu suchen, dass der Fotograf tatsächlich etwas sagen will. Dabei kann es sich um direkte Referenzen auf das im Foto Gezeigte, auf andere Kunstwerke, Filme oder Gemälde, selbst andere Fotos handeln. Das geht über den reinen ästhetischen Wert eines Bildes hinaus.«

Manche Leute sind befangen hinsichtlich der Frage, wie sie ein Konzept verfolgen sollen. Ich kenne auch sehr erfolgreiche Menschen, die beteuern, dass Nachdenken hinderlich sein kann. Hängt das von der Person ab?

»Wenn man nicht weiß, warum man ein Bild macht, dann weiß man nicht, wie man das Bild machen soll. Je besser man vorbereitet ist, umso besser kann man improvisieren und mit dem Strom schwimmen. Beim Fußball sagt man nicht, dass die besten Teams Glück haben, sondern dass sie ihr Glück erzwingen.«

Was meinen Sie, wenn Sie die Fotografie als »visuelle Sprache« beschreiben?

»Fotografie kommuniziert Ideen, Konzepte und Gefühle, [aber] braucht Kontext. Ich glaube nicht, dass sie Fakten als solche kommunizieren

Korengal-Tal, Afghanistan. Granaten-Bandolier, 2007.

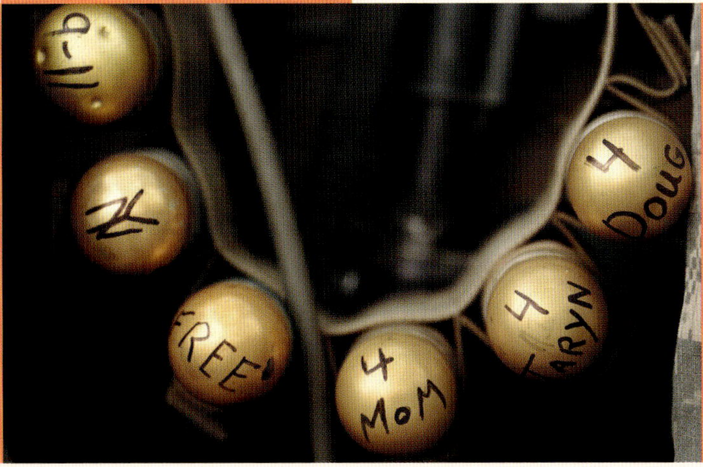

Man kann Tim Hetheringtons Porträt eines schlafenden Soldaten in Afghanistan und seiner personalisierten Patronen sicher rein dokumentarisch betrachten, es bewegt sich aber auch im Kontext von Kunstgeschichte, menschlichen Konflikten und Themen wie Krieg, Rache und Pflicht. Der Flecken Licht im dunklen Sperrholzraum, die harte, bloße Oberfläche und die ausgestreckte Figur des Soldaten erinnern an zahllose Gemälde des toten Christus und das Thema der Opferung.

können. Aber sie können dafür sorgen, dass diese Fakten Sie emotional berühren.«

Sind Fotos offener für eine Interpretation als Text?

»Der Betrachter nimmt an, dass alles dort einen Zweck hat. Oft aber ist es einfach nur da und es wurde nicht viel nachgedacht beim Herstellen des Fotos. In der Fotografie gibt es mehr Raum für Interpretation als bei Text. Es ist Sache des Fotografen, dieses offene Medium so geschlossen wie möglich zu machen. Das ist es, wenn die Kommunikation beginnt.«

Wieso mögen Menschen bestimmte Bilder?

»90% der heute aufgenommenen Fotos dienen dazu, Erlebnisse zu teilen. Man mag das Erlebnis, nicht das Foto. Dann gibt es Fotos, die zur Erinnerung sind: Ich mache Bilder meiner Kinder oder einer Hochzeit oder so was.

Dann gibt es Fotos, die rein als Dokument aufgenommen werden: Die Stadtverwaltung macht Bilder aller Häuser, die höher als 20 Meter sind oder so. Es gibt Fotos, die gemacht werden, weil Leute den Prozess des Fotografierens mögen, nicht wegen der Fotos an sich. Fotografie sozusagen als Therapie.

Und dann gibt es Fotos, bei denen es um eine Botschaft geht: Eine Person versucht, die richtige Art von Bild zu finden, um eine Idee oder eine Meinung über die Welt zu vermitteln.«

Hat sich die fotografische Praxis geändert?

»Es war sehr schwer, 10.000 Bilder zu machen. Heute schafft das jeder 13-Jährige mit seinem Handy. Es ist leichter zu fotografieren, als zu lesen oder zu schreiben. [Aber] die Fähigkeit, eine visuelle Geschichte zu schreiben, ist die gleiche wie beim Schreiben eines Romans.«

Was macht ein Bild so lohnenswert, dass man es immer und immer wieder anschaut?

»Viele Bilder sind sehr schön, aber sie sind Zierde. Sie hängen nett über dem Sofa, sind aber letztendlich nur Bilder von etwas, nicht über etwas. Die Bilder, die mir in Erinnerung bleiben, sind von einer Sache, aber über etwas anderes.«

ZEIT

GESCHICHTEN KONSTRUIEREN

Eine Fotografie muss in einem einzigen Bild eine Geschichte erzählen. Sie komprimiert einen begrenzten Zeitraum zu einem Bild und stoppt damit den Strom der Zeit. Was allerdings vor und nach der Belichtung passiert ist, ist ebenfalls entscheidend für den Erfolg eines Fotos. Der Unterschied liegt darin, dass dies dem Betrachter nur angedeutet werden kann.

DEN ZEITRAHMEN DES BILDES ÜBERSCHREITEN

Man scheint die Zeit nicht greifen, nicht direkt fotografieren zu können. Sie ist keine »Sache«, die wir festhalten können, ist aber trotzdem eine fundamentale Kraft. Das einzelne Bild mag zwar verglichen mit zeitbasierten Medien wie Video, Musik oder Theater beschränkt wirken, doch gibt es durchaus Wege, diese scheinbare Schwäche in eine Stärke zu verwandeln.

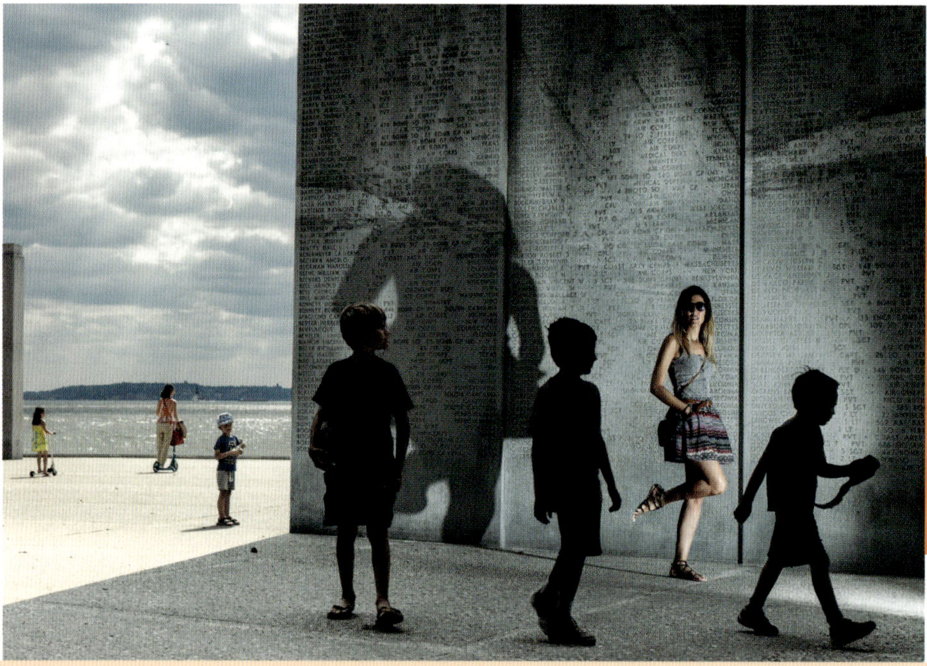

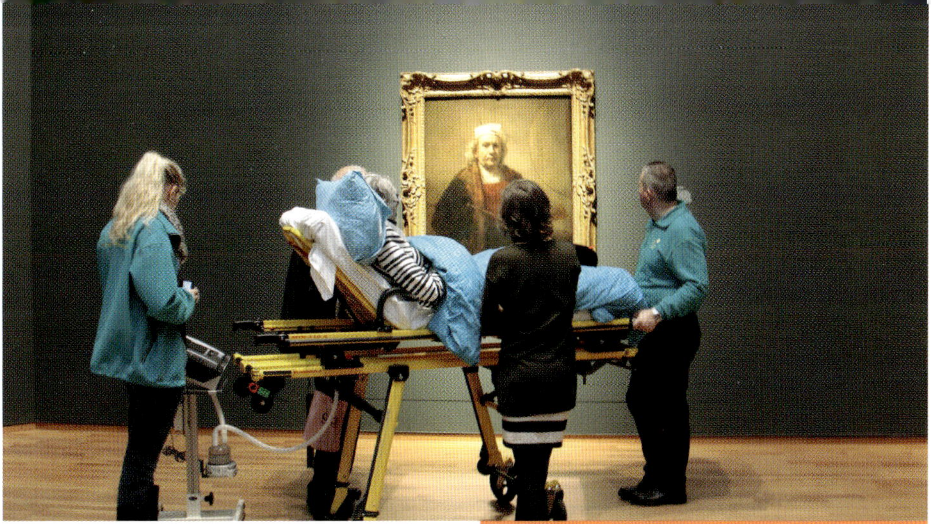

Ein letzter Wunsch. Eine todkranke Frau sieht zum letzten Mal ihr Lieblingsbild von Rembrandt. Ambulance Wish Foundation.

Ein Foto ist wie eine Art Kurzschrift. Es ist kein Roman, Theaterstück oder Film. Dennoch ist es überraschend, wie es den Zeitrahmen überwindet, in dem es gemacht wurde. Ein besonders vielsagender Augenblick deutet eine Vergangenheit und eine Zukunft an, während er die Einzelheiten der Fantasie überlässt.

Das Bild oben mag ich besonders. Die Szene im Museum ist nicht schwer zu verstehen (es handelt sich hier um das Rijksmuseum in Amsterdam), aber warum sind die einzigen Betrachter dieses berühmten Gemäldes von Rembrandt ein medizinisches Team und jemand, der ans Bett gefesselt ist? Sie müssen nicht die gesamte Geschichte kennen, um zu erraten, dass es einige Mühe gekostet hat, diese spezielle Frau hierher zu bekommen, und dass das Ereignis einige Wichtigkeit hat.

In solchen Fällen sind Bildunterschriften wichtig. Nicht alle Fotos sind selbsterklärend. Sie ahnen es vielleicht, aber die vollständige Erklärung ist, dass die Frau in dem Bett von einem Freiwilligen der Ambulance Wish Foundation fotografiert wurde, einer Wohltätigkeitsorganisation in den Niederlanden, die die letzten Wünsche todkranker Patienten erfüllt. Diese Frau wollte ein letztes Mal dieses Gemälde anschauen. Die Freiwilligen organisierten daher einen Besuch nach Schließung der Ausstellung. Kurze Zeit später verstarb sie an ALS (einer Krankheit des motorischen Nervensystems). Die Bedeutung dieses Augenblicks für jemanden, der weiß, dass seine Tage gezählt sind, trägt zur Stärke dieses Bildes bei.

Ich dachte viel über die Zeit nach, als ich dieses Bild machte. Mich berührten die Parallelen zwischen diesen drei als Silhouetten erkennbaren Kindern, die wie der Größe nach aufgereiht erscheinen, und der asiatischen Familie auf der linken Seite, dazu der Ort – die Gedenkstätte für den 2. Weltkrieg in New York City, die seltsame Haltung der Frau, die mich an marschierende Soldaten erinnerte, die ich mir aber auch als Mutter junger Leute vorstellte, die in einen Krieg geschickt wurden, aus dem so viele nicht zurückkehrten und deren Namen auf dem Denkmal vermerkt sind.

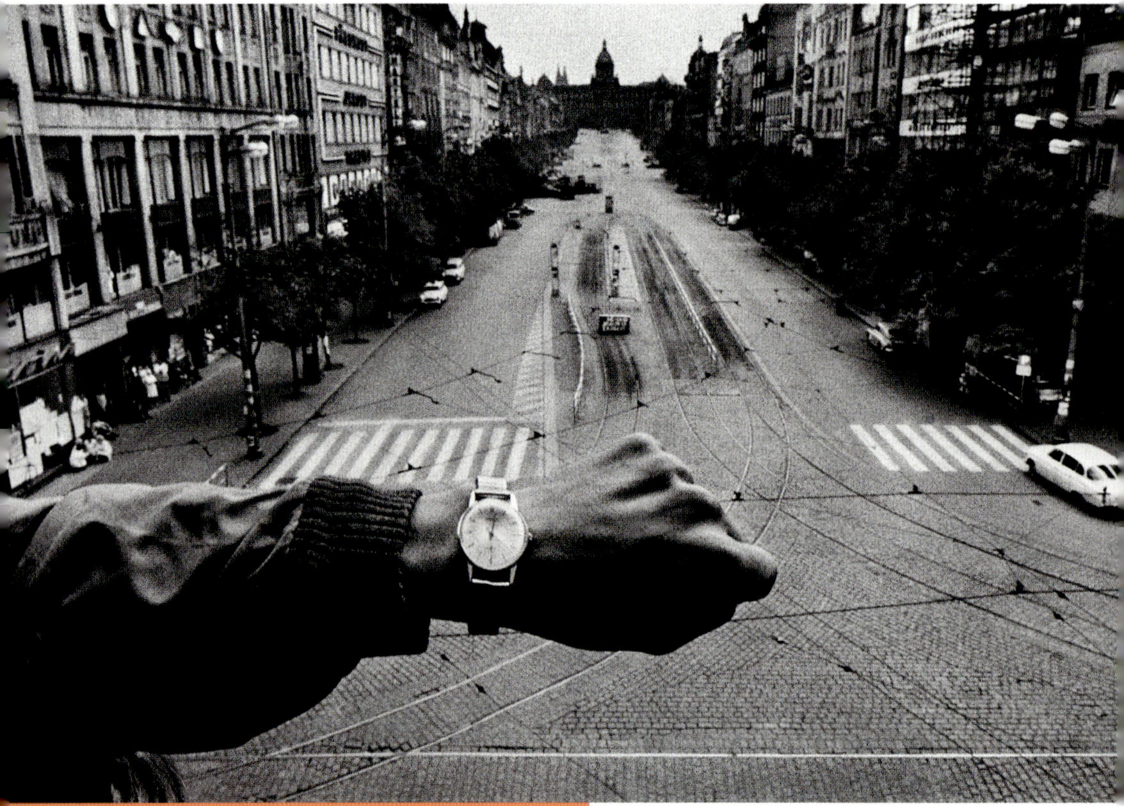

Prag, August 1968. Einmarsch der Truppen des Warschauer Pakts.

AUSSERHALB DES ZEITRAHMENS

1968 befand sich der 30-jährige Josef Koudelka zur richtigen Zeit am falschen Ort, als er den Einmarsch sowjetischer Truppen in die Tschechoslowakei fotografierte. Er schmuggelte unglaubliche Bilder von Panzern, die durch die Straßen rollten, Gewalt, Menschen und Soldaten aus dem Land und blieb 16 Jahre lang anonym, um einer Strafe zu entgehen. Dies ist sein berühmtestes Bild aus dieser Zeit: Seine Armbanduhr als stiller, unheilverkündender Countdown für die einrückenden Sowjets und ein Beweis für die Macht der eigenen Vorstellungskraft.

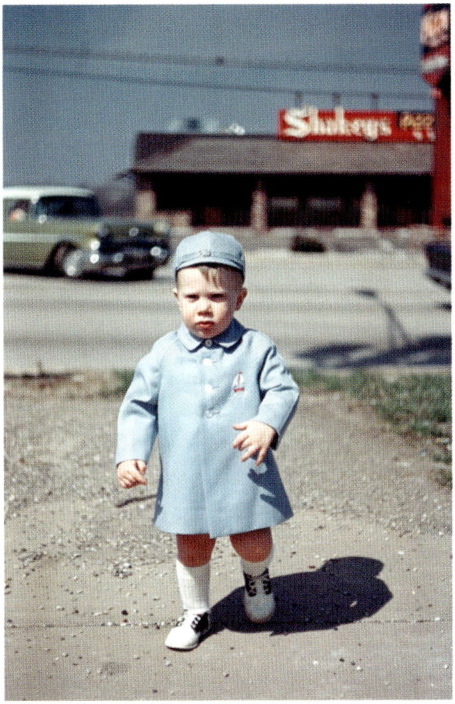

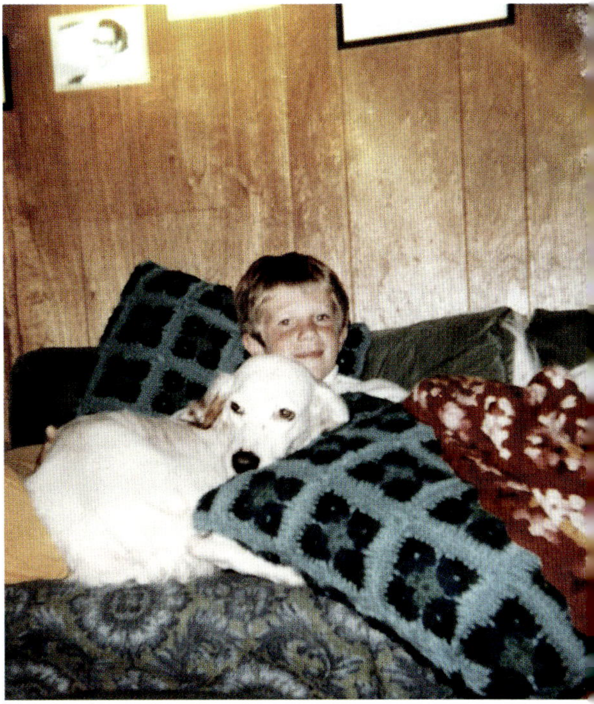

ZEIT, TECHNOLOGIE & KULTUR

Fotos sind nicht nur Zeugen für das Verstreichen der Zeit, sondern auch untrennbar mit Veränderung verbunden, und zwar durch die Form, die sie aufgrund von technischen Innovationen einnehmen. Diese Familienfotos von 1965 und 1970 – und meine Erinnerungen an diese Zeiten – sind für immer mit den Farbpaletten lange vergangener Filme und ihrer herrlichen chemischen Unzulänglichkeiten verknüpft. Ironischerweise sind genau diese Ungenauigkeiten, über die sich Fotografen immer beschwert haben, angesichts der vorhersehbaren gleichmäßigen Exaktheit heutiger Digitalfotos wieder gefragt.

MEINE ERINNERUNGEN AN DIESE ZEITEN SIND FÜR IMMER MIT DEN FARBPALETTEN LANGE VERGANGENER FILME UND IHRER HERRLICHEN CHEMISCHEN UNZULÄNGLICHKEITEN VERKNÜPFT

FORM ALS CHARAKTER

Wir projizieren menschliche Qualitäten auf Statuen, Haustiere, unbelebte Objekte und selbst abstrakte Formen. Wir vermenschlichen. Wir sehen selbst in einfachen Formen Charakter.

Formen haben emotionale und erzählerische Qualitäten. Sie können weich, matschig, unheimlich, lustig sein – oder zumindest sieht der kreative, assoziative menschliche Geist sie so. Während Formen nur Formen sind, ordnen Menschen selbst den unverfänglichsten Formen Bedeutung, Charakter und Absichten – menschliche Eigenschaften – zu. Schöpfer von Bildern nutzen dies aus, um Fantasie und Mitwirkung anzuregen.

Man könnte in dem großen Schatten an der Wand einen Elefanten, ein Monster oder einfach einen mysteriösen Schatten sehen (von einer Fahne übrigens). Es ist schließlich so: Leute sehen nicht nur einfach, was in einem Foto ist, sie sehen, was in ihnen selbst ist. Wir projizieren unsere Gefühle, Geschichte und Persönlichkeit auf das Bild. Wir konstruieren Geschichten und stellen uns künftige Folgen vor, die uns selbst widerspiegeln.

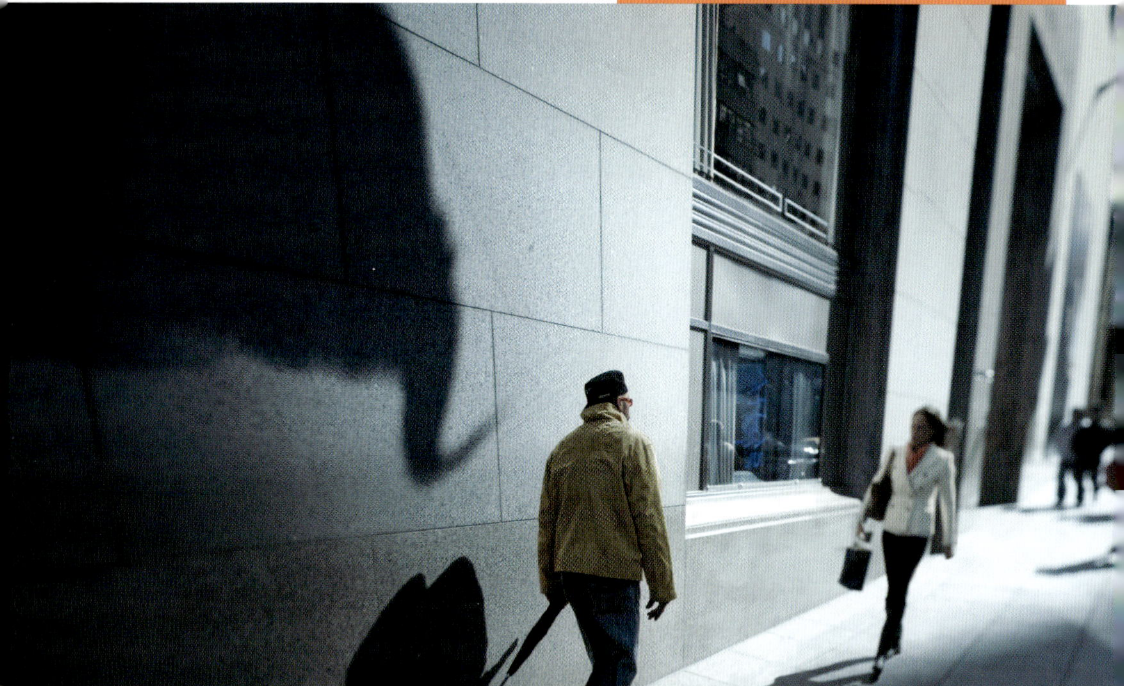

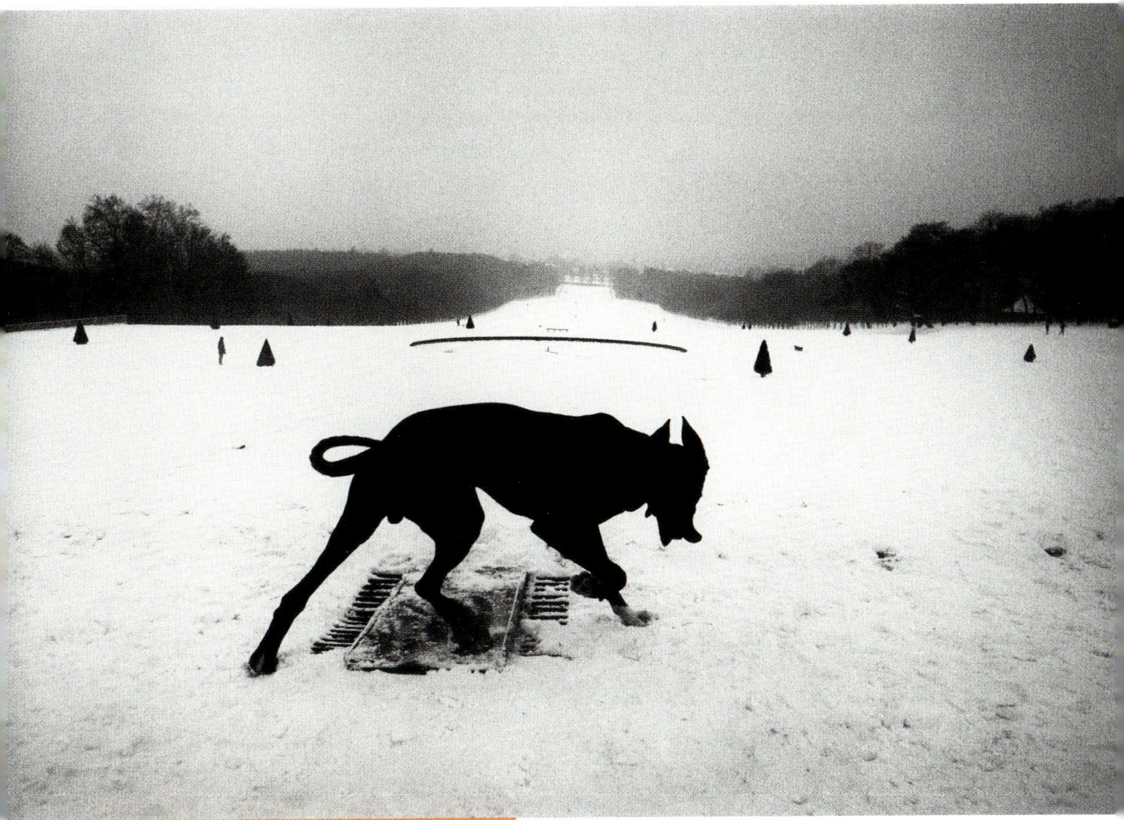

Hauts-de-Seine, France. Parc de Sceaux, 1987.

Das berühmte Bild des umherstreifenden Josef Koudelka vom Parc de Sceaux ist durchsetzt mit Dreiecken: die Ohren des Hundes, der Winkel seines linken Hinterbeins und die Art, wie er sich im Lauf nach vorn lehnt, der Widerhall seiner Ohren in den Silhouetten der Bäume in der Ferne und der gebogene Schwanz als der einzige Kontrapunkt. Die weite Landschaft und das Tier, das sie dominiert, finden sich in den Formen wieder, die Brüder sein könnten, aber dennoch distanziert und abgekoppelt bleiben. Die grafische Macht des Bildes entzieht sich einfachen Erklärungen.

Fotojournalisten schwören auf Folgendes: »*f*/8 und du bist bereit.« Das bezieht sich auf zwei Strategien: Halte immer die Einstellungen deiner Kamera bereit und sei immer zur richtigen Zeit am richtigen Ort. Der Rest ergibt sich aus der Praxis, aus der Fähigkeit, sofort ein ikonisches Bild zu erkennen, und ein bisschen Glück. Ein sehr gutes Beispiel finden Sie auf der Magnum-Photos-Website, wo Sie ein anderes Bild aus fast dem gleichen Augenblick und dem gleichen Blickwinkel sehen. Dort ist derselbe Hund, aber verglichen mit diesem Meisterwerk der Form ist es ziemlich banal.

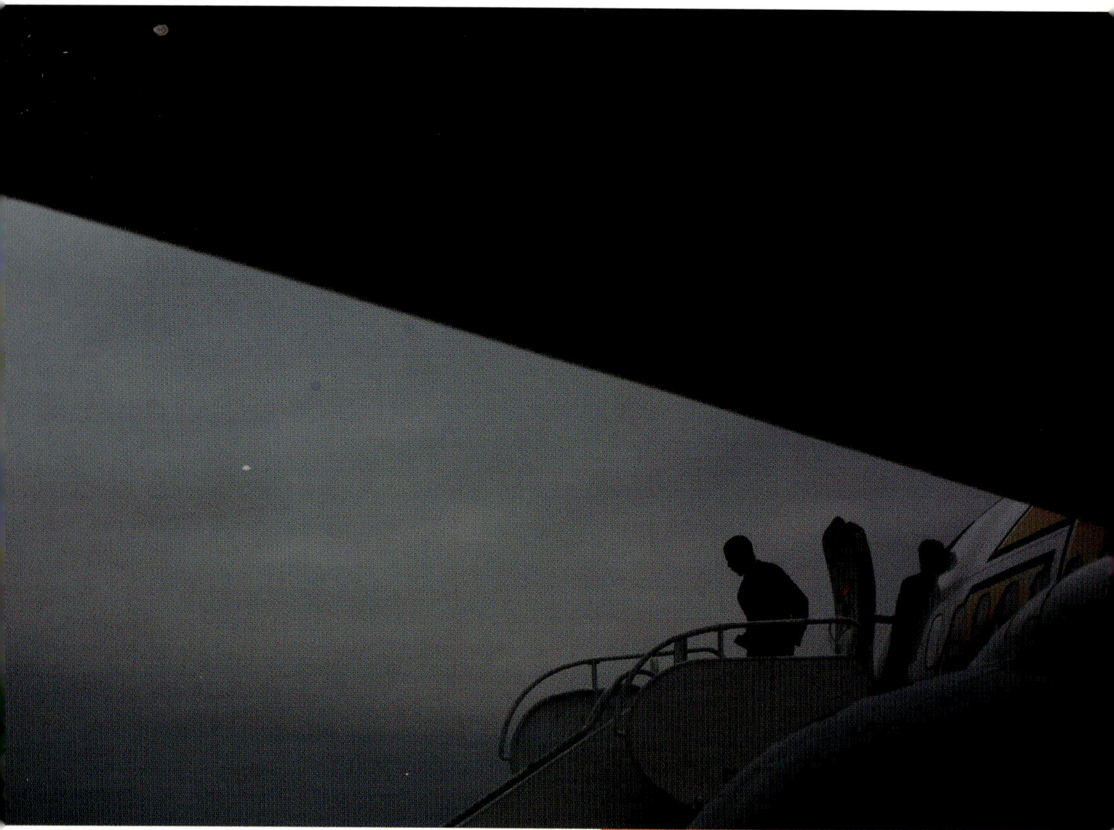

Der demokratische Kandidat Senator Barack Obama trifft am 3. März 2008 auf dem Weg zu einem Meeting an der Newman Smith Highschool in Carrollton, Texas, auf dem Dallas Love Field Airport ein.

Die starke Vordergrundsilhouette, die Fotojournalist Damon Winter in seinem dramatischen Porträt von Barack Obama nutzt, spiegelt ganz fantastisch das Gewicht der Erwartungen wider, die er mit sich ins Amt genommen hat – oder zumindest könnte man dieses Bild so verstehen. Die dunkle Form oben im Bild bedeutet für sich allein erst einmal gar nichts. Sie ist nichtssagend, scheinbar Teil des Gebäudes. Es ist jedoch eine kühne Entscheidung, fast ein halbes Bild mit Schwärze zu füllen, und wir können uns bei einem Profi wie Winter sicher sein, dass sie bewusst gefällt wurde.

Ein gutes Foto funktioniert nicht deshalb, weil es außerordentliche, definitive Antworten liefert, die keinen Raum für Interpretation lassen – ganz im Gegenteil. Die visuelle Sprache nutzt die Tatsache aus, dass Menschen praktisch allem erzählerische Eigenschaften zuweisen. Wir sehen nicht nur, wir interpretieren. Wir denken uns Geschichten aus – vorausgesetzt, das Bild erlaubt uns das.

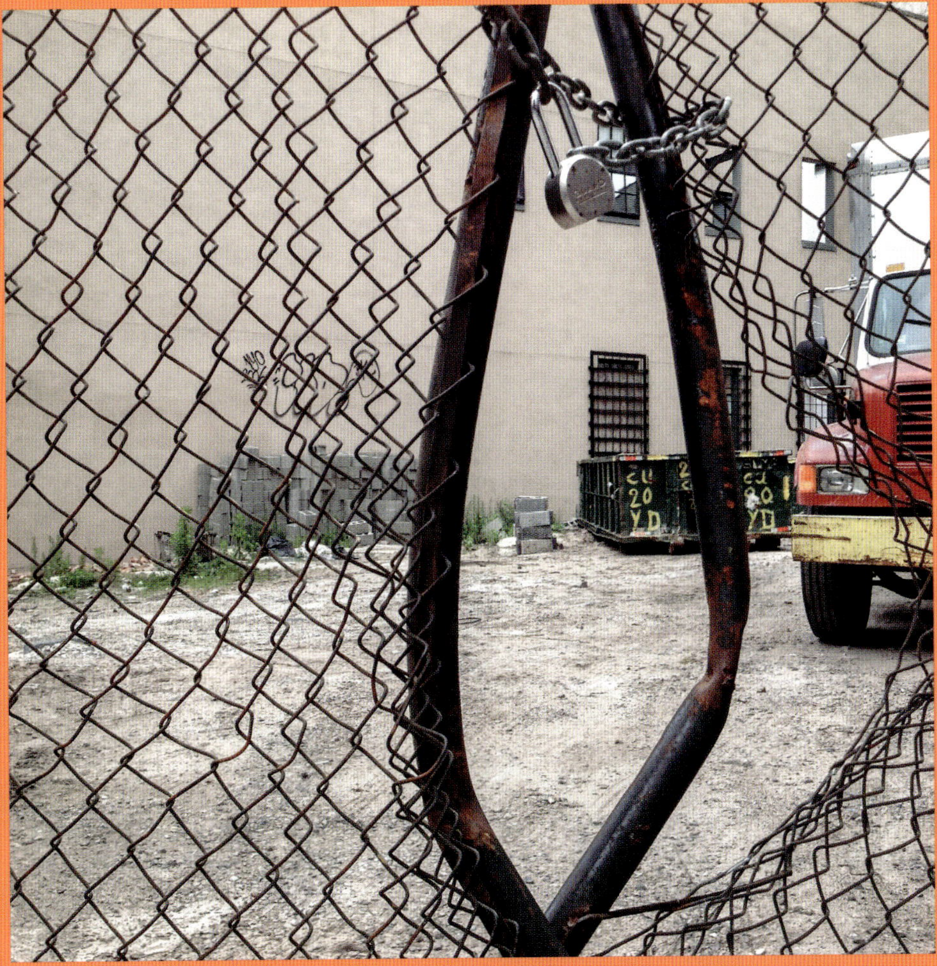

Formen können auf Ereignisse hinweisen, historische Geschehnisse, die die Zeitspanne des Fotos überschreiten. Die extreme Kraft, die nötig gewesen sein muss, um dieses Metalltor zu verbiegen, wirft die Frage auf, wer oder was das gewesen sein könnte und ob der rote Laster, der am Rand herumlungert, dieser Tat verdächtig ist.

KONTEXT & GEGENÜBERSTELLUNG

BEDEUTUNG IST FLIESSEND

Es gibt eine berühmte Studie über menschliche Wahrnehmung, die jeder Filmstudent kennenlernt: Der sowjetische Regisseur Lew Kuleschow führte ein einfaches Experiment zur Bildmontage durch. Er schuf drei Einstellungen: ein Teller Suppe, ein Kind in einem Sarg und eine ruhende Frau. Diesen stellte er jeweils die Nahaufnahme eines Schauspielers gegenüber. Wenn er Zuschauern diese Sequenzen zeigte, waren diese überzeugt, dass der Mann hungrig, traurig und erregt war – je nachdem, welche Szene sie sahen. Er erkannte, dass Bedeutung vom Kontext abhängt – die Bilder des Schauspielers waren identisch, er war einfach neutral. Die Macht gegenübergestellter Bilder beschränkt sich nicht auf die Filmmontage. Was ein einzelnes fotografisches Bild enthält und ausschließt, welche Elemente einander durch die Prinzipien der visuellen Aufmerksamkeit aus Kapitel 2 gegenüberstehen und unterstreichen und selbst der Kontext, in dem ein Foto entstand, beeinflusst, wie Betrachter das Bild interpretieren werden.

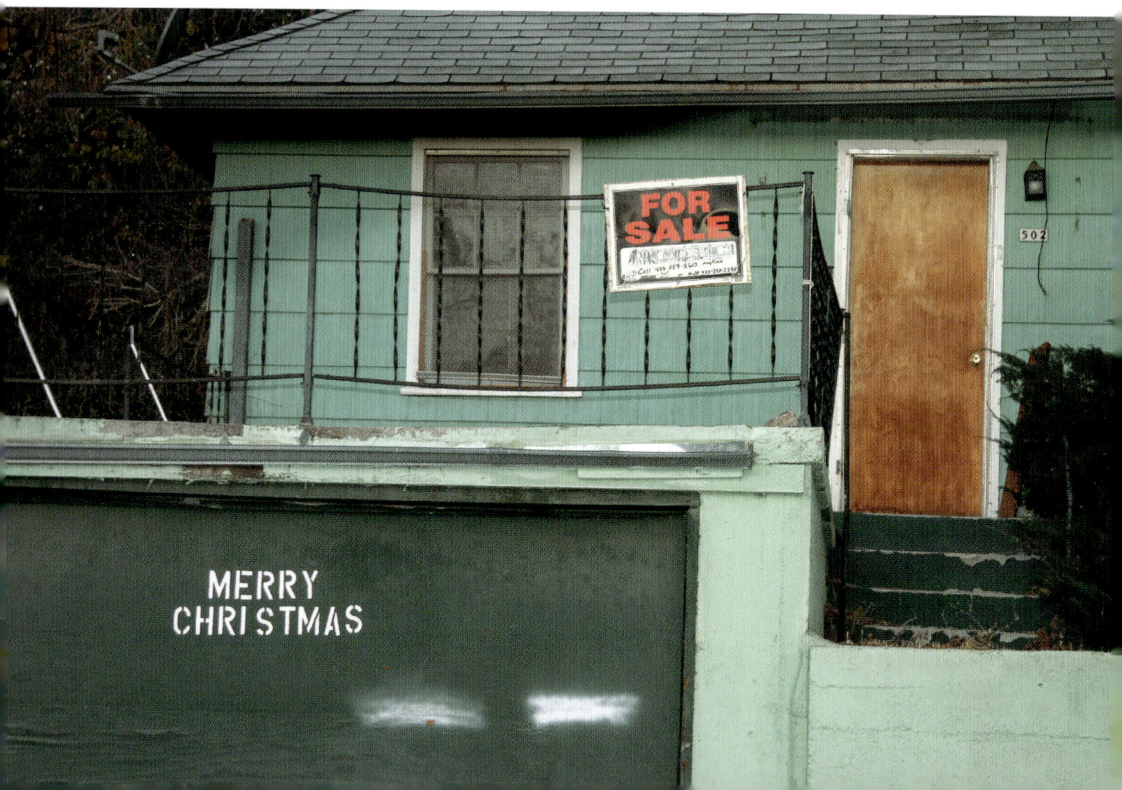

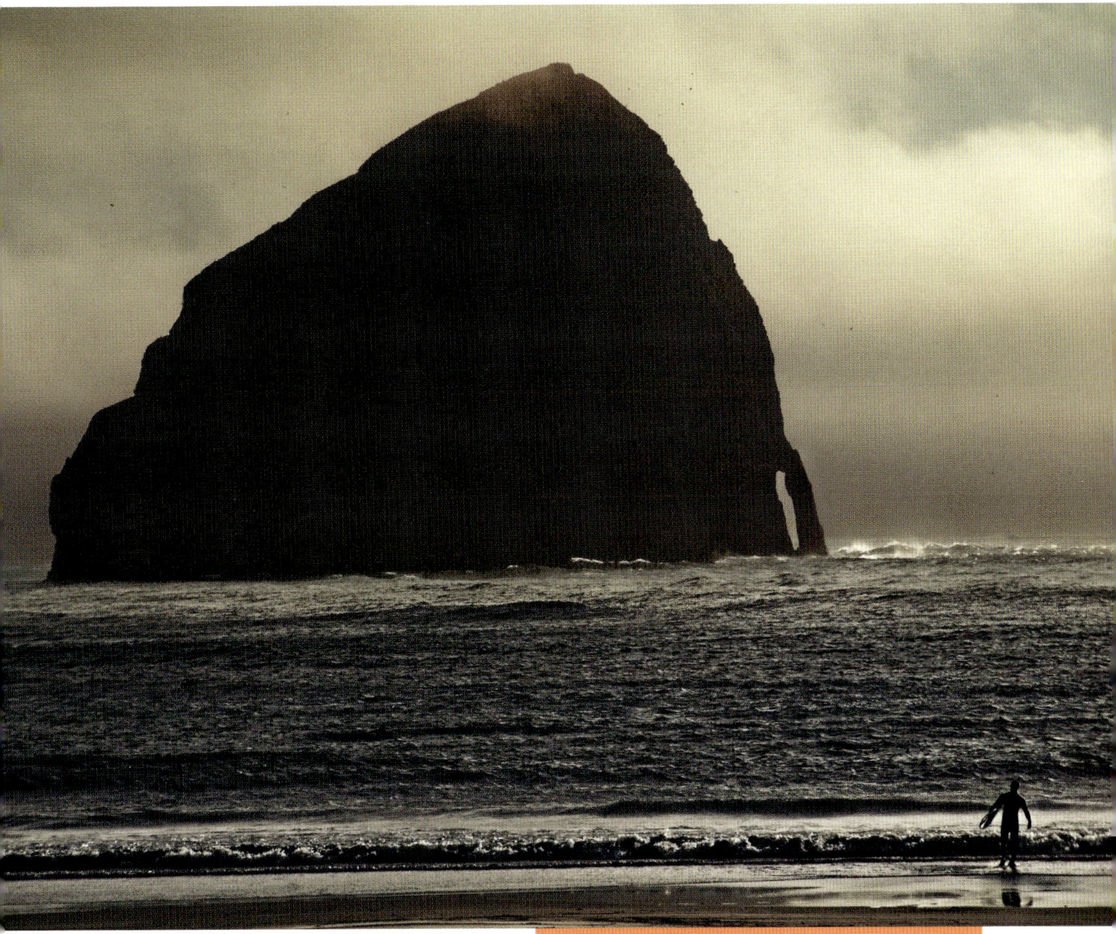

Amerikaner werden jährlich mit Erinnerungen an Weihnachten (und entsprechende Shopping-Gelegenheiten) überschüttet. Das schmucklose »Merry Christmas«, das mit einer Schablone an die heruntergekommene Wand geschrieben ist, vermittelt weder Freude noch Wohlstand. Doch es ist die Gegenüberstellung dieses Elements mit dem gleichermaßen heruntergekommenen Haus in passendem Grün und seinem schiefen »for sale«-Zeichen, die dem Bild seine melancholische Wirkung verleiht.

Ich bewunderte gerade Haystack Rock vor der Küste von Oregon, als ich einen Surfer auf dem Weg zum Wasser entdeckte. Glücklicherweise hatte ich bereits ein langes 200-mm-Objektiv an der Kamera und konnte die Elemente so anordnen, dass sie die Geschichte erzählen. Das sich wiederholende visuelle Motiv der Lücke zwischen seinen Armen und seinem Körper sowie auf der rechten Seite des Felsens stellt das verbindende Element dar.

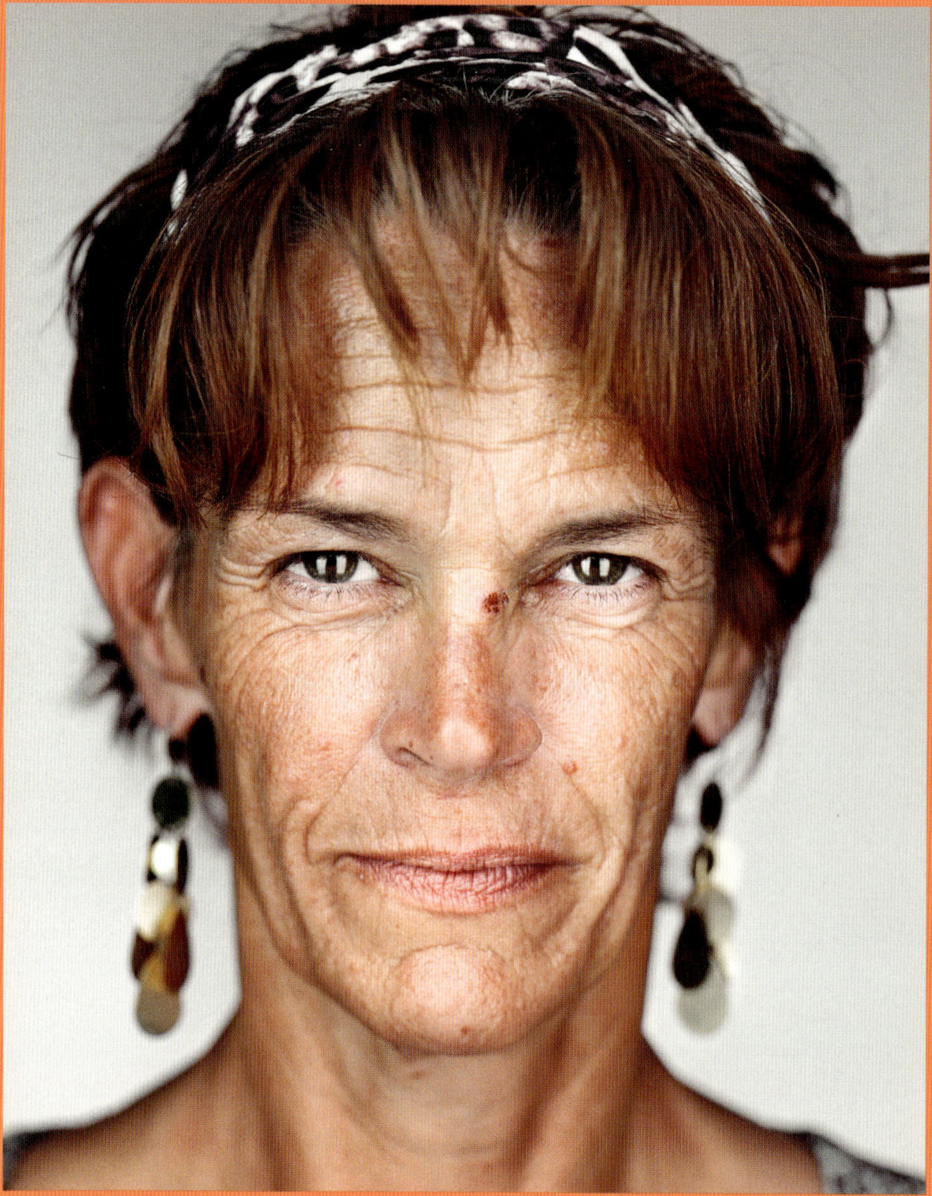

Eine der grundlegenden Entscheidungen, die Fotografen treffen müssen, ist, ob sie den Kontext in ihr Motiv einbeziehen sollen. Fotografiert man etwas außerhalb seines Kontexts, dann entfernt man alle vielsagenden Hinweise: Umgebung, Ort, Beruf usw.

Martin Schoellers perfekt ausgeleuchtetes Studioporträt einer obdachlosen Frau erzeugt eine ganz andere Reaktion als der typischere, aber ebenso mitfühlende Kontext in Bruce Gildens Bild eines obdachlosen Mannes, der auf den Straßen von Tokio schläft. Ist das eine wahrhaftiger als das andere? Macht das Weglassen des Kontexts ein Foto mehr oder weniger wahrheitsgetreu oder beeinflusst es nur unsere Gefühle über das Motiv?

Kritiker sind sich vielleicht nie einig über das Vorhandensein von Wahrheit in der Fotografie, aber sie geben zu, dass all diese fotografischen Entscheidungen unsere Wahrnehmung auf eine Weise beeinflussen, der wir uns typischerweise nicht bewusst sind.

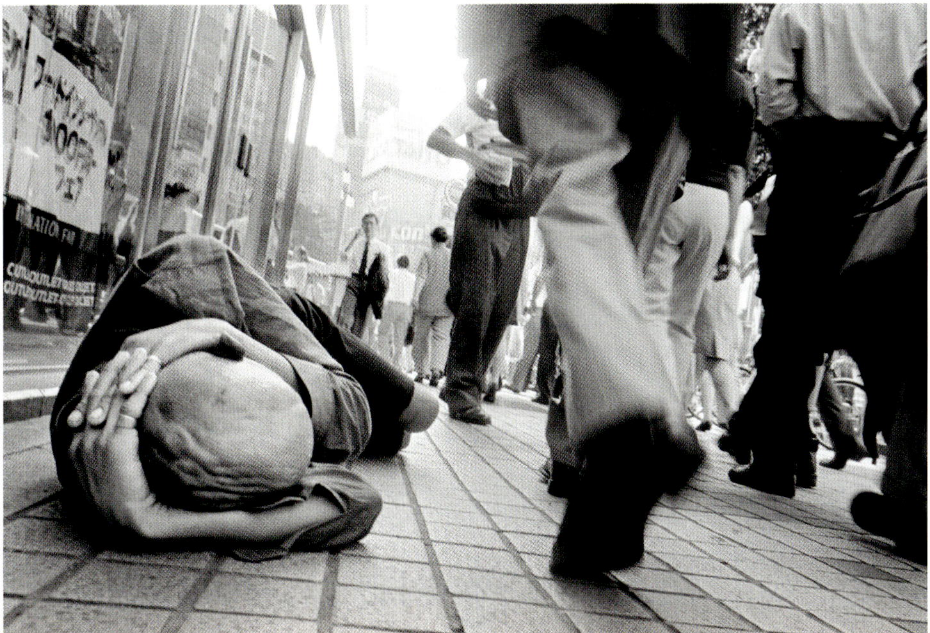

Betty Jo Rhodes.

Martin Schoeller behandelt hinsichtlich der Technik all seine Motive gleich, seien es nun Führungspersönlichkeiten, Prominente oder Menschen, die auf der Straße leben. Wir erhalten die Chance, ihnen direkt ins Gesicht zu schauen, mit allen Details, gut ausgeleuchtet, ohne die Symbole oder Umstände, die uns normalerweise dazu bringen, sie von vornherein zu beurteilen.

Tokio. 1999. Ein Obdachloser schläft auf der Straße, während Passanten vorübereilen.

Dieses Foto zeigt Gildens Vorliebe, seine Motive aus nächster Nähe mit einem relativ weiten Objektiv aufzunehmen. Die Tatsache, dass die Passanten ihn und seine Kamera offenbar ebenso wenig wahrzunehmen scheinen wie den unglücklichen Mann auf der Straße, unterstreicht nur noch die Intensität des Bildes.

LICHT ALS ZEIGER

Alle Ausdrucksmittel haben eine Form. Fotografien existieren innerhalb eines Rahmens, einer Grenze, sie sind zweidimensional. Die Palette eines Fotografen, der Einsatz von Objektiven und Fokus, die Wahl des Motivs – jede Entscheidung in dem Medium – bestimmt die einzigartige Form des Künstlers. Formen existieren, um den Inhalt zu bilden und zu unterstreichen.

Licht hat Charakter. Es ist Teil der stillen Sprache der Fotografie. Es macht mehr, als nur zu beleuchten, die Aufmerksamkeit zu lenken oder Stimmung zu erzeugen. Licht ist die Interpunktion des Bildes. Fotos können von Licht überflutet oder von Dunkelheit durchdrungen sein. Sie können die Düsterkeit der Nacht oder das Gleißen eines Sommertages vermitteln. Doch erst der kontextbezogene, selektive Einsatz von Licht hat einen wirksamen, unerklärlichen Effekt auf uns.

Das Licht selbst muss nicht unbedingt eine Bedeutung enthalten, dennoch betont es das, was es beleuchtet. Schatten und Silhouetten wiederum kommunizieren Spannung. Sie können unheimlich, launisch oder auch nur visuell dramatisch sein, wie in Christopher Tyrees dunklem Porträt (gegenüber).

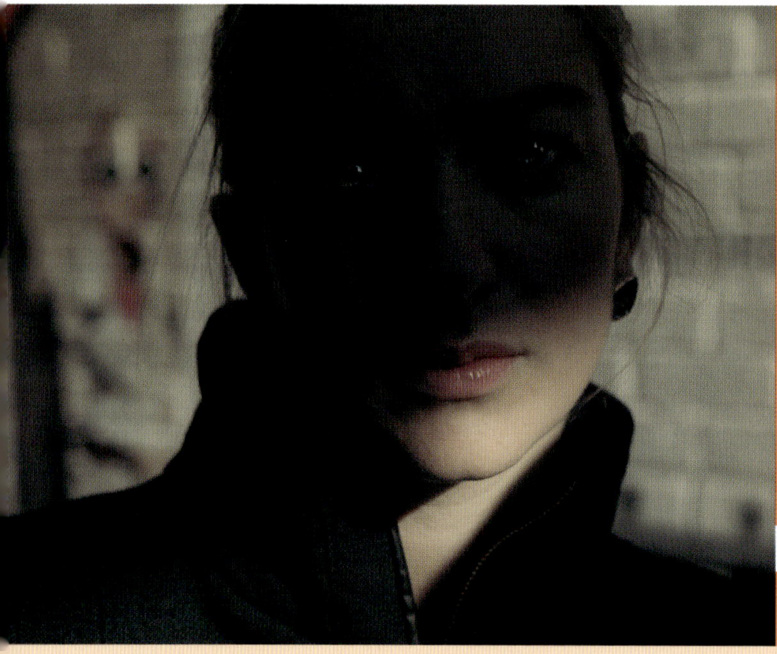

Ein Lichtstrahl auf jemandem, der von Schatten umgeben ist, stärkt nicht nur die visuelle Wirkung, sondern auch die scheinbare Bedeutung des Augenblicks. Ein Schatten über einem Gesicht lässt uns spekulieren, was diese Person denkt. Wir glauben, jemand im Schatten hat dunklere Gedanken als jemand im Licht. Fotos setzen Licht und Schatten ein, um unsere Gefühle in einer Weise zu manipulieren, die sich dem rationalen Denken entzieht – wie Töne und Musik im Film.

Aus der Serie *Citizen*.

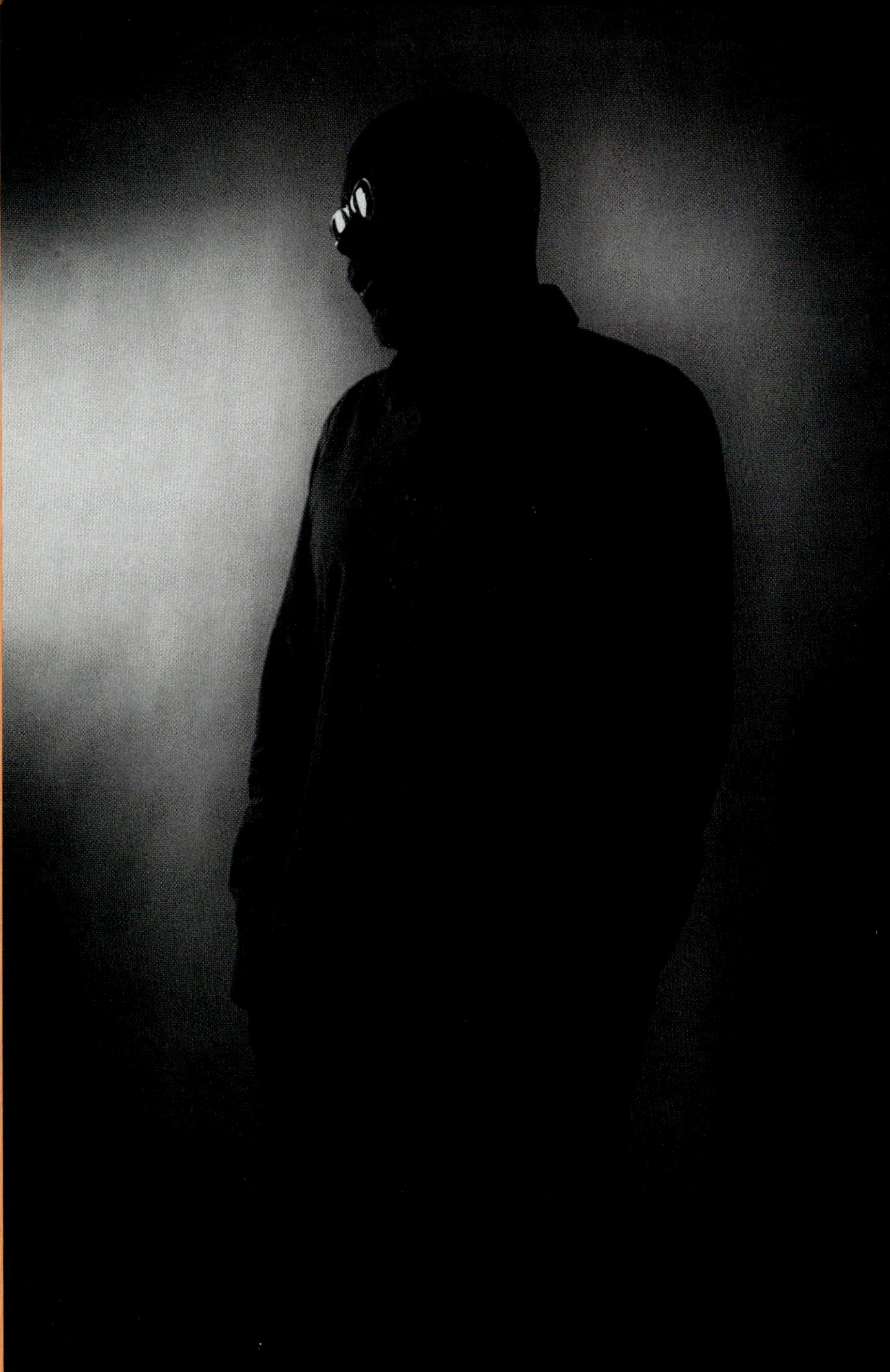

FARBE ALS BEDEUTUNG

Ich habe bereits oft angedeutet, dass beständige Fotos einen Betrachter belohnen: Sie laden ihn ein, aktiv an der Interpretation des Bildes teilzuhaben, seine Erfahrungen oder auch Vorurteile einzubringen. Einer der Gründe für die derartige Flexibilität der (Be-)Deutungen besteht darin, dass viele der Komponenten der Fotografie völlig subjektiv sind.

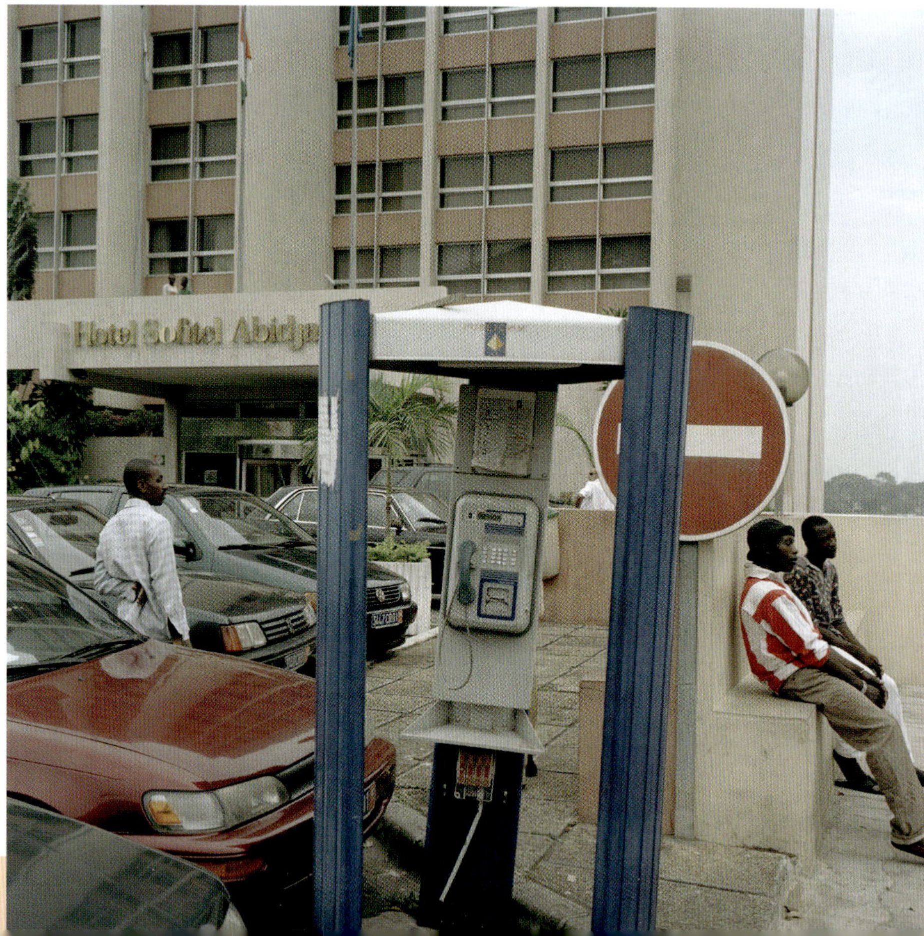

Farbe selbst hat keine universelle Bedeutung. Stattdessen ist sie untrennbar mit dem kulturellen Hintergrund, der Technik, Geografie, Kleidung verbunden – sogar der Art, wie Ort und Wetter das Licht beeinflussen, bei dem Sie etwas sehen. In den kalten Wintern von New York City überraschte mich immer wieder, wie selten Leute etwas anderes trugen als Schwarz, Grau und Braun. Bei meinem ersten Besuch in Westafrika war ich überwältigt von den leuchtenden Farben und Mustern der Frauenkleidung. Das blasse Grün des Wüstenbeifuß und die rote, staubige Erde dagegen erinnern mich immer an die weiten Ebenen und das trockene Wetter von Wyoming.

Farbe verbindet uns mit Ort und Zeit. Es ist eine stetige Konversation mit Geschichte, kulturellen Veränderungen, mit Geburten und Todesfällen. So findet momentan ein enormer Wechsel statt, der den ganzen Planeten betrifft: die tief-rot-orange Natriumdampflampen auf den Straßen werden nach und nach durch LED-Lampen mit einer viel kühleren Farbe ersetzt. Bei Nacht aufgenommene Fotos werden schließlich an eine Zeit erinnern, die ebenso vergangen ist wie die Gaslaternen aus der Zeit vor der Farbfotografie.

Elfenbeinküste. Hotel Sofitel Abdijan, 2004.

Obwohl die Farbe Rot in der Kleidung der Hauptfiguren auftaucht, wird sie in diesen Bildern ganz verschieden benutzt.
In Stuart Franklins Foto (links) zieht Rot das Auge durch das Bild. Das verblasste Rot im Auto, der Architektur und dem Verkehrsschild betont das kräftige Rot im Hemd des Mannes und sagt uns: Egal, wie die Vergangenheit aussah, ihm steht eine strahlende Zukunft bevor.

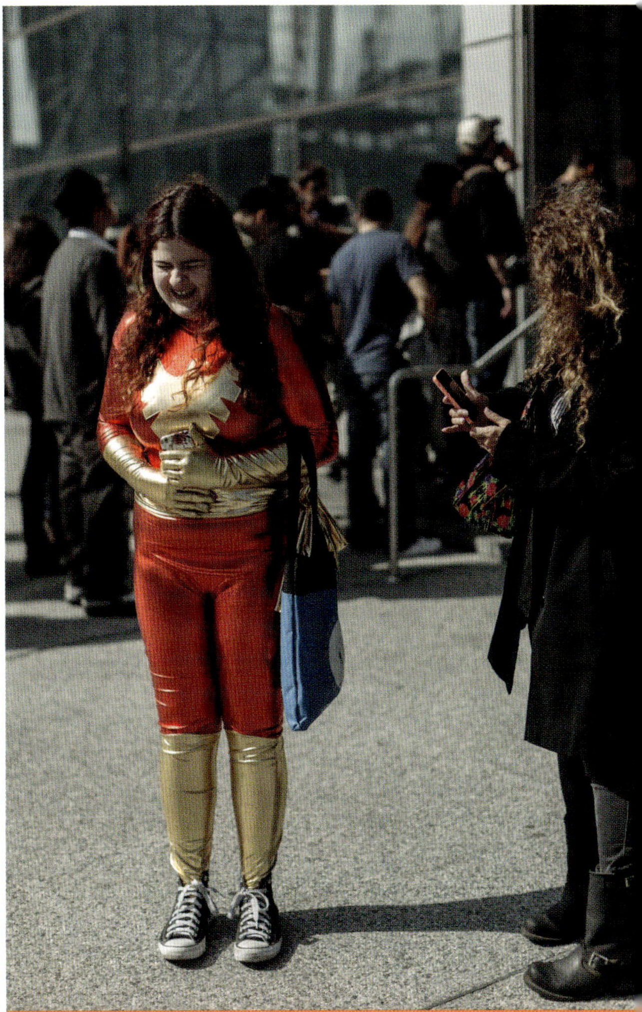

Hier kennzeichnen die fröhlichen, lebhaften Farben an dem Kostüm der jungen Frau eine spezielle Pop-Ikone, wodurch sie fest in der kulturellen Geschichte verankert wird. Sie fällt in der Quasi-Farblosigkeit ihrer Umgebung auf – durch ihre Verkleidung ebenso wie durch ihre Entscheidung, als ihr Lieblingscharakter aufzutreten.

EXPERTEN-KOMMENTAR

ELISABETH BIONDI, KURATORIN

»Ich glaube nicht, dass in der Fotografie Wahrheit liegt, niemals, keineswegs. Ich denke, es gibt Bilder, die authentisch oder nicht authentisch sein oder der Wahrheit widersprechen können, aber vielleicht liegt niemals Wahrheit in irgendetwas. Daher interessieren mich Leute, die ihre Meinungen ausdrücken und fotografieren, was sie sehen. Wenn Sie 20 Minuten knipsen und ein Porträt herauskommt, ist das dann die Wahrheit?

Ich erinnere mich, als [Richard Avedon] den Herzog und die Herzogin von Windsor aufnahm. Sie waren so: [*Sie zieht ein steifes Gesicht.*] Man sagt, dass er seinen Assistenten bat, hereinzukommen und zu sagen: 'Etwas Schreckliches ist passiert: Der Hund wurde überfahren!' Und dann hat er das Bild gemacht. Da ist also etwas in seinen Fotos – ein Fragezeichen. Es gab etwas Überraschendes oder Ungewöhnliches in seinen Bildern, das er festhalten konnte. Etwas erregte Aufmerksamkeit, auch wenn man nicht wusste, wieso. Ich denke, er brachte etwas Authentisches hervor, selbst wenn seine Mittel nicht zu 100% ehrlich waren.

Ich glaube, ein Foto funktioniert mehr wie ein Gedicht. Es ist irgendwie inklusiv. Eher nicht so, 'zeige das ganz genau'. Es hat eine Funktion, die über das Spezifische hinausgeht. Oder wenn es das Spezifische ist, dann muss das Spezifische auch universell sein. Man nennt das *Bildsprache*.

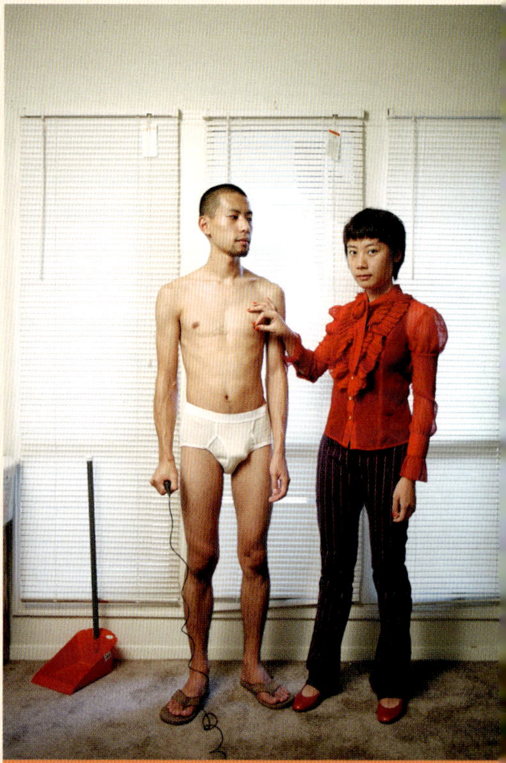

Aus der laufenden Serie *Experimentelle Beziehung*, begonnen 2007.

Pixy Yijun Liao stellte fest, dass die provozierenden Bilder von ihr und ihrem Freund überraschend viel Kritik ernteten, vor allem von denen, die infrage stellten, wie sie ihren Partner offenbar nur um der Fotos willen so behandeln konnte. Dieses Bild, das sie »Beziehungen funktionieren, wenn jeder Partner seinen richtigen Platz kennt« nannte, gehört zu einer Serie, die die normale Dynamik der Macht in romantischen Beziehungen umkehrt, eine besonders provokative Position für jemanden, der aus einem Land kommt, das bekannt für seine Beachtung der traditionellen Rollen der Geschlechter ist.

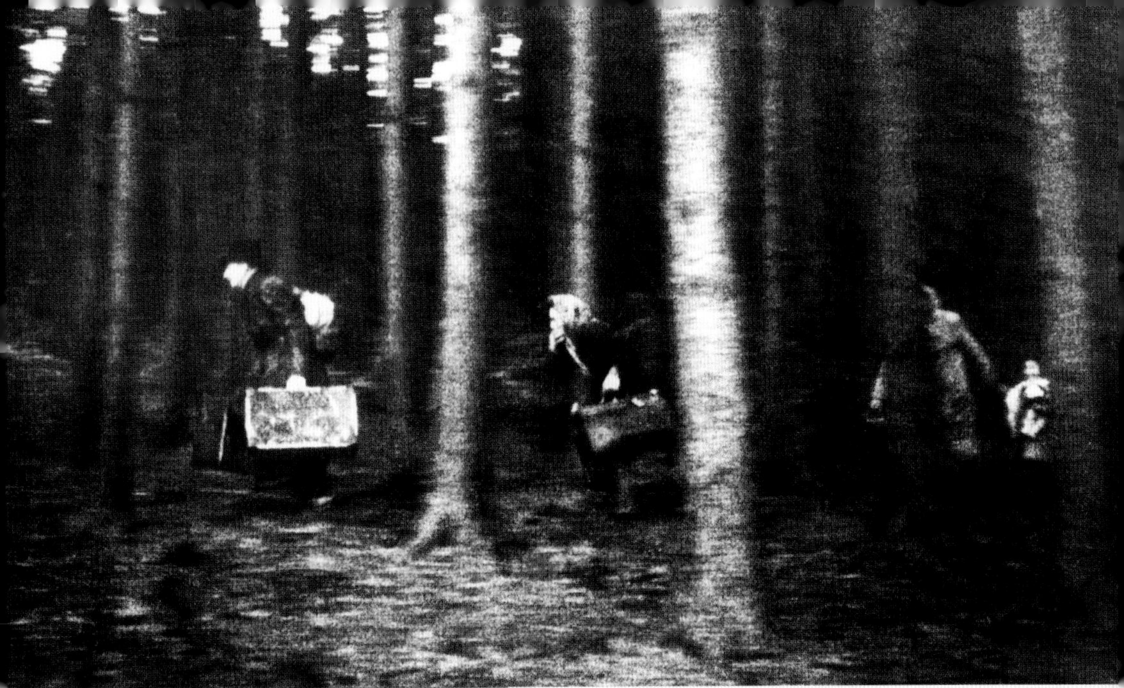

Eine Familie flieht von Ost nach West über die Grenze im Bayerischen Wald (1948–49).

Schauen Sie sich dieses Bild an. Es zeigt Deutsche nach dem Krieg, die aus dem Osten in den Westen fliehen. Der Fotograf (Hilmar Pabel) nahm dieses Bild instinktiv auf, weil er wusste, was los war. Ich halte dies für ein unglaubliches Foto dafür, was es bedeutet, Flüchtling zu sein.

Wir stehen außerhalb des Bildes, aber zwischen unserem Gehirn und unseren Augen findet ein Dialog statt. Wenn Sie es sich anschauen, ist es eine äußerliche Sache, die erklärt, wo Sie stehen und was es über Sie sagt. Es ist ein Gespräch. Ein Gespräch ist wieder ein Wortbild.

Es ist anders, wenn man sie in einem Magazin oder gar in Zeitungen zeigt, die schon ein bisschen anders sind – oder wenn man sie an der Wand sieht oder man den Computer einschaltet und dann macht es 'da-da-da-da', dann muss die Sequenz gut sein. Ich achte immer darauf, was die Idee dahinter ist. Wie eine Geschichte am besten in Bildern erzählt wird und wie die Idee dahinter am besten dargestellt wird.

Ich mag Leute, die über Fotografie an sich nachdenken. Liegt vielleicht daran, dass ich Deutsche bin. [*Lacht.*] Instinktiv ist, dass man etwas schon sehr lange macht, dass man lange darüber nachgedacht hat und nun nicht mehr darüber nachdenken muss. Man sieht es und weiß, dass es da ist. Die meisten guten Fotografen sind instinktiv, selbst wenn sie darüber nachgedacht haben.

Ich glaube, ich bin darin wirklich altmodisch: Ich denke, Bilder sind visuell und sollten Freude bereiten. Manche sind durchdachter und mehr intellektuell als instinktiv.

Da jeder [Fotos machen] kann, müssen Künstler mehr machen – etwas, das über das Gegenständliche hinausgeht. Die Fotografie hat nicht die Pflicht zu berichten, wie Dinge aussehen. Sie muss nicht damit aufhören, dies zu tun, aber sie ist nicht verpflichtet.«

4

FAZIT

SCHLUSSWORT

JEDER VERBESSERT SICH MIT ETWAS ÜBUNG. ES GIBT KEINE ABKÜRZUNGEN. SO EINFACH IST DAS

Die Stärke eines großartigen Bildes entzieht sich oft einer Analyse. Seine Gesamtwirkung ist mehr als nur die Summe seiner Teile. Ein großartiges Bild nutzt niemals alle hier beschriebenen Techniken, sondern verwendet nur einen Teil von ihnen auf eine Art, dass jedes Element das Ganze stärkt. Weder die Schwächen noch die Stärken eines Bildes ziehen übermäßige Aufmerksamkeit auf sich; das Bild als Ganzes funktioniert einfach.

Das Erschaffen von Bildern ist ebenso komplex wie die Wahrnehmung selbst und die meisten Fotos werden zu schnell gemacht, um sich des Prozesses direkt bewusst zu sein. Daher ist es für den Fotografen oft ebenso überraschend wie für den Betrachter. Um das konsistent zu schaffen, braucht es mehr als Glück – es braucht Können.

Ein wichtiger Hinweis für alle, die das anstreben: Das Verwirrende an Können ist, dass Experten Dinge mit solcher Geschwindigkeit und Präzision erledigen, dass es einfach aussieht. Sie scheinen nicht nachzudenken, nicht hinzuschauen, sondern einfach eine Art von magischem Talent zu haben. Die Meister selbst befeuern manchmal diesen Mythos, wenn sie behaupten, dass sie ihre Arbeit mühelos und ohne nachzudenken tun.

Meiner Erfahrung nach ist es nicht so, dass sie nicht die Prinzipien aus diesem Buch anwenden. Genau wie jeder andere haben sie die Fertigkeit auf ihre eigene Weise geübt und verinnerlicht – selbst wenn sie leugnen, sich dessen gewahr zu sein. Je länger Sie üben, umso kleiner wird die Lücke zwischen der Inspiration und Ihrer Fähigkeit zu reagieren und das festzuhalten, was Sie sich vorgestellt haben. Irgendwann ist der Experte in der Lage, so schnell und mit so viel Kontrolle zu reagieren, dass es wie Zauberei aussieht.

Das ist es nicht. Jeder verbessert sich mit etwas Übung. Es gibt keine Abkürzungen. So einfach ist das. Genießen Sie Ihren eigenen Weg zur Meisterschaft und eine höhere Wertschätzung für Bilder.

LESEEMPFEHLUNGEN

Dieses Buch behandelt auf relativ wenig Raum eine Menge Stoff. Falls einige dieser Themen Sie näher interessieren, finden Sie hier Ressourcen, die mich in den Jahren inspiriert und angeregt haben, die dieses Buch zur Reifung benötigte.

Arnheim, Rudolf: *Kunst und Sehen: Eine Psychologie des schöpferischen Auges*

Bang, Molly: *How Pictures Work*

Bright, Susan: *Art Photography Now*

Brommer, Gerald F.: *Illustrated Elements of Art and Principles of Design*

Chabris, Christopher/Simons, Daniel: *Der unsichtbare Gorilla: Wie unser Gehirn sich täuschen lässt*

Clarke, Graham: *The Photograph* (Oxford History of Art)

Dondis, Donis A.: *A Primer of Visual Literacy*

Eagleman, David: *Inkognito: Die geheimen Eigenleben unseres Gehirns*

Eagleman, David: *The Brain* (PBS-Fernsehdokumentation)

Edwards, Betty: *Neuausgabe Drawing on the Right Side of the Brain*

Heiferman, Marvin: *Photography Changes Everything*

Hoffman, Donald D.: *Visuelle Intelligenz: Wie die Welt im Kopf entsteht*

Ings, Simon: *A Natural History of Seeing: The Art and Science of Vision*

Jeffrey, Ian: *How to Read a Photograph: Lessons from Master Photographers*

Livingstone, Margaret: *Vision and Art: The Biology of Seeing*

Mann, Sally: *Hold Still: A Memoir with Photographs*

Mlodinow, Leonard: *Subliminal: How Your Unconscious Mind Rules Your Behavior*

Morris, Errol: *Believing Is Seeing: Observations on the Mysteries of Photography*

Noë, Alva: *Action In Perception*

Noë, Alva: *Out of Our Heads: Why You Are Not Your Brain, and Other Lessons from the Biology of Consciousness*

Noë, Alva, editor: *Is the Visual World A Grand Illusion?*

Ramachandran, V. S.: *The Tell-Tale Brain: A Neuroscientist's Quest for What Makes Us Human*

Ritchin, Fred: *Bending the Frame: Photojournalism, Documentary, and the Citizen*

Schwartz, M. D., Jeffrey M./Begley, Sharon: *The Mind and the Brain: Neuroplasticity and the Power of Mental Force*

Szarkowski, John: *The Photographer's Eye*

Zakia, Richard D.: *Perception and Imaging: Photography–A Way of Seeing*

DANK

Zwei Erlebnisse trugen ganz besonders zu dem Entschluss bei, dieses Buch zu schreiben. Das erste war eine Kindheit, die ich damit zubrachte, Bilder zu betrachten, die auf magische Weise in den Dunkelkammern meines Vaters und Großvaters erschienen, und zwar Tage oder gar Wochen, nachdem sie aufgenommen worden waren. Auf diese Weise lernte ich den gesamten Prozess der Fotografie kennen, von der Auswahl des Films bis zum Einrahmen des fertigen Abzugs. Ich hatte das Glück, mit einem stetig wechselnden Strom sorgfältig hergestellter Bilder an den Wänden meines Zuhauses aufzuwachsen. Dieser andauernde Beweis sowohl für das Verstreichen der Jahre als auch für die Macht des Bildes hat mich geformt und mich begleitet, obwohl ich nichts über das kritische Betrachten von Bildern wusste oder darüber, dass man sie auch für andere machen konnte.

Viele Jahrzehnte später wurde ich seltsamer- und wunderbarerweise gebeten, an einem College einen Fachbereich für Fotografie von Grund auf neu aufzubauen. Dies war eine seltene Gelegenheit, meine langen, aber willkürlichen Erfahrungen in etwas Zusammenhängendes zu organisieren. Da ich zu den Leuten gehöre, die sich gern kopfüber in unbekannte Gewässer stürzen, sprang ich.

In den Jahren als Leiter des Fachbereichs für Fotografie an der New York Film Academy musste ich Personal anheuern und verwalten, Lehrpläne schreiben und Hunderte von Studenten unterrichten, deren Bedürfnisse und Erfahrungen so vielfältig waren wie die Länder, aus denen sie stammten. Es war eine wunderbare, angsteinflößende Erfahrung, bei der ich zweifellos mehr gelernt habe als einige meiner Studenten und Mitarbeiter – weil ich es musste.

Ich bin meinen unglaublich talentierten Mitarbeitern nicht nur für ihre Geduld enorm dankbar, sondern auch für all das, was sie mir beigebracht haben. Besonders David Mager, der mit mir zusammen den Fachbereich leitete, war mehr als nur der ideale Partner – kühn, leidenschaftlich, sachkundig, ein eingefleischter Problemlöser, energisch und ein unglaublicher Mensch – er war mein guter Freund und ein unersetzlicher Kollege.

Ich danke all meinen Studenten für ihre Fragen, denn deren Beantwortung spornte mich an, immer noch tiefer zu graben. Danke für euren Enthusiasmus, euer Talent und euren guten Willen.

Und schließlich hätte ich dieses Buch nicht schreiben können ohne die Geduld, Unterstützung, Vorschläge und fachkundigen Korrekturen meiner ersten und besten Leserin, meiner geliebten Frau Ragnhild.

BILDNACHWEISE

Der Verlag dankt folgenden Fotografen für die Erlaubnis, ihre Bilder benutzen zu dürfen.

7 The Museum of Fine Arts, Boston. Public domain oder CC BY 2.0 via Wikimedia Commons; 9 Metropolitan Museum of Art, New York. Schenkung von Mary W. Tweed, 1929, CC0 1.0; 16a Keith Binns/iStock; 22b Pier Paolo Cito/AP; 24a Brothers Good/Shutterstock; 24b alexsl/iStock; 40 Michael Crouser, aus dem Buch *Los Toros*; 46 Blanton Museum of Art, The University of Texas at Austin, Schenkung von Mari und James A. Michener, 1991; Foto Rick Hall © Richard Anuszkiewicz/DACS, London/VAGA, NY 2018; 47 Josse Christophel/Alamy Stock Photo; 48 Foto mit frdl. Genehmigung Di Wu und Andreas Velten/MIT Media Lab. Siehe http://web.media.mit.edu/~raskar/trillionfps/); 50 Los Angeles County Museum of Art. The Marjorie and Leonard Vernon Collection, Schenkung von The Annenberg Foundation, erworben von Carol Vernon und Robert Turbin. Digital Image: Museum Associates/LACMA/Art Resource NY/Scala, Florenz © Paul Caponigro; 52 Slava Veder/AP; 53 Public domain, via Wikimedia Commons; 62 Jim Brandenburg/National Geographic Creative; 64 Ragnhild Kjetland; 65 © Nachlass Bernd & Hilla Becher, vertreten durch Max Becher, mit frdl. Genehmigung Die Photographische Sammlung/SK Stiftung Kultur - Bernd-und-Hilla-Becher-Archiv, Köln; 67 Bjarte Bjørkum; 68 © James Casebere, mit frdl. Genehmigung Lisson Gallery; 69 © Martin Parr/Magnum Photos; 70 Edward Weston © Center for Creative Photography, The University of Arizona Foundation/DACS 2018; 76b © David Burnett/Contact/nb pictures; 77 Granger Historical Archive/TopFoto; 78 Foto von Major Clarence L. Benjamin/US Army; 79 Kevin Lamarque/Reuters; 82 © Elliott Erwitt/Magnum Photos; 83 © Matthew Stuart/Magnum Photos; 89 © Raymond Meeks via Webber Represents; 90 Trang Tran; 93 Foto von George DeWolfe; 96 © Steve McCurry/Magnum Photos; 99 © Nipun Nayyar, nipunnayyar.com @nipumnayyar; 100 Pentti Sammallahti; 101 Hendrik Kerstens Photography, mit frdl. Genehmigung Flatland Gallery Amsterdam; 103 © Nachlass Garry Winogrand, mit frdl. Genehmigung Fraenkel Gallery, San Francisco; 104, 105 Elinor Carucci, mit frdl. Genehmigung Edwynn Houk Gallery; 106 © Cristina Garcia Rodero/Magnum Photos; 108, 109 Chris Bucklow, mit frdl. Genehmigung Danziger Gallery, New York; 113 © Elliott Erwitt/Magnum Photos; 115a mit frdl. Genehmigung Nachlass von James Fee und Craig Krull Gallery, Santa Monica; 115b Hans Palmboom; 117 © 2018 Nachlass André Kertész/Higher Pictures; 119 James McLin Simpson; 120, 122 J. A. Mortram; 121, 123 Isadora Kosofsky; 126 James D. Watt/Stephen Frink Collection/Alamy Stock Photo; 128 © Nachlass Garry Winogrand, mit frdl. Genehmigung Fraenkel Gallery, San Francisco; 129 Todd Heisler/New York Times/Redux/eyevine; 130 Lorrie McClanahan; 132 Simon Bruty/Sports Illustrated/Getty Images; 133 Alfred Eisenstaedt/Pix Inc/Time & Life Pictures/Getty Images; 134, 135 © Tim Hetherington; 137 mit frdl. Genehmigung Stichting Ambulance Wens, Foto Roel Foppen; 138, 141 © Josef Koudelka/Magnum Photos; 142 Damon Winter/The New York Times/Redux/eyevine; 144 Lorrie McClanahan; 146 Martin Schoeller/AUGUST Image; 147 © Bruce Gilden/Magnum Photos; 149 Christopher Tyree; 150 © Stuart Franklin/Magnum Photos; 152 Pixy Liao; 153 Hilmar Pabel/bpk Bildagentur. Alle anderen Bilder mit frdl. Genehmigung und © Brian Dilg.

INDEX